실크로드 문명기행 2

일본 나라에서 이탈리아 로마까지

(중앙아시아-로마 편)

글/사진 고태규

한림대학교 출판부
Hallym University Press

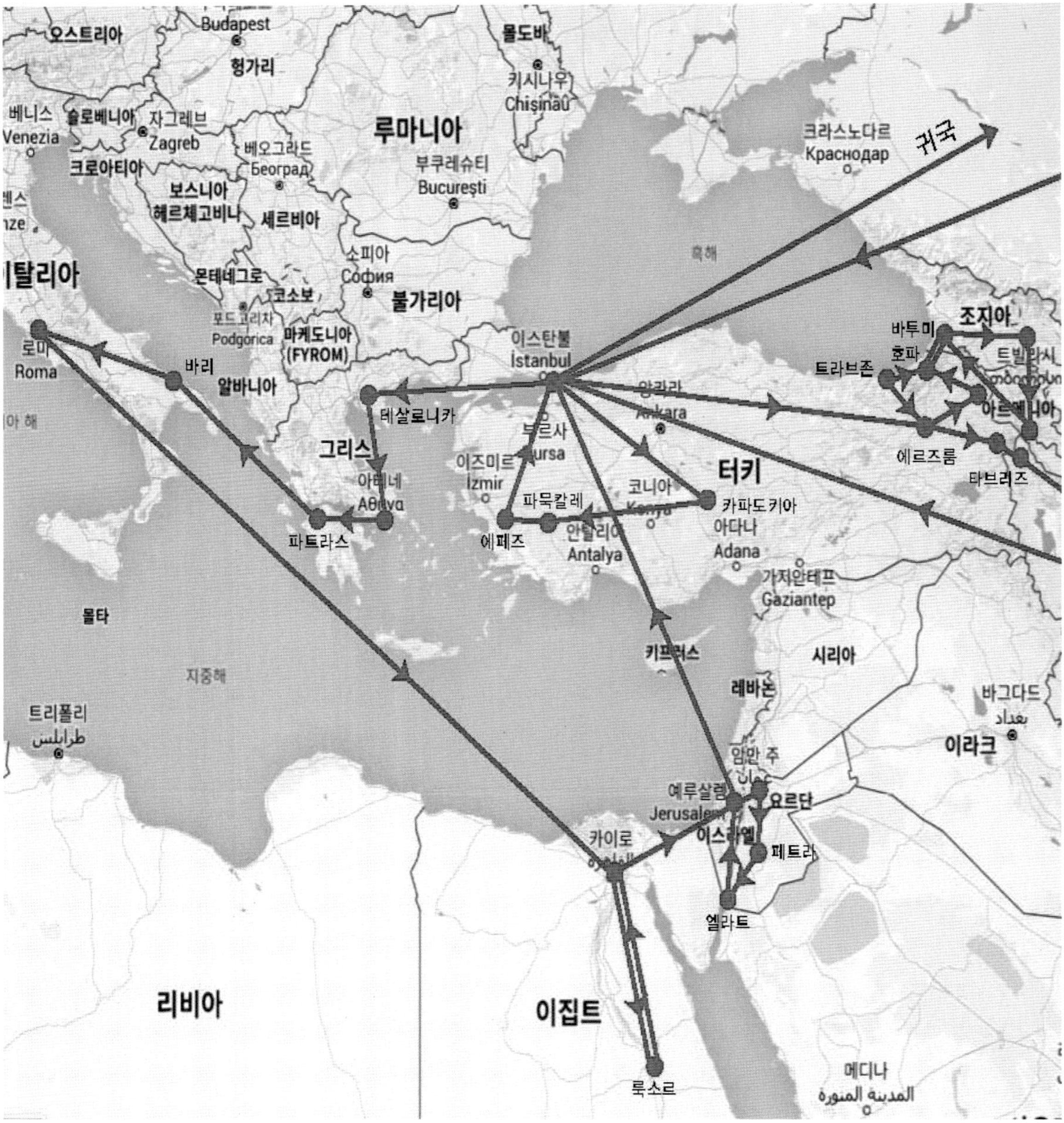
오스트리아
Budapest
헝가리
몰도바
키시나우
Chişinău
베니스
Venezia
슬로베니아
자그레브
Zagreb
크로아티아
루마니아
베오그라드
Београд
부쿠레슈티
București
보스니아
헤르체고비나
세르비아
크라스노다르
Краснодар
귀국
이탈리아
몬테네그로
소피아
София
불가리아
코소보
포드고리차
Podgorica
마케도니아
(FYROM)
흑해
로마
Roma
바리
알바니아
이스탄불
İstanbul
조지아
바투미
호파
트라브존
트빌리시
테살로니카
앙카라
Ankara
부르사
Bursa
에르즈룸
아르메니아
그리스
이즈미르
İzmir
아테네
Αθήνα
터키
타브리즈
코니아
Konya
파묵칼레
카파도키아
파트라스
에페즈
안탈리아
Antalya
아다나
Adana
가지안테프
Gaziantep
몰타
지중해
키프러스
시리아
레바논
트리폴리
طرابلس
바그다드
بغداد
이라크
예루살렘
Jerusalem
요르단
카이로
이스라엘
페트라
엘라트
리비아
이집트
룩소르
메디나
المدينة المنورة

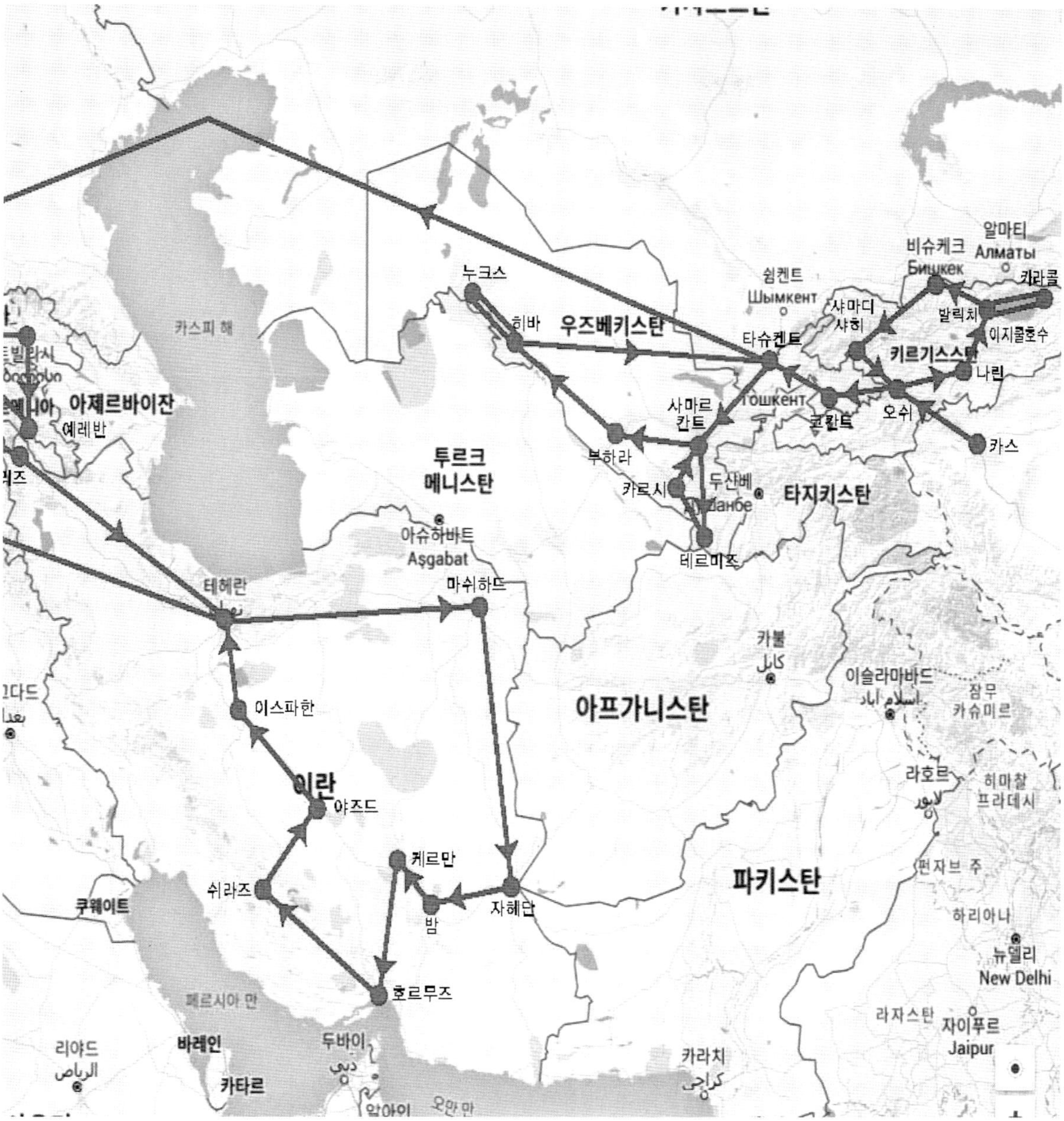

누크스
히바
우즈베키스탄
쉼켄트
Шымкент
비슈케크
Бишкек
알마티
Алматы
카라콜
발릭치
타슈켄트
Тошкент
키르기스스탄
나린
코칸트
오쉬
카스
사마르칸트
부하라
카르시
두샨베
타지키스탄
테르미즈
카스피 해
아제르바이잔
예레반
투르크메니스탄
아슈하바트
Aşgabat
테헤란
마쉬하드
이스파한
이란
야즈드
케르만
쉬라즈
밤
자헤단
호르무즈
카불
아프가니스탄
이슬라마바드
잠무 카슈미르
라호르
히마찰 프라데시
파키스탄
펀자브 주
하리아나
뉴델리
New Delhi
라자스탄
자이푸르
Jaipur
쿠웨이트
페르시아 만
리야드
바레인
카타르
두바이
카라치
오만 만

차례

책을 쓰면서

실크로드가 나를 부른다

2013년에 나는 꿈 하나를 이루었다. 오랫동안 나의 소원이었던 실크로드를 횡단한 것이다. 꼬박 여섯 달 동안 실크로드의 동쪽 종착역인 일본 나라를 출발해서 한국, 중국, 키르기스탄, 우즈베키스탄, 이란, 그루지아, 아르메니아, 터키, 그리스, 로마, 이집트, 요르단, 이스라엘까지 여행한 것이다. 옛날 여행자들처럼 낙타나 말을 타거나 걸어서 간 것이 아니라, 버스나 기차, 배, 비행기 등 대중교통을 이용한 여정이었다. 실크로드에 있는 수많은 도시와 마을을 방문하고, 수많은 사람들을 만나고, 이름을 알 수 없는 수많은 음식을 먹어보고, 그동안 알고 싶었던 그들의 자연풍경과 문화와 예술, 종교 그리고 역사를 더듬어 보는 의미 있는 답사여행이었다.

내가 처음 실크로드에 관심을 갖게 된 것은 대학생 때인 1980년에 방영된 일본 NHK 다큐멘터리 〈실크로드〉 때문이다. 키타로가 작곡한 신비로운 배경 음악과 함께 방영된 14부작은 나에게 엄청난 충격과 함께 미지의 사막 문명과 유목 문명에 대한 호기심을 불러일으켰다. 볼록 솟아오른 등허리 양쪽으로 짐을 잔뜩 실은 낙타 수 십 마리가 대오를 지어 석양의 사막 속으로 천천히 걸어 들어간다. 하얀 천으로 만든 옷을 입고, 터번으로 머리를 둘러맨 대상들이 낙타 무리를 따라간다. 내가 그때 본 〈실크로드〉 시작 장면이다. 지금도 그 장면과 함께 나오는 〈실크로드〉 주제곡이 내 귀에 선명하게 남아있다. 그 뒤부터 나는 낙타를 타고 사막 속으로 사라지는 꿈을 자주 꾸었다. 피에 역마살이 끼어 세계 여기저기를 돌아다니기 좋아하는 나에게 실크로드는 하나의 이상향으로 다가왔다. 언젠가는 일본 나라에서 로마까지 저런 대상과 같은 방법으로 걸어서 가겠다는 꿈을 갖게 되었다. 실크로드는 나에게는 그런 존재다.

세 갈래의 실크로드 길과 기록을 남긴 사람들

실크로드는 수백 가지의 길이 있다. 크게는 세 가지로 나눌 수 있다. 오아시스로, 초원로, 그리고 해상로다. 수천 년 동안 대상이나 사신, 선교사들의 동서 교역로이자 통행로이며, 내가 이번에 횡단한 사막 오아시스로, 중앙아시아 북부 유목민족들의 삶의 터전이자 징기스칸(1162-1227)이 13세기에 서방 정벌 때 주로 이용했던 초원로, 수천 년 동안 아라비아 상인들의 해상 교역로이자 13세기 무슬림 탐험가 이븐 바투타(Ibn Battuta, 1304-1368)가 여행한 페르시아만에서 중국까지의 해로를 해상 실크로드라고 한다. 그러니까 실크로드는 사막 오아시스로만 말하는 것이 아니고 초원로와 바닷길까지도 포함하는 개념이다. 각 노선은 거기서 또 다시 수백 갈래로 가지를 친다.

실크로드의 역사는 인류의 역사만큼이나 길다. 길의 역사라 해도 좋을 것이다. '사람이 걸어 다니면 길이 된다'는 단순한 이치가 실크로드에도 그대로 적용된다. 사람들은 동물들이 걸어 다닌 길을 다니면서 사람들이 다니기 좋게 길을 넓히거나 다졌을 것이다. 이런 길들이 상품 교역이나 전쟁을 위해 이용되면서 수천 년, 아니 수만 년, 아니 수십만 년의 역사를 간직하게 된 것이다.

지금까지 실크로드를 왕래한 사람은 셀 수도 없이 많다. 그러나 기록을 남긴 사람은 얼마 되지 않는다. 우리가 고등학교 세계사 시간에 배운 사람들을 살펴보면, 장건(張騫, ?-기원전 114년), 반초(班超, 32-102), 법현(法顯, 337-422), 현장(玄奘, 602-664), 의정(義淨, 635-713), 혜초(慧超 또는 惠超, 704?-787?), 마르코 폴로(Marco Polo, 1254-1324), 오도릭(Odoric of Pordenone, 1265?-1331), 이븐 바투타 등이다. 이밖에도 수많은 사람들이 여행 기록을 남겼다.

20세기 초에는 '실크로드의 악마들(Foreign Devils on the Silk Road)'로 지칭되는 스웨덴의 스벤 헤딘(Sven Hedin, 1865-1952), 영국의 오렐 스타인(Aurel Stein, 1862-1943), 독일의 폰 르 코크(Albert Von Le Coq, 1860-1930)과 알베르토 그륀베델(Albert Grünwedel, 1856-1935), 프랑스의 폴 펠리오(Paul Pelliot, 1878-1945), 러시아의 세르게이 올덴부르크(Sergey Oldenburg, 1863-1934)와 니콜라이 프르제발스키(Nikolay Przhevalsky, 1839-1888), 미국의 랭던 워너(Langdon Warner, 1881-1955), 일본의 오타니 고즈이(大谷光瑞, 1876-1948) 등이 실크로드를 탐험하고 유물을 약탈하면서 이곳에 관련된 기록을 남겼다.

실크로드는 동서간의 문명과 인간의 교차로

실크로드를 통해 서쪽에서 동쪽으로 들어온 문명 중 가장 큰 영향을 미친 것은 종교다. 그 중에서도 인도에서 탄생하여 실크로드를 따라 들어온 불교가 동북아시아와 동남아시아에 미친 영향은 말할 필요가 없다. 지금까지도 이 지역 사람들의 인생관과 세계관을 좌우하는 핵심 이데올로기로 자리 잡고 있다. 아라비아에서 실크로드를 따라 들어온 이슬람교는 8세기 이후 중앙아시아와 중국 신장지방 그리고 인도네시아와 말레이시아 등 동남아 일부 국가 사람들의 중심 종교로 자리 잡았다. 기독교의 분파인 네스토리우스교(경교-景教)도 로마기독교의 박해를 피해 동쪽으로 동쪽으로 흘러 들어왔다. 중동의 사막 종교인 기독교는 지금은 동쪽 끝 한국에서 번성하고 있다. 그밖에 불을 숭상하는 페르시아(이란) 종교인 조로아스터교(배화교-拜火教)나 마니교, 티벳 불교인 라마교도 이 길을 따라 중국 쪽으로 전파되었다.

반대로 비단, 종이, 도자기, 화약, 나침반, 향신료, 모피 등이 동쪽에서 서쪽으로 전해졌다. 13세기에는 초원로와 오아시스로를 따라 서정(西征)을 시작한 몽골의 위협으로 이슬람과 기독교 사회 전체가 벌벌 떨었으며, 13-14세기에는 마르코 폴로와 이븐 바투타가 소개한 동양 문명의 종주국인 중국의 위대한 문명에 서방세계는 큰 충격을 받았다.

실크로드는 한 민족의 자손을 널리 퍼뜨리는데도 기여했다. 자신도 모르는 사이에 실크로드를 따라 특정 후손들이 다른 지역으로 널리 퍼진 것이다. 그 중에서도 아시아에서 가장 많은 자손을 퍼뜨린 사람이 징기스칸과 기오캉가였다. 영국 레스터대 연구팀은 최근 '아시아에서 가장 많은 자손을 퍼뜨린 사람'이란 주제로 논문을 발표했다. 권력자들은 대체로 자식을 많이 낳았는데, 유전자 분석을 통해 이들 후손의 흔적을 찾아내는 것이 연구 주제였다. 연구팀이 찾아낸 해답은 몽골제국의 창시자 징기스칸과 청나라를 세운 누르하치의 할아버지 기오캉가였다.

연구팀은 아시아 127개 인구 집단에서 5,321명의 남성을 선별했다. 아시아를 주목한 이유는 유구한 역사를 지닌 부계 가문의 증거가 축적돼 있어서다. 연구팀은 조사 대상 가운데 20명 이상이 공유한 Y염색체 서열을 11개 확인했다. 시조로 추정되는 이들 공통 유전자 대부분은 중동 인도 동남아시아 중앙아시아의 유목문화권과 농경문화권에 골고루 분포된 것으로 확인됐다. 이런 과정을 통해 연구팀은 두 명의 인물에 다다랐다. 징기스칸과 기오캉가였다. 징기스칸은 슬하에 아들 4명을 뒀다. 정복지에서도 많은 여인을 아내로 맞아들였다.

이렇게 생겨난 수많은 아들이 다시 자식을 낳으며 동유럽, 인도 부근까지 퍼져갔다. 기오캉가도 비슷한 경우다. 이 같은 결론이 가능했던 것은 유전자 서열의 차이를 이용해 특정 가문의 시조가 살았던 연대를 추정해낼 수 있었기 때문이다. 실크로드는 길을 따라 서로 다른 민족을 섞어주는 역할도 했던 것이다.

21세기에 왜 다시 실크로드인가?

그럼 왜 다시 실크로드인가? 돌궐(투르크) 건국의 명장인 톤유쿡(暾欲谷 돈욕곡, 646년경 - 726년경)의 비문에는 이런 명구가 새겨져 있다. “성을 쌓고 사는 자 기필코 망할 것이며, 끊임없이 이동하는 자만이 살아남을 것이다.” 실크로드의 대가 정수일 박사는 이 말을 ‘닫힌사회는 망하고, 열린사회만이 살아남는다는 뜻이다.’라고 해석하고 있다. 맞는 말이다.

우리나라는 현재 세계 10위권의 무역 규모를 자랑하는 경제대국이다. 우리 역사상 세계 경제에 이렇게 큰 비중을 차지한 적이 없었다. 우리의 생존이 이렇게 해외 무역에 의존하는 경우도 없었다. 다시 말하면, 우리나라는 이제 우리가 좋아하든 싫어하든 다른 나라와 좋은 관계를 유지해서 교역을 잘해야 살아갈 수밖에 없는 경제구조가 되었다. 제2차 세계대전 이후 우리는 미국(동쪽)과 중국(서쪽), 일본(동남쪽), 그리고 북한과 러시아(북쪽)과의 역학관계에 의해 생존을 도모해왔다. 앞으로 우리가 지속적인 발전과 번영을 유지하려면 중국 너머의 서쪽을 주목해야 한다. 중국 서부지역과 중앙아시아, 중동, 아프리카, 그리고 유럽이다. 그 지역을 아우르면서 뻗어가는 길이 바로 실크로드다. 삼성이 2012년 9월에 중국 서부지역의 중심도시이자 과거 당나라의 수도였던 시안(장안)에 10조 규모의 반도체 생산라인을 착공한 것이 좋은 본보기이다.

중국도 앞으로 10년간 21조 달러를 투자하여 일대일로(一帶一路: 육상·해상 실크로드) 경제정책을 통해 새로운 실크로드의 꿈을 실현시키려 하고 있다. 중앙아시아에 철도와 도로를 깔아 동유럽과 서유럽까지 연결하여 통상을 확대하고, 석유와 천연가스 같은 자원까지 확보할 계획이다. 또한 해상 실크로드를 복원해 아세안 10국과의 교역을 확대하고, 석유 운송로를 확보하려고 한다. 이와 같은 '신(新)실크로드 전략'은 시진핑 정부가 향후 10년간 추진할 초대형 프로젝트이며, 중국의 대외 진출과 서부 개발을 결합한 개념이다. 육·해상 신실크로드가 완성되면 26개 국가·지역의 인구 44억 명(세계 인구 63%)을 묶을 수 있고, 경제 규모는 21조 달러(세계경제의 29%)에 이를 것으로 중국 경제 전문가들은 예측하고 있다. 한국이 이런 추세에 편승하지 않으면 지속적인 발전을 이루기 어렵다. 한국이 중국의 신실크로드 전략을 이해하고 이용하려면 실크로드 문명에 대한 이해가 급선무다.

실크로드 동쪽 종착역 나라/교토에서 서쪽 종착역 로마까지

미술사의 고전인 〈서양미술사〉를 쓴 곰브리치는 그 책의 서문 첫머리에서 "미술이라는 것은 사실상 존재하지 않는다. 다만 미술가들이 있을 뿐이다."라고 말한 바 있다. 나는 이렇게 말하고 싶다. "문명이라는 것은 사실상 존재하지 않는다. 다만 그 문명을 만든 사람들이 있을 뿐이다." 모든 문명은 그 문명을 만든 사람들의 생각하는 방식과 행동 패턴, 살아가는 스타일, 그리고 가지고 있는 자원과 부의 정도 등에 의해서 만들어지고 그 특성이 결정된다. 그러니까 사람들의 정치·경제·사회·문화·종교 등 인간이 살아가는데 필요한 모든 요소가 결합하고 융합하여 나타나는 결정체가 문명이라고 할 수 있다. 그리고 긴 역사를 통해서 그 역사적·문화적·생활적 가치를 인정받아야 한다.

그래서 아무나 모두 문명의 지위를 얻는 것은 아니다. 지금까지 인류 역사에서 문명이란 이름으로 그 가치를 인정받는 문명은 몇 개 안된다. 이집트 문명, 메소포타미아 문명, 황하 문명, 그리스 문명, 로마 문명, 마야·아즈텍 문명, 잉카 문명 등이다. 인류 역사를 대변하는 이런 문명들은 시간과 공간상으로 서로 겹치기도 한다.

나는 여기에 실크로드 문명을 감히 추가하고자 한다. 공간적으로 좁게 말하면 중앙아시아와 이 지역과 인접한 지역의 문명이고, 넓게 말하면 실크로드를 통해 서로 영향을 주고받은 지역의 문명을 말한다. 기독교 문명의 중심인 유럽과 이슬람 문명의 중심인 중동과 중앙아시아, 불교 문명의 중심인 동북아시아와 동남아시아를 아우르는 광대한 개념이다. 서구 문명이 화사하고 세련된 도시 처녀라면, 실크로드 문명은 소박하고 순박한 시골 처녀다. 서구 문명이 기독교 사회를 떠받치는 반석이라면, 실크로드 문명은 기독교는 물론 이슬람교와 불교 사회까지 껴안는 어머니의 가슴이다. 그 특성이 전혀 다른 이질적인 문명을 비교하면서 음미하는 것도 상당한 재미와 의미가 있을 것이다.

이 책은 실크로드 동쪽 종착점인 일본 나라(奈良)에서 출발하여 실크로드 중앙역인 시안(西安)을 거쳐 서쪽 종착역인 이탈리아 로마까지 자동차나 기차 또는 배를 이용하여 답사하는 6개월에 걸친 여정을 기록한 여행기다. 은퇴 후에 두 발로 걸어서 여행할 길을 대중교통을 이용하여 미리 답사한 것이다. 문명기행이니까 관광지에 대한 일반적인 소개보다는 실크로드와 관련된 역사와 인물, 문화와 예술, 종교와 풍습, 자연과 기후 등 소위 말하는 문명의 속성에 초점을 맞추었다.

이번 여정은 문명의 우열이 아니라, 그 차이를 느껴보는 여행이 될 것이다. 이 실크로드 여행기는 모두 3권으로 구성되어 있다. 1권이 일본 한국 중국 편, 2권은 중앙아시아 이란 코카서스 터키 그리스 로마 편, 3권은 네팔 인도 파키스탄 아프가니스탄 타지키스탄 편(근간)이다. 이 여행기가 앞으로 이 지역을 여행하면서 실크로드 문명의 체취를 맡고 싶은 독자들과 실크로드 문명을 이해하고 싶은 사람들에게 조금이라도 도움이 되었으면 하는 바람이다.

이 여행기를 쓰고, 책으로 만들면서 많은 사람들로부터 큰 도움을 받았다. 하루하루 나의 안전한 여행을 위해 기도해준 아내와 이번 여행을 미국에서 성원해준 나의 사랑스런 아이들인 지하와 산하에게 고마움을 전한다. 일본 나라와 교토 답사에 가이드를 붙여주고 물심양면으로 도와준 내 친구 조문용 사장, 일본어 문헌의 저자명을 알려 주신 한림대 사이또 교수님에게도 큰 은혜를 입었다. 그리고 한국에서 온 길손을 위해 먹여주고, 재워주고, 태워주고, 포즈를 취해 준 수많은 현지 주민들, 마지막으로 보잘 것 없는 내 여행기를 출판 해 주신 한림대출판부장 강연욱교수님과 석현조대리님 그리고 책을 멋지게 디자인 해 주신 프린아트의 유지석이사님과 황지영님께 큰 절 한번 올린다.

2015년 8월 1일

저자 고태규

중국 카쉬가르에서 키르기즈스탄 오쉬로 가는 길

"무지개 너머 저 멀리 어딘가에는 내가 자장가에서 들었던 곳이 있어요." 영화 〈오즈의 마법사〉에 나오는 〈Somewhere Over the Rainbow〉의 첫 소절 가사이다.

나는 오래 전부터 신장 타클라마칸 사막을 지나 천산(天山)산맥 너머에 있는 세상을 직접 보고 싶은 꿈을 갖고 있었다. 거기에는 어떤 사람들이 살고 있을까? 경치는 어떻게 생겼을까? 한나라 무제(漢 武帝, 기원전 156년 - 기원전 87년)가 그토록 갈망했던 천마(天馬)는 정말 페르가나 초원에서 뛰어 놀고 있을까? 눈 덮인 파미르 고원은 어떤 모습일까? 장사에 천재적인 수완을 보였던 소그드상인들의 고향은 어디일까? 세계의 수도라던 사마르칸트는 어떻게 생겼을까?

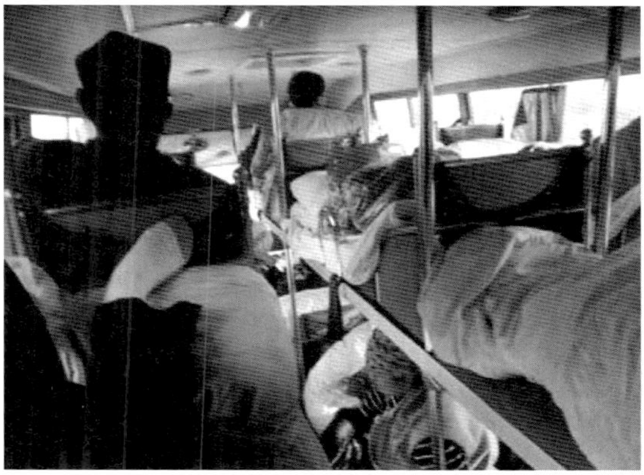

▶ 카쉬가르에서 오쉬로 가는 침대버스 내부 모습

그래서 중국의 신장 서쪽 끝 도시인 카쉬가르(카스)에서 국경을 넘어 키르기즈스탄의 오쉬로 가는 날, 사랑하는 여인을 처음 만나러 가는 것처럼, 내 가슴은 설렜다. 아침 8시에 국제버스정류장으로 나갔다. 9시가 넘어서야 문을 열었다. 10시가 다 되어서야 짐을 싣기 시작하여 10시 반에 출발했다.

카쉬가르에서 오쉬까지 가는 국제버스는 버스가 아니라 완전히 화물차 수준이었다. 키르기즈스탄에서 넘어온 보따리 상인들이 중국산 물건들을 엄청나게 구매하여 자기 나라로 돌아가는 것이다. 우리 인천과 중국 웨이하이(위해)에서 양국 보따리 상인들이 보여주는 풍경과 비슷하다. 중국과 파키스탄 사이의 국경 도시에서도 비슷한 광경이 벌어진다.

실크로드는 지금도 살아 있었다. 오히려 옛날보다 훨씬 더 왕성하게 무역거래가 이루어지고 있었다. 중국과 키르기즈스탄 국경 검문초소에서 대기하고 있는 엄청난 화물 트럭이나 중국과 파키스탄을 넘나드는 화물 트럭들이 이런 사실을 증명해주는 좋은 본보기다.

▶ 키르기즈스탄 이르케쉬탐으로 나가는 중국 국경초소(좌)와 키르기즈스탄 국경초소(우)

중국 쪽에서 3개의 검문 초소를 지나면서 지루한 검색을 받아야 했다. 키르기스 쪽에서는 두 번 검문을 받았다. 첫 번째 검문소에서 비자 없이 입국 도장을 찍어 주었다. 사실 로운리 플래닛 가이드북에는 공항 입국자만 도착 비자를 준다고 해서 내심 걱정했는데 무비자 입국이라니. 정말 기분이 좋았다. 앞으로 키르기스가 관광산업이 활성화 되어서 경제적으로 성공했으면 좋겠다. 중앙아시아에서 가장 자유로운 나라라고 하더니 정말이다. 입국심사자가 “No visa good!” 이라고 말해서, 내가 “Very good, very good. Thank you."라고 대답해주었다.

가는 도중에 키르기스 쪽 국경초소가 있는 이르케쉬탐(카쉬가르에서 220킬로미터 거리)과 타지키스탄으로 가는 분기점에 있는 사리 타쉬를 지나, 이 코스에서 가장 높은 탈딕 고개(해발 3615미터)를 넘고, 굴챠를 경유하여, 마침내 오쉬에 도착했다. 중국 쪽보다 도로 사정은 훨씬 나빴지만 경치는 훨씬 더 좋았다. 석양에 넘는 탈딕 고개는 정말 아름다웠다.

▶ 어둠이 내리는 탈딕 고개에 있는 외딴 마을

어디인지는 모르지만 어둠 속에 하얀 파미르봉들이 왼쪽으로 희미하게 늘어서 있고, 그 설산 위로 초승달이 외로이 떠있다. 생전 처음 보는 그 모습이 너무도 교교해서 침대차에 누워서 창밖을 한없이 바라보았다. 내가 그토록 보고 싶었던 파미르 고원 북단이다. 파미르는 타지키스탄을 중심으로 북쪽으로는 키르기즈스탄, 남쪽으로 아프가니스탄, 동쪽으로 중국과 파키스탄, 서쪽으로는 우즈베키스탄까지 뻗어 있는 세계에서 가장 높은 고원이다. 마르코 폴로가 〈동방견문록〉에서 "너무 높아서 날아다니는 새 조차도 볼 수 없다."라고 표현했던 험난한 산악지대이다.

버스는 요동을 치면서 어둠 속에서 산등성이를 내달리고 있었다. 오가는 차도 거의 없었다. 버스 안에서 비좁고 더러운 침대에 누워, 자다 깨다를 수도 없이 반복했다. 과거에도 수많은 대상들과 사신들, 또는 군사들이 중국과 중앙아시아를 연결하는 이 길을 오갔을 것이다.

낡은 침대차와 포장이 제대로 안된 도로 사정 때문에 서역으로 가는 길은 고통의 길이었다. 가는 도중 군데군데 자리 잡은 작고 초라한 오아시스 마을들에는 따사로운 가을 햇살이 내려앉아 있었다. 그래도 차 안에서 바라다보는 이 마을들은 다른 선진국에서는 볼 수 없는 소박하고 수수한 모습을 보여주었다. 우리가 한동안 잊고 살았던 60-70년대 한국의 모습이 거기 있었다. 사람들도 그런 모습이었다.

버스는 약 580킬로미터를 15시간 동안 달려, 현지 시간으로 새벽 1시에 오쉬에 도착했다. 바니와 사라 그리고 나와 존이 한 그룹이 되었다. 오쉬게스트하우스를 찾아 가는데, 택시운전사가 찾지를 못한다. 한참이나 헤맨 끝에 표지판은 찾았으나 집을 찾을 수가 없다. '오쉬게스트하우스 50미터'라는 표지판만 있고, 그게 끝이었다. 우리가 다 나서서 찾았으나 실패하고 말았다. 택시비를 700솜(약 14달러)이나 주었다.

할 수 없이 다른 호텔로 가기로 했다. 타지마할호텔로 갔으나 문이 잠겨있다. 택시기사가 안내하는 다른 호텔로 가다가 내가 호텔 하나를 발견하고 차를 세웠다. 영어가 전혀 통하지 않았다. 중국은 필담으로라도 하면 되지만 여기는 정말 힘들었다. 택시기사도 마찬가지고. 그림을 종이에 그려서 대화를 했다. 더블룸 하나와 트윈 하나에 모두 4500솜이다. 내가 1500솜을 내고 나머지가 1000솜씩 내기로 했다. 존이 우리가 1000솜씩 내고, 세라 커플에게 2500솜을 넘기자고 한다. 내가 안 된다고 했다. 우리가 3개짜리 침대니까 우리가 더 내야 한다면서, 내가 500솜을 더 낼 테니까 걱정하지 말라고 말했다.

아이리쉬인 이 친구는 정말 이기적이어서 내가 지불한 택시비에 대해서도 "감사하다"는 말 한마디가 없다. 세라는 감사하다고 내일 아침을 사겠다고 말했는데. 지금은 비상상황이니까 내가 좀 더 부담하기로 했다. 이래서 그룹으로 여행을 하면 정말 불편하다. 경비 분담부터 문제가 생긴다. 식사와 일정은 말할 것도 없고. 내일 아침부터는 따로 움직일 예정이다.

인터넷에 여행자들이 중국은 중앙아시아에 비하면 관광시스템이 선진국이라더니 정말 사실이었다. 그렇게 더럽고 불편하다고 불평하던 중국 관광시스템이 여기와는 비교할 수도 없이 좋았다니. 관광시스템이란 관광객이 경험하는 서비스를 제공하는 모든 공급자를 말한다. 그러니까 교통, 숙박, 음식, 여행사, 여행 정보, 비자 등 관광객이 현지에서 필요로 하는 서비스를 제공하는 회사나 기관 또는 사람들을 말하는 것이다.

사실 중앙아시아와 코카서스를 경유하여 터키에 도착할 때까지는 관광시스템이 중국만한 곳이 없었다. 도로 하나만 해도 터키에나 가야 고속도로와 제대로 된 포장도로가 나온다. 그 중간에 있는 나라들에서는 아직 그런 서비스가 제대로 제공되지 않고 있었다. (2013년 10월 8일, 화요일, 화창한 날씨다.)

실크로드의 중앙아시아 동쪽 관문, 오쉬

오쉬는 키르기스에서 두 번째로 큰 도시로, 기원전 5세기부터 도시가 형성될 정도로 유서가 깊은 곳이다. 중국에서 중앙아시아로 넘어가는 길목에 자리 잡고 있어, 실크로드에서 아주 중요한 교역의 중심지였다. 오쉬 사람들은 로마보다 더 오래된 도시라고 자부심이 대단하다. 그래서 도시를 처음 건설한 사람들의 이름에 솔로몬왕이나 알렉산더대왕의 이름이 등장하기도 한다.

요즘은 인종문제로 골치를 앓고 있다. 우즈백 사람들이 전체 인구 30만 명의 40퍼센트인 12만 명을 차지하여, 우즈백의 입김이 강하게 작용하는 곳이다. 그래서 1990년과 2010년에 안디잔과 더불어 인종폭동이 일어나 수많은 사람들이 학살되는 비극을 겪기도 했다.

가장 볼만한 곳은 역시 바자르이다. 바자르가 마침 공사 중이어서 분위기가 엉망이었다. 그래도 중앙아시아 시장다운 분위기는 물씬 풍기고 있었다. 특별히 살 물건도 없으면서 이리저리 돌아다녔다. 솔로몬의 동굴에는 택시로 올라가려다 검문소에서 제지를 당하여 가보지도 못했다. 꼭대기까지 걸어서 올라가라고 해서 포기한 것이다.

그나마 역사문화박물관이 좀 위안이 되었다. 입장료 외에 사진 찍는 돈을 따로 받았다. 거기에는 키르기스 유목민족의 유물들이 많이 전시되어 있었다. 그런데 어찌된 일인지 한국에서 보낸 한국 자료도 일부 전시되어 있었다. 뜻밖에 이런 곳에서 우리 문화를 접하니 기분이 좋아졌다. 박물관 밖에는 3층짜리 거대한 유르트가 유목민들의 생활용품과 함께 전시되어 있었다.

▶ 오쉬 역사문화박물관

▶ 오쉬 솔로몬의 동굴

문제는 오후에 터졌다. 내가 호텔을 잃어버린 것이다. 나올 때 호텔 이름을 적어가지고 나오지 않아서 도무지 찾을 수가 없었다. 전혀 기억도 나지 않았다. 설상가상으로 길이 미로처럼 얽혀 있어서 초행인 내가 호텔을 찾는 것은 하늘의 별을 따는 것처럼 막막했다. 새벽 한 시에 도착해서 너무 어두워, 호텔 주변 상황을 전혀 기억하지 못한 탓이다. 바니와 세라도 따로 움직이고 있기 때문에 도움을 청할 수도 없었다.

택시를 타고 이리저리 돌아다니기를 대여섯 번이나 한 끝에 경찰서를 찾아갔다. 호텔 이름을 모르니까 그 사람들도 뾰쪽한 수가 없었다. 그러면서 옆에 여행사가 있으니 거기에 가 보라고 했다. 다행히 여자 매니저는 영어가 통했다. 내가 자초지종을 설명했더니, 자기 차를 타라고 하더니 내 호텔 앞에 떠억 내려 주었다. 그녀가 얼마나 고마웠는지 모른다. 그 다음부터는 호텔 이름을 꼭 적어가지고 다니는 습관이 생겼다.

저녁은 호텔 부근에 있는 근사한 레스토랑에서 바니가 사주었다. 나는 양꼬치 샤슬릭을 또 먹었다. 세라는 몸이 안 좋아 호텔에 머물렀다. 오늘 새벽에 내가 택시비를 낸 것에 대한 답례라고 했다. 더치 페이를 하는 서양 사람들은 한번 신세를 지면 이렇게 갚는 경우가 많다. 참 합리적인 사고방식이다. (10월 9일, 수요일, 화창한 날씨다.)

오쉬-잘랄라바드-카자르만

존과 헤어져 나머지 세 명만 나린으로 가기로 했다. 아침 7시 40분에 카자르만으로 가기 위해 오쉬를 출발했다. 오쉬에서 카자르만까지는 260킬로미터이다. 카자르만은 우리의 최종 목적지인 나린까지의 중간에 자리 잡은 작은 도시이다. 그러니까 키르기스 중간을 서쪽에서 동쪽으로 횡단하는 것이다. 이지쿨호수에 가려면 나린을 경유해야 한다. 그런데 카자르만으로 가려면 우선 오쉬에서 잘랄라바드까지 가야 한다.

잘랄라바드까지 가는 공용버스 밴이 생각보다 훌륭했다. 모든 밴이 벤츠다. 약 110킬로미터를 달려 9시 10분경에 잘랄라바드에 도착했다. 잘랄라바드에서 카자르만으로 가는 버스가 없기 때문에 시내로 이동해서 택시를 대절하여 카자르만으로 가야 한다. 바니와 세라, 나 세 명이 각각 1000솜(약 20달러)씩 분담했다. 셋이서 함께 다니니까 비용을 절감할 수 있어서 서로에게 좋다. 3분의 1씩만 내면 되니까.

약 150킬로 중 90킬로가 비포장도로이고, 해발 3100미터인 페르가나산맥을 넘어가는 험난한 코스다. 굽이굽이 고갯길을 넘어가는 코스는 천하절경이었다. 키르기즈스탄은 국토의 94%가 산이고, '아시아의 스위스'라고 불릴 만큼, 아름다운 산이 많은 산악 국가이다. 신장 지방이 황토 민둥산이라면 여기는 초원이 깔린 민둥산이어서, 더 부드러운 분위기를 풍긴다. 깎아 지르는 절벽 아래로는 시퍼런 계곡물이 흐르고 있다. 여기서 구르면 수백 미터 계곡으로 떨어지는 것이다.

고개 정상에는 통신시설이 있었고, 독수리 조각상 하나가 세워져 있었다. 내려오는 길은 올라가는 길보다 덜 험하고 밋밋했다. 고물 택시는 중간에 한번 펑크가 나서 바퀴를 교체했지만, 털털거리면서도 그런대로 잘 달려 주었다.

▶ 어떤 고개에 서있는 이정표 페르가나 산맥

▶ 페르가나 산맥을 넘다가 고장난 우리 택시

▶ 페르가나 산맥을 넘다가 만난 샹그릴라

어떤 작은 마을 하나를 거쳐, 약 4시간 만에 드디어 카자르만에 도착했다. 시속 36킬로로 달린 셈이다. CBT(Community Based Tourism)에서 소개하는 곳에서 홈스테이를 했다. CBT란 지역사회에 경제적 혜택을 주고자 만들어진 관광시스템이다. 그러니까 외부 자본이 투자한 거대한 관광시설이나 호텔보다는 지역 주민들이 운영하는 시설이나 숙소(주로 민박)에 관광객들이 지출하는 돈이 흘러들어갈 수 있도록 지원하는 친지역사회적 관광제도이다.

▶ 민박집과 우리가 대절한 택시. 바니(왼쪽 첫번째)와 세라(뒷모습)가 여주인과 운전사와 얘기를 나누고 있다.

CBT 코디네이터인 바크티굴 코로바에바(Bakhtygul Chorobaeva) 집이다. 그녀가 영어를 유창하게 잘한다. 이런 시골에 저렇게 영어를 잘하는 사람이 있다니, 깜짝 놀랐다. 대화가 잘 되니 만사형통이다. 키르기스에 와서 제일 고통스러운 것이 대화가 안 되는 것이었는데, 그게 해결되니 모든 일이 순조롭게 진행되었다. 하루에 500솜, 식사는 한 끼에 120솜. 이만하면 좋은 조건이다. 나는 간이침대가 두 개 있는 방을 혼자서 썼다.

샤워시설과 화장실은 20미터쯤 떨어진 마당 한쪽에 있다. 화장실은 푸세식인데, 절 화장실처럼 사방에 구멍이 쑹쑹 뚫려있어서 중국식처럼 냄새가 진동하지는 않았다. 샤워는 주인이 물을 데워서 샤워 시간을 알려주면, 그때 가서 하면 된다. 바닥이 판자로 되어 있고, 약간씩 틈이 있어서 물이 자동으로 밑으로 빠지게 되어 있었다. 따뜻한 물이 졸졸졸 나오는 수준으로 샤워하는데 별 문제는 없었다. 그러나 빨래는 못할 수준이다. 나름대로 과학적이고 실용적으로 만들었다는 생각이 들었다.

시내 카페로 늦은 점심을 먹으러 나갔다. 여기서는 식당을 카페라고 한다. 헝가리에서 유명한 굴라쉬를 먹었다. 맛이 아주 좋다. 1인당 1200원씩이다. 토마토가 아주 싱싱하다. 바니가 배가 고팠는지 토마토 소스를 더 시켜 먹는다. 파스타와 볶은 쌀 비슷한 것 위에 양고기와 소스를 얹어준다. 지금까지 질리게 먹었던 위구르 음식이 아니고, 서양식 음식이다. 키르기스는 집부터 음식까지 모든 것이 러시아 영향을 받아서인지, 유럽식이다. 양고기 냄새를 더 이상 맡지 않아서 좋았다.

▶ 카자르만 한 식당에서 먹은 점심 메뉴

저녁식사를 하는데, 새로운 손님들이 있었다. 오쉬에서 4륜 짚차와 운전사를 렌트해서 키르기스를 한 바퀴 돌고, 타지키스탄으로 내려가는 독일 신혼 커플이었다. 역시 독일 사람들답다는 생각이 들었다. 신혼여행을 이런 중앙아시아 오지로 오다니. 우리 같으면 상상도 못할 일을 하는 사람들이 독일 여행자들이다. 현재 세계에서 자유여행자들이 가장 많은 나라가 독일이고, 그 다음이 일본 여행자들이다. 우리는 아직 패키지 여행 단계에 머물러 있고, 젊은이들 사이에 자유여행이 점차 늘고 있다.

내 관심을 끈 사람은 독일 남자의 아내였다. 한 눈에 한국계임을 알 수 있었다. 내가 물어보지도 않았는데, 그녀는 자기는 한국 사람이 아니라는 사실을 몇 차례나 강조했다. 기분이 좀 나빴지만, 충분히 이해가 갔다. 자기를 버린 부모와 모국이 얼마나 원망스러웠으면 저럴까 싶었다. 나라도 그랬을 것이다. 그녀가 나를 만나서 기분이 나빠지지 않기만을 바랐다. 나중에라도 자기를 낳아준 부모를 만나서 그 증오심을 풀기를 바란다. 그래야 본인의 마음도 좀 편해지지 않을까? (10월 10일, 목요일, 날씨 맑으나 강풍이 불었다)

키르기즈스탄 정중앙, 나린

카자르만에서 나린으로 이동하려고 6시 30분에 아침식사를 하기로 했으나 아줌마가 늦게 일어났다. 택시정거장에서 소동이 벌어졌다. 여행자를 상대로 더 받으려는 택시 운전사들과 덜 내려는 여행자 사이의 작은 소동이었다. 바니가 화내는 것을 처음 보았다. 1인당 1200솜에 나린까지 가는 것으로 마무리되었다. 잘랄라바드에서 카자르만 구간보다 카자르만에서 나린 구간이 훨씬 더 아름답다. 계곡을 따라 가거나 구릉을 넘어가기 때문에 길도 더 순탄한 편이다. 가는 도중에 택시를 자주 세워서 사진을 많이 찍었다. 사진을 찍으려면 택시를 혼자 타고 와야 한다는 생각이 든다.

가을색으로 노랗게 물든 페르가나 초원에 살이 통통하게 오른 말과 양, 소와 나귀, 노새 등이 한가롭게 풀을 뜯어먹고 있다. 왜 그렇게 오랫동안 중국의 왕조들이 페르가나 말을 구하려고 노력했는지 알 수 있을 거 같다. 말들의 체격이 신장에서 보던 중국 말들보다 더 크다. 우람하고 힘이 좋게 생겼다. 한무제가 그렇게 갖고 싶어하던 천마의 고향이 바로 여기 페르가나 초원이다.

▶ 나린으로 들어가는 길. 멀리 마을이 보인다.

여기서부터 시작하는 페르가나 초원은 우즈백 타쉬켄트까지 수백 킬로나 이어진다. 여기가 중앙아시아의 곡식창고라는 별명이 실언이 아님을 한눈에 알 수 있었다. 높은 산의 부드러운 구릉에 퍼져 있는 초원에서 평화롭게 풀을 먹고 자란 말이기에 품질이 좋을 수밖에 없을 거 같다. '천고마비(天高馬肥)'라는 말이 여기서 비롯되지 않았을까 하는 생각이 들었다. 그러니까 중국 신장 쪽에서 천산만 넘으면 이렇게 기름지고 멋진 초원이 펼쳐져 있는 것이다.

중국 역사에서는 이런 명마를 한혈마(汗血馬), 한혈보마(汗血寶馬), 대완마(大宛馬: 페르가나 말) 등으로 불렀다. 외교사절로 월지국(月氏國)에 다녀온 장건(張騫, ? - 기원전 114년)으로부터 대완국에서 하루에 천 리(약 400km)를 달리는 한혈마라는 명마가 산출된다는 보고를 듣고, 한무제는 이 준마를 얻기 위해 대완에 특사를 파견한다. 400Km는 엄청난 과장이고, 실제로 한혈마는 하루에 약 40-50Km를 달릴 수 있다.

▶ 페르가나 초원에서 풀을 뜯고 있는 말들. 한혈마의 후손들이다.

한나라 사신의 오만한 태도에 대완은 제의를 거절하고, 귀국하는 사신을 습격하여 참살해 버렸다. 대완마를 사기 위해 보냈던 보물도 빼앗아버렸다. 한무제는 이에 기원전 104년 이사장군(貳師將軍) 이광리(李廣利)가 지휘하는 원정군을 보내 대완을 정벌하고 마침내 한혈마를 얻었다.

무제는 한혈마를 얻은 후 감탄하여 「서극천마가」(西極天馬歌)를 짓게 하였으며, 한혈마를 '천마(天馬)'라고 칭찬하였다. 지금의 중국 간쑤성(甘肅省) 우웨이시(武威市)의 뇌조묘(雷祖廟) 뢰대한묘(雷台漢墓)에서 출토된 청동 '「마답비연상」(馬踏飛燕像)'은 이 한혈마를 모델로 제작된 것이다. 실크로드가 번성했던 이유 중 하나가 바로 역대 중국 왕조들이 막대한 비단과 금은보화로 이런 준마를 구하기 위해서 대완국 등 서역과 교역을 했기 때문이다.

▶ 카자르만에서 나린으로 가는 길에 만난 기가 막힌 풍경

▶ 페르가나 초원의 젖줄인 나린강 상류. 뒤로 눈 덮힌 천산이 보인다.

얼마나 많은 사람들이 여행 중에 포로로 잡혀서 죽었으며, 얼마나 많은 사람들이 다치거나 병이 들었을까? 무엇이 그들을 여행하게 만들었을까? 교역? 전쟁? 외교? 호기심? 방랑? 도피? 그 이유도 여행자 수만큼 다양했을 것이다. 그것도 한 겨울이나 한 여름에는 여행이 거의 불가능하니까, 일 년에 불과 5-6개월 정도만 길이 열려 있었을 것이다. 이 길도 11월부터 5월까지는 눈이 쌓여서 다닐 수가 없다고 한다.

약 190킬로미터의 비포장길을 4시간이나 달려 나린에 도착했다. 나린에서 CBT를 찾아갔다. 민박을 정하고, 타쉬 라밧(Tash Rabat) 카라반사라이에 다녀왔다. 버스가 없기 때문에 택시를 대절해서 갔다. 1인당 왕복 1200솜씩이다. 중국으로 넘어가는 국경초소의 하나인 토루쿨고개(해발 3,752미터) 40킬로 전방에 있다.

이 카라반사라이는 15세기경에 이 지역을 통치했던 모하마드 칸이 건축한 것으로 알려지고 있다. 도시에 건설된 카라반사라이와는 달리 해발 3200미터의 산악지대에 있어, 교역과 요새를 겸한 카라반사라이에 속한다. 타쉬 라밧은 천산의 토루쿨고개를 넘어 중국의 카쉬가르와 중앙아시아의 페르가나 초원을 연결하는 카라반 루트 선상에 위치하고 있다. 타쉬 라밧은 방어의 기능을 겸하고 있었기 때문에 돌로만 지어졌다.

타쉬 라밧에는 우리 세 명을 포함해서 열 명 남짓한 관광객들이 있었다. 타쉬 라밧 앞에는 키르기스 유목민들이 유르트를 몇 개 지어놓고 민박을 치고 있었다. 나는 우루무치 천산 남산목장과 파미르 카라쿨호수에서 유르트 민박을 경험했기 때문에 자고 싶은 마음은 없었다.

▶ 타쉬 라밧 부근에서 유르트(파오) 민박을 치고 있는 키르기스 유목민들

▶ 타쉬 라밧 전경

▶ 타쉬 라밧 지붕 모습

▶ 타쉬 라밧 옆 모습

▶ 타쉬 라밧 내부 모습

나는 카라반사라이를 처음 보았다. 카라반사라이는 이번 여행의 주관심사 중의 하나이다. 주변은 구릉으로 둘러싸여 있어서 비바람과 눈보라를 막아주어 아늑해 보였다. 정문을 통해 어둠침침한 실내로 들어가자, 중앙에 돔으로 덮인 직경 3-4미터쯤 되는 광장이 나왔다. 돌 틈으로 작은 창이 나있어서 햇살이 쏟아지고 있어, 실내에서 생활하는 데는 큰 불편이 없을 정도였다. 그 광장을 중심으로 사방으로 30여개의 방이 만들어져있다. 방은 객실도 있고, 식당도 있고, 음식 보관 창고도 있었다. 100여명은 족히 수용할 수 있는 것처럼 보였다. 지하층에는 비상시에 카라반사라이 외부로 빠져나갈 수 있는 비상통로와 감옥도 있다. 요즘으로 치면, 호텔이나 마찬가지다.

재미있는 사실은 대상들이 데리고 온 낙타 등 가축들도 식량 값과 체류 비용을 냈다는 점이다. 대상들은 여기에 모였다 다시 흩어졌다. 도둑이나 강도들을 막기 위해 가는 방향이 같은 사람들이 일정 규모로 모일 때까지 여기서 휴식을 취하면서 출발 날짜를 기다렸다고 한다.

▶ 페르가나 초원의 목동과 가축들. 뒤에 보이는 천산을 넘으면 중국 신장이다.

▶ 페르가나 초원의 양떼들

그럼 카라반사라이(카라반사리)는 어떤 곳이고 언제부터 생겼는가? 카라반사라이를 연구한 카자흐스탄 국립대학교의 김상철 교수의 논문을 중심으로 정리하면 다음과 같다. 카라반사라이는 카라반(대상隊商)과 사라이의 합성어로, 사라이는 궁전 또는 회관을 의미한다. 그러니까 대상들이 교역과 숙식을 위해 머무는 건물로 요즘으로 보면, 대상들의 숙소에 해당한다. 카라반사라이는 실크로드 교역로를 따라 20-30킬로 간격으로 동쪽 끝인 중국에서 서쪽 끝인 모로코까지 약 1000여개가 존재했다. 이슬람 세계가 동서로 확장되면서 이슬람 상인들의 교역을 위해 9세기부터 19세기까지 꾸준히 건설되었다.

16세기 중반부터 해양을 통한 교역 및 교류의 시대가 열리기 전까지 카라반사라이는 중앙아시아와 서남아시아에서 이슬람과 함께 성장하면서, 동서양 교역의 중추적 역할을 담당했다. 그러니까 카라반사라이는 단순한 숙소와 시장 기능을 넘어서, 중앙아시아를 중심으로 동쪽으로 중국, 서쪽으로 페르시아와 아랍, 유럽과 아프리카, 남쪽으로 인도와 서남아시아, 북쪽으로 동유럽과 러시아를 연결하는 인류문명 교류의 중앙역의 기능을 담당했다.

카라반사라이는 이슬람 세계를 중심으로 형성된 실크로드 네트워크의 접촉지점으로 국제 문물교류와 커뮤니케이션의 역할을 담당 해왔지만, 이용자들은 종교적, 인종적, 문화적 편견을 버리고, 서로 다른 세계의 이질성과 개성을 이해하였으며, 상대방의 좋은 문물과 문화를 적극 수용함에 따라, 카라반사라이는 진정한 상호의 이익과 이해를 증진시키는 장소로의 역할을 했던 것이다.

▶ 샤슬릭에 필요한 양꼬치를 만들기 위해 양을 잡고 있는 모습

타쉬 라밧을 오가는 길가의 경치가 천하절경이었다. 너비가 3-4킬로 되는 드넓은 초원에는 많은 말과 양,

염소와 소 등 가축들이 평화롭게 풀을 뜯고 있었다. 초원 동쪽으로는 하얗게 눈이 덮인 천산이 따라오고 있다. 가을색이 무엇인지를 보여주는 초원이다. 초원에는 작은 호수가 있어서 가축들이 물을 먹고 있다. 목동들은 이리저리 달리면서 자기 가축들을 돌보고 있다. 말 타는 솜씨가 몽골 초원의 유목민들과 비슷하다. 저렇게 말을 자유자재로 타는 사람들이 정말 부러워 한참이나 바라보았다.

숙소로 돌아와서 짐을 풀고 저녁을 먹으러 나갔다. 바니와 사라 커플과 함게 보내는 마지막 밤이라서 내가 저녁을 샀다. 좋은 친구들이다. 대만계 영국인 아가씨 사라는 여행을 엄청 좋아해서 안 가본 나라가 거의 없을 정도다. 바니는 요리사인데, 지금은 쉬면서 세계 여행을 즐기고 있는 영국 청년이다. 오늘 점심에는 나린에서 가장 유명한 음식인 샤슬릭을 먹었다. 양꼬치를 말한다. 정말 큼직하고 맛도 좋았다. 고기가 싱싱하고 부드러웠다. 한국에서 먹었던 양꼬치와는 차원이 달랐다.

11시가 넘어서 어떤 노인이 노크도 없이 방에 들어왔다. 순간 당황했다. 여기서 잘 모양이다. 아마도 여기서 나보다 먼저 투숙하고 있었던 사람이었던 것 같다. 그러나 서로 말이 통하지 않으니까 처음에는 그 사정을 알 수가 없었다. 내가 "여기서 잘 거냐"고 물으니까, "오케이"라고 대답 한다. 그때서야 대강 짐작이 갔다. 아마도 바니가 한 방이 아니라 한 침대에 600솜에 예약을 했던 거 같다. 화를 낸 자신이 좀 부끄러웠다. 사전에 그런 말이 전혀 없었으니까 내가 좀 당황했던 것이다. (10월 11일, 금, 화창한 날씨다.)

천산 아래 떠있는 이지쿨호수

나린에서 이지쿨호수 동쪽 끝에 있는 도시 카라콜로 이동했다. 카라콜이라는 이름은 중국 동파미르에도 있고, 파키스탄 서파미르에도 여기에도 있고 있다. 그래서 그걸 모르는 사람들은 카라콜이란 말을 들으면 어디를 말하는지 헷갈린다. 일단 이지쿨호수 서쪽 끝에 있는 도시 발릭치로 이동해서(약 180킬로), 거기서 다시 이지쿨호수 북쪽 도로를 따라 카라콜까지(220킬로) 가야한다. 호수 남쪽 길을 따라 가면 320킬로 정도로 더 가까운데, 그쪽 노선은 버스가 없다.

7시 반에 서양식으로 아침식사를 했다. 빵과 계란후라이 3개, 과일 잼, 그리고 버터. 간단하지만 먹을 만했다. 버스정류장에 갔는데, 마침 카라콜까지 가는 미니버스가 있어 횡재를 했다. 버스 요금은 400솜(8달러). 약 400킬로에 9000원이니까 엄청 싼 편이다. 발릭치로 가는 도중에 송콜호수로 가는 바니 세라 커플이 코츠콜에서 먼저 내렸다. 송콜호수는 키르기스에서 가장 아름다운 호수로 유명해서 서양 관광객들이 많이 몰리는 곳이다. 나는 거기까지 갈 여유는 없어서 포기했다.

▶ 나린에서 발릭치로 가다 만난 작은 마을

▶ 나린에서 카라콜로 가는 도중에 펑크가 난 우리 밴. 오른쪽 세 번째와 네 번째 아가씨가 나에게 노래를 시킨 니스탄과 크세달이다.

그동안 그렇게 보고 싶었던 이지쿨호수를 처음 보았다. 발릭치(Balykchy)부터 튭(Tup)까지 거의 세 시간 넘게 호수와 함께 달렸다. 도로 오른쪽으로 초원이 보이고, 그 다음이 호수, 그 너머에 눈 덮인 천산이 보이고, 그 설산 위에는 하얀 뭉게구름이 면화 솜처럼 하얗게 부풀어 올라 있었다. 이런 곳이 샹그릴라가 아니면 어디가 샹그릴라일까? 러시아나 중국이 이런 곳을 포기한 것이 신기할 정도로 아름다운 풍경이다. 도로 왼쪽으로는 알라투산맥이 계속 따라오고 있다. 버스는 그 산맥과 호수 사이에 펼쳐진 초원 한가운데로 달리는 것이다. 초원에는 수많은 도시와 작은 마을들이 연결되어 있었다. 말과 소, 노새, 그리고 양들이 한가롭게 풀을 뜯고 있었다.

카라쿨로 가는 도중에 버스가 낡아서 두 번이나 멈춰 섰다. 한번은 오른쪽 뒷바퀴가 펑크가 났고, 한번은 왼쪽 재생타이어가 껍질이 벗겨져버렸다. 그런데 펑크를 때우는 방법이 신기하다. 날카로운 송곳으로 타이어에 구멍을 내더니, 그 자리에 무슨 질긴 고무 같은 것을 우겨넣고 바람을 넣는 것이었다. 어떤 여행기에서 뒷바퀴가 고장 나서 바퀴를 떼어내고, 통나무를 끼워 넣고 달렸다는 글을 읽은 적이 있는데, 이건 또 다른 방법이다.

신기한 것은 손님들 중 아무도 불평하지 않고, 운전기사가 다 고칠 때까지 길가에 서서 기다렸다. 60-70년대 우리의 모습이 여기에 그대로 있었다. 우리도 시골에서 버스를 타고 다니다가 부지기수로 고장이 나서 기다리곤 했었다. 통학버스가 달리다가 고장 나서 지각한 적이 한두 번이 아니었다.

▶ 마다르노 호텔의 아침 식사. 간단하지만 맛이 좋다.

버스에서 앞자리에 앉은 니스탄과 크세달을 만났다. 니스탄이 영어를 제법 한다. 칭기스와 오르마트라는 고등학생도 만났다. 크세달이 노래를 하라고 재촉한다. 버스 안에서 어떻게 노래를 하냐고 거절했다. 칭기스에게 물었더니 자기들은 아무데서나 노래를 한다고 한다. 집이 튭인 크세달이 가라오케에서 내 노래를 듣겠다고 카라콜까지 따라왔다. 내가 카라콜에서 해주겠다고 했더니, 정말 카라콜까지 따라온 것이다. 대학교 1학년생인 크세달은 남동생까지 함께 있었다. 나는 호텔로 가야하는 상황이고, 크세달은 남동생이 있어서 가라오케에 가서 노래를 할 수 있는 상황도 아니었다. 그래서 아쉽지만 나는 호텔로 가고, 그녀는 튭으로 돌아갔다. 여기까지 따라온 그녀에게 미안했다.

로운리 풀래닛에 소개된 자밀라B&B로 가다가 새로 지은 호텔을 발견했다. 미녀들의 수다에 나온 자말라를 연상하고 주인이 예쁠 거라는 환상을 갖고 가던 중이었다. 마다노르

(MADANOR) HOTEL. 이번 여행에서 지금까지 잔 호텔 중에서 가격 대비 가장 품질이 좋은 호텔 중 하나이다. 깨끗하고 휴게실 홀에서 와이파이 팡팡 터지고, 조용하고, 뜨거운 물 콸콸 나오고, 화장실에서 냄새 안 나고, 큰 길 가에 있어서 택시 잡기도 좋고, 택시도 무료로 불러준다.

객실 창가에서 눈 덮인 천산이 바로 눈앞에 보인다. 더구나 아침식사까지 준다. 대신 전화나 목욕용품과 같은 기본 서비스는 없다. 내가 바라는 숙소는 침대보 깨끗하고, 냄새 안 나고, 온수 잘나오고, 와이파이 잘 터지면 된다. 다른 건 사치다. 1000솜(20달러)짜리가 이 정도면 황송할 지경이다. 중국 신장에서 이 정도의 호텔에서 자려면 100달러는 족히 주어야 한다.

▶ 키르기스 결혼식 피로연에서 춤을 추고 있는 신랑 신부

자리나라는 카페(식당)로 저녁을 먹으러 갔다가 뜻밖에 횡재를 했다. 어떤 키르기스 남녀의

결혼식 피로연이 열리고 있었다. 신랑 신부가 쓰고 있는 고깔모양의 키르기스식 전통 모자가 특이했다. 식사가 끝나자 신랑신부가 나와서 몇 가지 게임을 하고, 결혼 선물을 전달하고, 모두 춤추고 노래하고 신나게 놀았다. 나는 혼자서 뻘쭘하게 앉아서 그 광경을 지켜보면서 식사를 했다. 그리고 비디오와 사진으로 그 피로연 모습을 담았다. 처음 보는 키르기스 결혼식 피로연이었다. 배경 노래는 모두 팝송이나 현대 키르시스 대중가요였다. 내가 듣고 싶었던 전통 음악은 없었다.

친척들이나 친구들의 행색을 보니 그리 부잣집은 아닌듯했다. 얼굴이 모두 빨갛게 익은 걸 보면 농사나 유목 일을 하는 사람들 같았다. 한 무리의 중년 아줌마와 할머니 그룹은 엄청 뚱뚱했다. 춤을 추면서 몸을 제대로 가누지도 못할 정도였다. 러시아 통치를 오랫동안 받으면서 키르기스식이 아니고, 러시아식(유럽식)으로 식단이 바뀐 탓일 것이다. 버스에서 만난 친기스가 오늘 결혼식에 참석하려고 카라콜에 간다고 했던 말이 생각나서 찾아보았지만 그의 얼굴은 보이지 않았다. 아마 다른 결혼식에 간 것 같다. (10월 12일, 토요일, 날씨가 참 맑다.)

일요 가축시장과 프르제발스키 박물관

일요 가축시장에 갔다. 호탄에 있는 일요 가축시장에 비해 너무 어수선하고 무질서하다. 규모는 큰데 통제가 안 되니까 사람과 가축 차량이 뒤엉켜서 난리도 그런 난리가 없다. 신장처럼 여기도 먼지 지옥이다. 이 도시도 포장이 잘 안되어서 먼지가 많이 날린다. 또 간선도로 말고는 모두 먼지가 날리는 비포장길이다. 여긴 낙타는 없었다. 대신 소와 말이 많았고, 역시 양이 가장 많았다.

가장 마음에 드는 놈은 어린 주인과 함께 시장에 나온 어린 나귀였다. 당나귀인지 노새인지 나귀인지는 정확히 모르겠다. 구분하는 방법을 모르니까. 소년에게 가격을 물으니 2000천솜(40달러)이라고 한다. 그놈 눈이 정말 선하고 슬퍼보여서 항상 동정이 간다. 말이 우람하고 힘찬데 비해 나귀는 병약해 보이고, 순종적이고, 착해 보여서 마음이 더 간다. 은퇴하면 저렇게 생긴 나귀 한 마리 사서 함께 중앙아시아를 순례할 것이다. 저놈더러 내 배낭을 메라고 하고. 그런데 저놈 식량은 어디서 사지? 그게 걱정이네.

▶ 일요 가축시장에 어린 주인을 따라 나온 눈이 슬픈 어린 나귀. 몸값이 4만원이다.

거기서 나와 프르제발스키 박물관에 갔다. 내가 카라콜까지 온 것은 이 박물관 때문이다. 프르제발스키는 러시아에서는 영웅 대접을 받는 사람이다. 그래서 구소련시대에는 이 도시 이름이 카라콜이 아니라 프르제발스키였다. 〈실크로드의 악마들〉에서 읽은 이 탐험가가 어떤 사람인지 알고 싶었다.

작은 박물관치고 정말 내용이 알찬 전문 박물관이다. 탐험가로서 지리학자로서 군인으로서 그의 일생을 체계적으로 잘 꾸며 놓았다. 오쉬에 있는 키르기즈스탄 역사박물관보다 훨씬 나은 거 같다. 가난한 조선 사람의 집을 찍은(그린?) 사진(그림?)도 한 장 있었다. 이걸 보면, 그가 조선에도 왔다간 것으로 보인다. 50년 동안 살면서 저렇게 자신의 목표를 위해서 인생을 살기도 힘들 것이다.

▶ 소박하지만 알찬 프르제발스키 박물관

▶ 프르제발스키 동상. 오른쪽으로 대리석으로 둘러쌓인 무덤이 보인다.

▶ 가난한 조선사람의 가옥 (프르제발스키 박물관)

박물관에서 더 들어가면 그의 기념탑이 나온다. 바로 옆에 무덤도 있다. 여기서 천산과 이지쿨호수가 보인다. 꽃을 사오지 않은 것을 후회했다. 자기가 사랑하는 곳에서 죽은 사람의 인생을 이렇게라도 기념한다는 것은 다행스러운 일이다. 러시아로서는 그만큼 그의 업적이 컸다는 것을 의미한다.

러시아 장교이면서 식물학자이자 인류학자, 지리학자이자 지질학자였던 니콜라이 프르제발스키(1839~1888)는 러시아의 아시아 팽창을 위해 중앙아시아를 정찰하는데 평생을 바쳤다. 그의 여행은 당시 중국이 지배하던 신장 지역의 심장부로 진출하기 위한 교두보를 마련하는 원정이었다. 그는 대령 시절 티르메노프 장군에게 보낸 서신에서 이렇게 말할 정도로 자신감에 차 있었다.

> "여기서는 어디로든 뚫고 들어갈 수 있습니다. 다만 옆구리에 복음서 대신 주머니에 돈을 챙기고, 한 손에는 소총을, 다른 손에는 회초리를 들고 가야 합니다. ---- 1천 명의 러시아 병사만 있으면, 바이칼호에서 히말라야산맥까지 아시아 전역을 정복할 수 있을 것입니다." (출처: 로빈 핸버리 - 테니슨, 〈역사상 가장 위대한 70가지 여행〉, 222페이지)

러시아의 북쪽변방에서 중국으로 들어간 그의 여행은 1871~1873년, 1876~1878년, 1879~1880년, 1883~1885년 등 여러 차례에 걸쳐 지속적으로 진행되었다. 그는 최종 목표인 라싸까지는 도달하지 못했지만, 영국 왕립지리학회로부터 중앙아시아에 대해 마르코 폴로 이후 가장 많은 것을 밝혀냈다는 찬사를 받았다.

그는 천산을 넘어 타클라마칸사막을 정찰하고, 누란 왕국이 있었던 로프노르호수를 측정했으며, 둔황 천불동도 방문하는 등 그때까지 지도상으로 공백으로 남아있던 중국 신장과 고비사막 일대의 지도를 작성했다. 그는 채집 목적 이상으로 지나치게 야생동물의 사냥을 즐겼으며, 호전적인 변방 부족들까지 사정없이 죽였다.

그나마 몽골 초원에서 이빨이 매우 크고 다리가 곧은 야생말을 발견하고 자기 이름을 따서 '프르제발스키 말'이라고 명명한 것은 그의 업적 중 잘한 일에 속한다. 덕분에 현재 중국 정부는 이 말을 대량으로 사육하고 있다. 그는 1888년 마지막 탐험을 마치고, 서역북로(천산남로)에 있는 아커수(악수)에서 천산 배델고개를 넘어, 여기 이지쿨 호숫가에서 말년을 보내다가 여기서 죽었다.

배델고개(해발 4284미터)는 630년경 현장이 인도로 가는 길에 넘은 고개이기도 하다. 〈대당자은사현장법사전-이하 자은전〉에 의하면, 이 4백여 리의 험난한 산길을 "7일이 지나서야 비로소 산을 지났다. 도반들 가운데 얼어죽은 사람이 열에 서너명이고, 소나 말의 피해는 더욱 심하다"라고 기록하고 있다. 현장은 7일 동안 이 고개를 넘다가 강추위 때문에 목숨을 잃을 뻔한 것이다.

▶ 이지쿨호수의 가을 풍경. 뒤에 보이는 설산은 카자흐스탄과 국경을 이루는 알라투산맥.

▶ 프르제발스키 동상에서 내려다본 아래 마을과 이지쿨호수

박물관을 나와서 프르제발스키 동상에서 내려다보이는 마을로 내려갔으나 호수 말고는 아무것도 없었다. 그러니까 여기는 이지쿨호수의 동쪽 끝자락이다. 북쪽으로는 오면서 보았던 알라투산맥이 보이고, 동남쪽으로는 천산산맥이 둘러싸고 있다. 호숫가에는 초라한 양철지붕을 이은 집들이 띄엄띄엄 흩어져 있고, 러시아 시대에 사용했던 화물용 기중기 두 대가 폐허처럼 휑하니 서있다.

여기도 가을이어서 나무들이 노랗게 빨갛게 물들어가고 있다. 바람은 신선하고 하늘은 맑고 푸르다. 가을의 흔적들은 다른 계절보다 더 나를 센티하게 만든다. 노랗게 단풍든 나뭇잎과 빨갛게 익은 이름 모를 열매들, 구름 한 점 없는 쪽빛 같은 파란 하늘, 시원하면서도 싸늘한 바람, 신선한 공기, 뭉게구름에 싸인 먼 산들, 고개를 숙이고 풀만 뜯어 먹고 있는 말들, 나무 그늘에서 깔깔대며 웃으면서 놀고 있는 천진난만한 아이들, 이 모든 것들이 나를 센티하게 만든다.

오후에 온천이 많은 알틴 아라샨에 가보려고 했으나 택시비가 너무 비싸서 포기하고 호텔에서 쉬었다. 택시기사 말이 길이 너무 험하고, 일행도 없어서 비싸다는 것이었다. 몸 상태가 계속 안 좋아서 많이 걸을 수도 없다. 자유여행의 단점은 이렇게 동행자가 없을 경우 가고 싶은 목적지를 제대로 못 간다는 점이다. 특히 비성수기에 그렇다. 어제까지는 사라와 바니가 있어서 교통비용을 3분의 1로 줄일 수 있었는데, 지금은 혼자 다 부담해야 하기 때문이다.

▶ 호수 근처에서 놀고 있은 아이들. 서양 얼굴과 동양 얼굴이 섞여 있다.

저녁은 어제 갔던 자리 나라는 카페에 가서 어제 먹었던 감자소고기국에 밥을 말아 먹었다. 기름기가 좀 많긴 해도 키르기스에서 내 입에 가장 잘 맞는 음식 중 하나이다. 오늘은 아무런 행사가 없어서 조용했다. 여기선 음식점을 카페라고 부르고, 디스크자키가 나와서 노래도 틀어주고, 아마추어 가수가 노래도 부른다. 종합 유흥장이라고나 할까? 아무튼 춤추고 노래하길 좋아하는 사람들에겐 어울리는 놀이터인 거 같다.

▶ 자리나 카페에서 먹은 감자소고기국

▶ 호텔 근처에 있는 작은 빵집. 화덕에서 구워내는 빵(사마르칸트에서는 나뽀쉬까라고 부른다)이 싸고 맛이 좋다.

서비스 하는 아가씨 한명이 한국 사람과 정말 닮아서 내가 한국인 같다고 하자, 자기가 한국에서 왔다고 농담을 한다. 여기는 우리 얼굴을 닮은 사람들이 정말 많아서 깜짝 깜짝 놀란다. 그도 그럴 것이 몽골 사람들이 양쪽을 연결하는 매개체인 것이다. 우리가 우랄알타이족으로서 몽골사람과 피가 섞여 있고, 여기 사람들은 서쪽으로 우즈백, 북쪽으로 카자흐, 남쪽으로 타지크, 동쪽으로 몽골과 위구르 사람들과 피가 섞여 있다. 여기서는 모든 나라 사람들의 얼굴이 다 보인다. 그러니까 인종 전시장이나 다름없다. 서양과 동양 사람들을 합쳐 놓은 중간인이라고나 할까? (10월 13일, 일요일, 하루 종일 맑은 날씨다.)

정원의 도시, 비쉬케크

카라콜에서 발릭치를 경우하여 비쉬케크로 이동했다. 약 400킬로미터를 달렸다. 버스비가 300솜(6달러)으로 의외로 싸다. 그러나 큰 실수를 했다. 호수 남쪽으로 돌아야했는데, 갔던 길로 되돌아왔다. 그 방향으로는 가는 버스가 없다고 해서 그랬다. 호수 남쪽 길을 따라 있는 작은 도시들을 경유하여 발릭치로 가서, 거기서 다시 비쉬케크로 갔으면 되었을 것이다. 귀찮은 것을 싫어하는 게으름이 또 이런 실수를 초래한 것이다.

아침 8시 출발해서 오후 2시에 도착했다. 운전사가 안전벨트를 안 매서 경찰에게 적발되어 돈을 뜯겼다. 우리 70-80년대의 모습과 똑같다. 차가 벤츠인데도 좌석에는 안전벨트가 없다. 아마도 원래 있었던 안전벨트를 모두 떼어낸 것 같다. 오늘은 이지쿨호수가 검은 색으로 보였다. 노랗게 단풍이 든 가로수 길이 인상적이다. 오늘은 구름에 싸여 천산이 보이지 않는다.

▶ 이지쿨호수에서 잡아서 말린 리바

길가에 늘어선 집들의 지붕들이 대개 회색으로 우중충한 색깔들이다. 슬레이트나 함석집이라서 그렇다. 지중해 연안처럼 오렌지색으로 칠하면 따뜻해 보이고 화사해서 훨씬 좋을 텐데. 그 오렌지색 기와가 비용이 많이 드니까 사용하지 못하는 것은 아닐까? 동유럽의 집들도 온통 회색으로 이처럼 우중충하다. 길가 마을마다 이지쿨호수에서 잡은 리바라는 말린 물고기를 판매한다. 휴게소에서도 이 물고기를 팔고 있었다.

철도를 처음 보았다. 키르기즈스탄에는 기차가 없는 줄 알았는데, 객차가 다니고 있었다. 지도를 살펴보니, 발릭치에서 비쉬케크를 거처 국경도시인 카라발타로 해서 카자흐스탄 타라스로 넘어가는 철도가 있다. 다른 지역은 전혀 없는 것으로 보아서 구소련 시기에 놓인 철로 같았다.

▶ 토크마크 부근의 도로 휴게소. 오른쪽 밴이 내가 타고 간 차다.

발릭치에서 비쉬케크로 가는 길에 토크마크라는 도시를 지났다. 이 도시는 630년 경에 현장이 인도로 가는 길에 들렀던 소엽수성(素葉水城)이 있었던 곳이다. 〈자은전〉에는 素葉城이라고 나온다.

현장은 왜 목숨까지 걸면서 굳이 험난한 천산을 넘어 여기까지 왔을까? 그 힌트가 〈자은전〉에 보인다. 현장이 629년에 장안을 출발하여 천산남로(서역북로)를 따라 인도로 가다가, 카쉬가르(당시 소륵성)로 해서 남쪽으로 내려가서 파미르를 넘지 않고, 아커수(악수)에서 천산을 넘어 중앙아시아로 우회해서 간 것은 바로 안전한 여행 때문이었다.

당시 서돌궐의 칸이었던 사엽호(肆葉護, 628~632년)는 신장 서쪽부터 천산 너머 페르가나 초원과 남쪽으로는 가필시국(현재 베그람과 카불 인근)까지 속국으로 통치하고 있었다. 그는 불교에 호의적이어서 아커수부터 현장을 호위하여 능산(현재 천산 베그람고개)를 넘게 하고, 통역과 가이드까지 붙여 가필시국까지 현장을 안내했다. 그래서 현장이 통상적인 서역남로나 서역북로를 따라 인도로 가지 않고, 중앙아시아를 우회한 것이다. 〈대당서역기〉에 나오는 천산과 소엽성 인근에 대한 현장의 기록을 한 번 살펴보자.

발록가국(跋祿迦國: 현재 아커수)

발록가국은 동서로 6백여 리이고, 남북으로 3백여 리에 이르며, 나라의 큰 도성은 둘레가 5~6리이다. 토산품이나 기후, 사람들의 성품이나 풍속, 그리고 문자와 법칙은 굴지국의 것과 똑같으며 언어는 조금 다르다. 모직과 베 제품은 아주 섬세하여, 이웃 나라에서 귀중히 여길 정도이다. 가람의 수는 열 곳이고, 승도의 수는 천여 명에 이른다. 소승의 가르침인 설일체유부를 배우고 익히고 있다.

나라의 서북쪽으로 3백여 리쯤에 있는 모래사막을 건너면 능산(凌山)에 이른다. 이곳은 곧 총령(葱嶺)의 북원(北原)이다. 많은 물이 동쪽으로 흐른다. 산골짜기에는 눈이 쌓여있는데, 봄과 여름에도 얼음이 얼어있다. 이따금 얼음이 녹을 때도 있지만 이내 다시 결빙된다. 길은 몹시 험하고 찬바람이 매섭게 불어댄다. 사나운 용이 지나는 사람에게 해를 입히는 일이 많으므로 이 길을 지나는 사람은 검붉은 색의 옷을 입거나 조롱박을 갖고 있거나 큰 소리를 질러서는 안 된다. 만일 조금이라도 이것을 거스르면 재난을 만나게 되는데, 거센 바람이 미친 듯이 불어대고 모래가 휘몰아치며 돌멩이가 비처럼 쏟아진다. 이런 재난을 만나게 되면 죽게 되어 목숨을 부지하기가 어렵게 된다.

산길을 4백여 리 가다 보면, 대청지(大淸池). [또는 열해(熱海)라고 하고 또는 함해(鹹海)라고도 한다]에 이르게 된다. 둘레는 천여 리에 달하는데, 동서로 길고 남북으로는 좁다. 4방이 산에 둘러싸여 있어서 수많은 물줄기들이 교차하며 모여든다. 물은 청흑색을 띠었고, 쓴맛과 짠맛을 함께 지니고 있다. 호탕하게 흐르는 물은 큰 파도가 사납게 일어나 물보라를 일으키며 흐른다. 용과 물고기가 뒤섞여 살고 있으며, 신령스럽고 괴이한 일들이 이따금 일어난다. 그러므로 오고 가는 나그네들은 그 복을 빌며 기도를 한다. 비록 어류가 많으나 감히 물고기를 잡지 않는다.

청지(淸池)의 서북쪽으로 5백여 리를 가다 보면 소엽수성(素葉水城)에 이른다. 성의 둘레는 6~7리이고 여러 나라의 장사치 오랑캐 상인(胡商)들이 뒤섞여 살고 있다. 땅은 기장과 보리, 포도에 적합하며 숲은 우거져 있지 않다. 바람이 차서 사람들은 모직 옷을 입는다.

소엽의 서쪽으로는 수십 개의 외딴 성들이 있는데, 각 성마다 각자의 우두머리를 옹립하고 있다. 비록 서로 명령을 내리거나 받지는 않지만 모두가 돌궐족에 복속되어 있다.

소엽수성에서 갈상나국(羯霜那國) 사이의 땅 이름을 솔리(窣利)라고 하며, 사람들 또한 그렇게 불린다. 문자와 언어도 그 명칭에 의거해서 그렇게 불리고 있다. 자원(字源)은 간략하며 본래 20여 개의 문자를 썼다가 점차 어휘가 늘어나서 언어의 사용이 더욱 다양해져 갔다. 약간의 기록이 남아있는데, 문장은 세로로 읽는다. 서로 전수하는데, 스승과 제자 관계가 바뀌지 않는다. 의복은 털옷이나 고운 무명을 입는다. 위 · 아래 옷의 품은 좁으며, 머리를 가지런하게 하여 정수리를 드러내거나 혹은 모두 삭발하여 비단을 이마에 두른다. 그들의 체형은 크지만 성품은 겁이 많으며, 풍속은 경박하고 참되지 못하다. 남을 교묘하게 속이는 일이 많으며, 대체적으로 욕심이 많고 구하는 것이 많다. 부자간에도 이익을 계산하며 재산이 많은 것을 귀하게 여긴다. 높고 낮은 신분에 대한 차별이 없으며, 비록 부유한 사람이라 할지라도 옷과 음식이 거칠고 초라하며, 밭을 일구는 자와 이익을 추구하는 자가 반쯤 섞여 있다.

소엽성에서 서쪽으로 4백여 리를 가다 보면 천천(千泉)에 이른다. 천천은 그 땅이 4방 2백여 리에 달하는데, 남쪽으로는 설산을 바라보고 다른 3면은 평지에 접하고 있다. 그 땅은 물이 많아서 비옥하고, 숲은 울창하여 나뭇가지가 4방으로 퍼져 있다. 음력 3월에는 온갖 꽃들이 피어나 아름다운 비단과 같다. 샘이나 연못이 천(千) 곳이나 있어서 천천(千泉)이란 이름이 붙었다.

돌궐의 칸이 언제나 더위를 피해 이곳으로 왔는데, 그 속에는 사슴 떼들도 있었다. 그런데 사슴들은 방울과 고리 등으로 갖가지 장식을 하였으며, 길이 들어서 사람들과도 잘 어울렸고, 놀라 달아나지도 않았다. 칸은 이 사슴들을 사랑하여서 군속들에게 명하기를, "사슴을 살해하면 그 죄를 물어서 용서하지 않겠다." 고 하였다. 그런 까닭에 사슴 떼들은 목숨을 보전할 수 있었다.

천천의 서쪽으로 140~150리를 가면 탈라스성(呾邏私城)에 이른다. 성 둘레는 8~9리이고, 여러 나라의 장사치 오랑캐들이 한데 뒤섞여 살고 있다. 땅과 기후는 소엽과 거의 같다. 남쪽으로 다시 10여 리를 더 가면 작은 외딴 성이 나온다. 이곳에는 300여 가구가 살고 있는데, 이들은 본래 중원 사람들이다. 옛날에는 돌궐족에게 약탈당하였지만 나중에는 힘을 합쳐서 나라를 세워 함께 이 성을 지켰다. 그 성 안의 사람들의 집이나 의복, 행동거지는 돌궐족과 같지만, 말이나 예절 등은 여전히 중국의 것을 고수하고 있다.

여기서부터 서남쪽으로 200여 리를 더 가면, 백수성에 이른다. 성의 둘레는 6~7리에 달한다. 토산품이나 기후는 탈라스성보다 훨씬 좋다. 서남쪽으로 200여 리를 더 가면, 공어성에 이른다. 성의 둘레는 5-6리이고, 높고 마른 땅이나 낮고 습한 땅이나 모두 비옥하며, 수목이 울창하다. 이곳으로부터 남쪽으로 40-50리를 가면, 노적건국에 이른다. (출처: 동국역경원, 한글대장경, 〈대당서역기〉)

▶ 전통의상을 입은 키르기스 아가씨 (자료 사진)

이틀을 보낸 비쉬케크는 '정원 도시'라는 별명답게 공원과 나무가 많았다. 첫 인상이 넓은 공원처럼 보였다. 유럽처럼 세련되게 단장되어 있지는 않지만, 많은 가로수와 곳곳에 있는 공원들이 도시를 싱싱하고 푸르게 만들었다. 소박하지만 푸르른 정원 도시라고나 할까? 길을 오가는 사람들의 표정도 밝고 명랑해 보였다. 중앙아시아에서 가장 민주적이고 자유스러운 나라답게 수도 또한 그런 분위기를 풍기고 있었다. 도시 자체는 그리 크지 않았지만 웬지 모르게 사람 냄새가 나는 그런 곳이었다.

이 도시는 1825년에 코칸드(현재도 코칸드)에 있던 우즈백 왕이 중국으로 넘어가는 천산 산맥으로 통하는 여러 카라반 루트 중 하나로 만든 작은 실크로드 마을이었다. 그런데 1826년에 제정 러시아가 여기를 점령하고, 기름진 땅을 자국민에게 분배하면서 이주민을 끌어들여, 1926년에 키르기스자치공화국의 수도로 만들었다. 소그디언 이름으로는 페샤가크(Peshagakh)라고 하는데, '산 아래 있는 마을'이라는 뜻이다. 남쪽으로 멀리 도시를 호위하고 있는 해발 4,800미터급의 알라토 산맥을 보면 틀린 말은 아니다.

▶ 비쉬케크 역사박물관

▶ 아라비아 식당에서 먹은 점심

역사박물관에 갔는데 휴관이었다. 이런 일이 한두 번이 아니다. 대신 박물관 맞은편에 있는 아라비아식당에 가서 맛있는 케밥을 먹고, 서점에 가서 키르기즈스탄에 관한 책을 두권 샀다. 예쁜 아가씨들이 꽤나 많이 눈에 띈다. (10월 14일, 월요일, 하루 종일 맑았다.)

죽음의 곡예길, 비쉬케크-잘랄라바드

비쉬케크에서 잘랄라바드로 행했다. 약 570킬로미터 거리다. 이 길은 천산부터 코칸드까지 동서로 뻗어있는 페르가나계곡을 남북으로 종단하는 코스다. 우즈벡으로 넘어가려면 국경초소가 있는 그곳으로 가야한다. 최근 우즈백과 키르기스의 사이가 나빠져서 샤마디 샤이에 있는 국경초소는 폐쇄되었다. 다음 날 안 사실이지만, 내가 가려고 하는 잘랄라바드도 국경이 폐쇄되어 있었다.

중앙아시아에서는 국경 통과 여부를 미리 확인하지 않으면 낭패를 보는 수가 많다. 중국과 인접한 국가들도 마찬가지다. 가이드북만 믿고 있어서는 안 되고, 현지에 도착해서 미리 확인해보아야 한다. 그래야 교통비와 숙박비 등 여행 경비를 아낄 수 있다.

버스터미널이 바로 호텔 옆에 있었다. 그런데 잘랄라바드로 가는 버스가 없다. 택시(밴)를 타고 가기로 했다. 중앙아시아에서 택시를 타려면 기다림에 익숙해야 한다. 아니면 비싼 택시비를 혼자서 부담해야 한다. 택시기사는 후미진 곳에 나를 잡아 놓고, 다른 손님을 구하러 이리저리 돌아다닌다. 거의 두 시간 만에 5명의 손님을 모아서 택시기사는 출발을 했다. 내가 보기에는 불법으로 운행 하는 승합차 같았다. 운전사는 시꺼먼 호수가 까마득하게 내려다 보이는 절벽 길을 시속 80킬로로 내달렸다. 정말 사람 목숨이 파리 목숨이라는 걸 여기서 실감했다.

비쉬케크에서 우즈베키스탄으로 들어가는 길에는 세 군데가 있다. M41번 도로를 따라가다가 샤마디 샤이나 잘랄라바드 또는 오쉬로 가서 국경을 넘어야 한다. 모두 남서쪽에 있는 국경도시들이다. 2005년에 일어난 안디잔 인종 폭동 이후, 두 나라 사이가 나빠지면서 지금은 앞의 두 도시에 있는 국경초소는 폐쇄되어 있고, 오쉬로만 통과할 수 있다. 나는 잘랄라바드에서 우즈백의 카나바트로 넘어가려고 했으나, 택시 기사가 국경이 폐쇄되었다고 해서 다시 오쉬로 이동했다. 가이드북을 너무 믿어도 안 된다는 사실을 다시 한 번 경험했다. 현지에서 미리 확인해 보았어야 했는데.

▶ 비쉬케크에서 잘랄라바드로 갈 때 넘어가는 토르아슈 고개

▶ 점심으로 먹은 양갈비탕

▶ 만둣국

▶ 알라벨고개(?) 부근에서 있는 이정표

▶ 도로를 가로막은 유목민 양떼들

비쉬케크에서 잘랄라바드까지 달리는 길은 소문대로 천하의 절경이었다. 눈 덮인 고산과 평화로운 호수, 그리고 드넓은 초원을 지나는 그런 멋진 길이었다. 과거에 동서양의 어떤 군주라도 탐내었을 그런 지역이었다. 이 길은 해발 3천 미터가 넘는 알라토 산맥을 통과한다. 이 길에는 3천 미터가 넘는 고개가 3개나 있다. 토르아슈 고개(해발 3,586미터), 오트맥 고개(해발 3,330미터), 알라벨 고개(해발 3,484미터). 수 백 킬로 떨어진 오쉬 등 남서쪽으로 가려면, 토르아슈 고개와 알라벨 고개를 넘어야 하고, 오트맥 고개를 넘으면 바로 서쪽에 탈라스가 있다. 도로 사정은 엉망이었다.

탈라스는 바로 고구려 유민의 후손이었던, 당나라 장수 고선지(高仙芝)가 서기 751년에 동진 중인 아랍군과 세계사적인 전투를 벌인 바로 그 곳이다. 630년 경에 인도로 가던 길에 이곳을 지난 현장 스님도 〈대당서역기〉에서 "달라사(呾邏私 탈라스)는 성 둘레가 8~9리에 달하며, 성내에는 여러 나라의 상인들이 함께 거주하고 있다"고 기술했다. 당시에도 이미 탈라스는 오아시스 상업도시로서 번성하고 있었음을 알 수 있는 증언이다.

나는 이 토르아슈 고개와 알라벨 고개를 넘으면서, 왜 당나라군이 아랍군에게 어이없이 패했는지 그 이유를 바로 알 수 있었다. 고개가 너무 높고 험해서 주로 보병인 당나라군은 장거리 이동으로 전투가 시작되기도 전에 이미 심신이 지쳐있었을 것이다. 전투 결과는 이미 결정되어 있었던 것이다. 위키백과에는 당시의 역사적 배경을 다음과 같이 기술하고 있다.

탈라스 전투는 751년 7월~8월 사이에 고선지 장군이 지휘하는 당나라군과 투루크인 동맹군 카를룩족이 아랍의 압바스 왕조를 상대로 지금의 키르기즈스탄 서북쪽에 있는 탈라스 강 유역에서 중앙아시아의 패권을 두고 싸운 전투였다. 당 태종 때(재위 628~649년), 당나라는 당과 중동, 지중해 연안을 연결하는 실크로드를 지배하기 위해, 서쪽으로 중앙아시아까지 세력을 확장했다. 8세기에는 남쪽으로 힌두쿠시 산맥까지 세력을 확장하여, 지금의 파키스탄 길기트 지역까지 정복했다. 그러나 새로이 이슬람화된 아랍인도 동진을 거듭하여, 710년에는 세계 최대의 캐러밴 도시였던 부하라와 사마르칸트까지 진출했다. 이제 동진하는 아랍군과 서진하던 당나라군의 충돌은 시간 문제였다.

750년, 고선지가 이끄는 당나라군이 타슈켄트(당시 석국-石國. 타슈는 돌이라는 뜻이고, 켄트는 도시라는 뜻이다)를 점령하고, 투르크인 군주를 포로로 잡아 당나라 수도 장안에 압송했다. 양귀비에 빠져 분별력이 없어진 당 현종은 투르크 군주를 처형하고 말았다. 이에 분노한 석국 왕의 아들은 당나라군을 몰아내기 위해 동진 중인 압바스 왕조에게 도움을 청했다. 압바스 왕조의 호라산 총독 아브 무슬림은 부하인 지야드 이븐 살리흐를 파견했다.

751년 여름, 지야드가 이끄는 압바스군과 고선지가 이끄는 당나라군은 오트맥 고개 너머 탈라스 강가에서 격돌했다. 주로 보병이었던 당나라군은 약 4만 명의 아랍-투르크 기병에 허를 찔렸다. 전투 중 처음에 당나라군을 지원하기로 했던 카를룩족이 아랍군 편으로 돌아섰기 때문에 당나라군은 괴멸하고 말았다. 4만 5천의 당나라군 중 고선지를 비롯한 지휘관 일부와 수천의 병사만이 탈출했다고 전한다.

압바스 왕조는 이 전투의 승리로 중앙아시아에서 이슬람 세력의 기반을 굳히게 되었고, 중앙아시아 동쪽에도 이슬람교가 퍼지기 시작했다. 이 때 상당수의 당나라 병사가 포로로 붙잡히게 되었다. 그들 중에 종이를 만드는 기술을 갖고 있는 기술자가 포함되어 있었기에, 제지술이 이슬람 세계를 거쳐 기독교 사회까지 널리 퍼지게 되는 직접적인 계기가 되었다. 당나라는 이후 안록산의 난(755-763)이 일어나면서 국력이 쇠퇴해 더 이상의 서역경영은 어렵게 되었다.

아침 9시 반에 비쉬케크를 출발한 코치는 톡토굴 호수와 샤마디 샤이를 거쳐 저녁 6시쯤 잘랄라바드에 도착했다. 몰몰(Molmol) 호텔에 투숙했다. 구소련 시절에는 좋은 호텔이었던 이곳은 오랫동안 개보수를 하지 않아 시설이 엉망이었다. 운영도 구소련식이었다. 영수증 등 모든 걸 종이에 써서 준다.

호텔 앞에 있는 깨끗한 레스토랑에서 저녁으로 피자를 먹었다. 손님으로 온 아가씨들이 정말 예뻤다. 러시아 아가씨들이 예쁘다는 말은 많이 들었는데, 사실이었다. 바로 옆에는 레닌광장이 있다. 수많은 시민들이 나와서 네온싸인 분수광장 주변에서 놀고 있다. 한국말로 인사하는 어떤 아가씨와 사진도 찍었다. 그녀는 한국에 가고 싶어서 한국말을 배운다고 했다. 아직도 실크로드는 이렇게 살아 있었다. (10월 15일, 화요일, 하루 종일 맑았다.)

잘랄라바드-오쉬-안디잔

잘랄라바드에서 카나바트로 넘어가려고 했으나 택시 기사가 국경이 폐쇄되었다고 해서, 버스를 타고 오쉬로 이동했다. 가이드북을 너무 믿어도 안된다는 사실을 다시 한번 확인했다. 미리 확인해 보았어야 했는데 내 실수다. 키르기즈스탄을 한 바퀴 돌아 다시 오쉬로 돌아온 것이다. 오쉬는 2주 전에 왔던 곳인데도 낯이 설었다.

오쉬에서 다시 국경 도시인 도스틱(Dostyk)으로 이동했다. 택시에서 내리자 바로 앞에 우즈벡 국경초소가 있었다. 자유스러운 키르기스와 달리 세관 검사가 엄청 까다로웠다. 역시 경찰국가라 모든 출입국 절차가 까다롭다. 실크로드만 아니라면, 이런 나라는 다시는 오고 싶지 않을 정도다. 옛날에는 이보다 훨씬 더 심했을 것이다. 노트북까지 꺼내서 파일을 다 뒤지고, 중국에서 산 불교관련 서적까지 페이지를 넘기며 모두 확인한다. 아마 포르노 비디

오나 잡지를 찾는 거 같았다. 지금이 어떤 세상인데 국경에서 그런 걸 단속하나. 인터넷 클릭 한번만 하면 포르노 천지인데. 한심한 사람들.

▶ 깔끔하게 단장된 안디잔 시내

▶ 안디잔 모지자식당에서 저녁으로 먹은 닭고기 메뉴

국경초소를 나오자 택시들이 손님들을 기다리고 있었다. 안디잔까지 택시로 이동했다. 안디잔 시내를 보고 깜짝 놀랐다. 정말 서구식으로 깨끗하고 깔끔하게 정리가 잘 된 도시다. 지금까지 중국에서 여기까지 50여 일 동안 방문한 도시 중에서 가장 깨끗하다. 2005년에 키르기스인과 우즈백인 사이에 일어난 안디잔 인종 폭동의 상처를 달래려고 그랬는지, 도시 계획이 참 잘되어 있었다. 호텔은 아침 주고 35달러인데, 지금까지 투숙한 호텔 중에서 가장 깨끗했다. 물론 냄새도 안 난다. 선진국 호텔처럼 깨끗하고 하얀 뽀송뽀송한 침대보가 있고, 샤워박스도 있는 곳이다. 중국 신장에서는 200위안(40달러)짜리도 이렇게 깨끗하지 않다. 와이파이는 된다고 했는데, 실제로는 터지지 않았다.

키르기스 국경에서 그동안 쓰고 남은 키르기스 돈과 중국 돈을 모두 환전했는데도 호텔비도 안 된다. 거리를 한번 둘러보고 은행이 없어서 암달러상에게 100달러를 환전했다. 27만 솜이다. 그러니까 1달러가 2,700솜이다. 여기는 1,000솜 짜리가 제일 큰 단위라서 세 다발이나 된다. 우리 천 원짜리로 27만원이니까 270장이나 된다. 그걸 호주머니에 빵빵하게 넣고 다녀야 한다. 그러나 물가는 싸서 좋다. 저녁으로 맛있는 치킨요리와 샐러드를 먹었는데도 18,000숨, 우리 돈으로 7,000원이다. 우리나라 같으면 15,000원쯤 되는 식사다.

▶ 안디잔 도로를 가득 메운 대우 다마스

▶ 호텔 아침식사 메뉴

거리에는 온통 대우차 뿐이다. 색깔도 흰색으로 모두 똑같다. 나중에 안 사실인데, 우즈백에는 여기 안디잔에서 생산되는 대우자동차 밖에 없단다. 다른 외국차에는 수입 관세를 엄청나게 높게 매겨서 거의 독점이나 마찬가지라는 것이다. 그리고 김우중 대우그룹 회장의 명성이 이 나라 대통령과 비슷하다고 했다. 그러고 보면 지금은 경영일선에서 물러나 있지만, 김회장이 참 대단한 사람이라는 것을 실감할 수 있다. 이런 중앙아시아까지 와서 한국 자동차 공장을 짓고, 한국 자동차로 우즈백 자동차시장을 독점하는 걸 보면 말이다. 이런 경우는 자동차라는 실크로드 문명이 동에서 서로 흘러든 사례라고 할 수 있다.

왜 그런지 또 몸살기가 있다. 그동안 너무 양고기 냄새가 나는 기름진 음식만 먹어서 그런지 자꾸 커피나 콜라가 당긴다. 아침에 미니버스가 오쉬로 출발하기 직전에 그 앞 간이매점에서 다방커피를 한잔 시켜먹었는데, 정말 맛이 좋았다. 오랜만에 먹어서 그런지----. (10월 16일, 수요일, 하루 종일 맑았다.)

비단의 고장 마르길롱

호텔 아침식사가 아주 훌륭하다. 중앙아시아에 이런 저가 호텔이 있다니 깜짝 놀랄 정도다. 와이파이 말고는 아주 마음에 드는 호텔이다. 택시로 페르가나로 이동해서 시내를 대강 둘러보고, 다시 택시로 마르길롱으로 이동했다. 여기 운전사들은 담배는 기본이고, 안전벨트는 선택이다.

마르길롱은 가로수가 포도나무인 것이 인상적이다. 어린이들이 북한 아이들처럼 머리에 하얀 조화를 달고 다닌다. 마르길롱은 페르가나 북쪽에 있는 도시로 전통적인 방법으로 비단을 생산하는 공장이 있는 곳이다. 내가 실크로드를 따라 여행하는 이유 중 하나는 바로 마르길롱처럼 비단을 생산하는 도시가 아직도 남아있는지 확인하기 위해서다.

중국의 비단 제조기술은 이미 기원전 1세기 경에 중앙아시아에 전해진 것으로 알려져 있다. 중앙아시아의 곡식창고로 불리는 기름진 페르가나초원 한 가운데에 자리 잡은 마르길롱은 그 비단 거래의 중심지로 1,500년 넘게 명성을 날린 곳이다. 우즈백이 전 세계에서 세 번째로 큰 비단 생산국인데, 이 도시가 그 비단 산업의 중심지인 것이다.

지금은 질 좋은 옷감이 많이 나와서 비단의 수요가 그리 크지 않지만, 당시 최고의 명품 옷감이었던 비단은 실크로드를 따라 동서로 전파되었다. 로마 상류층에서는 수요가 엄청나서 그 가격이 금값과 맞먹었다고 한다. 오죽했으면 비단 금지령까지 내렸을까. 당시에는 그만큼 귀중해서 향료와 더불어 실크로드를 대표하던 교역 물자였던 것이다. 장안에서 로마에 이르는 길을 실크로드라고 부르는 이유를 알겠다. 그래서 그런지 중앙아시아에는 뽕나무가 가로수인 도시가 지금도 많이 있다.

쇠락해가는 로마에서 사치풍조가 한창일 때, 비단은 상류사회의 필수품으로 급속히 보급되었다. 당시에는 금만큼 귀중해서 향료와 더불어 실크로드를 대표하던 교역 물자였던 것이다. 로마의 철학자 세네카(BC4?~AD65)는 귀부인들이 해외 수입 명품 비단을 좋아하는 현실을 개탄하면서 〈행복론〉에서 다음과 같은 기록을 남겼다.

> 비단옷은 신체를 보호할 수도 없으며, 부끄러움마저 가릴 수 없는 옷이다. 그 옷을 한번이라도 입어본 여성이라면, 마치 자신이 벌거벗고 있는 게 아닌가 하는 느낌을 받는다. 바로 이 천이 침실에서조차 남편에게 자신의 몸을 보여주기를 꺼려하는 부인네들이 공공연하게 자신의 몸매를 드러내기 위해 막대한 돈을 들여가며 상인을 부추겨 먼 나라에서 수입해온 것이다.

비단은 중세 유럽의 화가들에게도 인기가 있었다. 피렌체 우피치미술관에 전시된 산드로 보티첼리(1445-1510)의 그림 〈봄〉에도 비단을 입은 여인들이 등장한다. 〈비너스의 탄생〉과 쌍벽을 이루는 이 그림에는 비너스와 세 명의 여신과 제피루스(서풍의 신)의 연인인 클로리스가 등장하는데, 모두 몸매가 살짝 드러나는 반투명 비단 드레스를 걸치고 있다. 노골적으로 여인의 몸매를 그리지 못하는 현실 때문에 비단옷을 입혀 종교와 세속의 비난을 교묘하게 비켜간 것이다.

로운리 플래닛 〈중앙아시아〉편에 소개된 요드골릭(Yodgorlik)이라는 비단 생산 공장에서 전통 방식으로 비단을 생산하는 모습을 관찰할 수 있었다. 전통 방식 그대로 손으로 얼레를 돌리면서 누에고치에서 실을 뽑고, 염색을 하고, 수를 놓는 모습이 신기하기만 했다. 매니저인 모이둔과 직원인 유소프가 유창한 영어로 설명을 해주어서 비단 생산 공정을 자세히 알 수 있었다.

내가 삶은 번데기를 몇 개 집어 먹었더니, 가마솥에서 실을 뽑던 할머니가 선물이라고 하면서 작은 깡통 캔에 가득 담아준다. 삶은 번데기를 먹는 내가 신기했던 모양이다. 한국에서는 추운 겨울에 간식용으로 삶은 번데기를 거리에서 판매한다고 하자, 우즈벡에서는 사람은 먹지 않고 가축 사료로 사용한단다.

▶ 요드골릭 비단공장

▶ 누에고추에서 실을 뽑고 있는 할머니

▶ 고추에서 뽑은 실을 얼레에 감고 있는 모습

▶ 비단실로 수를 놓고 있는 아가씨들

▶ 비단을 염색할 때 사용하는 도구들

▶ 비단을 염색할 때 쓰는 천연 염료(나무 상자)와 비단실

▶ 기계로 비단을 짜고 있는 모습

▶ 수제로 비단을 짜고 있는 모습

▶ 비단으로 카펫도 짠다. 모직 카펫에 비해 가격이 훨씬 비싸다.

▶ 요드골릭에서 생산하는 비단 제품들

가마솥에 삶고 있는 하얀 누에고추를 보자, 어릴 때 생각이 떠올랐다. 내가 어릴 때 김의성이라는 내 친구 아버지가 운영하던 농협공판장에서는 매년 추석이 지나면 누에고추를 수매했다. 우리는 누에고추를 몇 개씩 몰래 훔쳐서 책상 서랍에 넣어두곤 했다. 며칠이 지나면 그 고추에서 나방이 나오고, 그 나방은 종위 위에 조 같은 노란 알을 수없이 낳아서 뿌려 놓는다. 우리는 손톱으로 눌러서 그 알을 깨뜨리는 놀이를 즐기곤 했다. 알이 깨지면서 내는 '또드득 또드득' 하는 소리가 재미있었던 것이다.

우리 큰집에서도 누에를 쳤다. 추석 때 큰집에 가면 큰아버지 방에서도 누에 애벌레를 볼 수 있었다. 그 방에 들어가면 이상야릇한 누에 애벌레 냄새가 났고, '사각 사각' 소리를 내면서 뽕나무 잎을 갉아먹는 누에 모습이 어린 나에게는 신기하기만 했다. 이리저리 기어 다니는 애벌레가 징그러워서 나는 만져보지도 못했던 기억이 난다.

공장 안에는 국내외 바이어들을 위한 상품 전시실도 있다. 이 공장에서는 기계 작업과 수작업을 병행하고 있는데, 수제품은 가격이 상당히 비싸다. 나는 25달러를 주고 아내와 엘뤼아르 어머니께 드릴 선물로 기계로 짠 실크 스카프 두 개를 샀다. 엘뤼아르는 사마르칸트에서 우리 대학으로 유학 온 우즈벡 학생이다. 나는 사마르칸트에 가서 이 친구네 집을 방문할 예정이다.

▶ 코칸드 자미 모스크

▶ 코칸드에서 먹은 저녁 메뉴

실크로드에는 지금도 이렇게 비단을 생산하는 도시들이 살아있고, 지금도 비단이 거래되고 있다. 나오면서 보니까 공장 여기저기에 감나무들이 많이 서 있다. 붉게 익어가는 감을 보니, 감도 실크로드를 따라 서쪽에서 흘러들어 왔을 거라는 생각이 얼핏 들었다.

비단공장을 나와 코칸드로 이동했다. 운전사가 내가 부탁한 호텔을 못 찾는다. 그 호텔을 포기하고, 코칸드호텔에 묵었다. 숙박비가 25달러인데, 우즈백인은 50,000솜(약 19달러)으로 이중 가격제도이다. 일부 국가에서 외화 수입을 위해 내국인보다 외국인에게 숙박비나 교통비를 더 비싸게 받는 제도를 말한다. 주로 후진국에서 시행하는 비합리적인 제도이다.

길을 걷다가 굴하요를 만나 커피를 마셨다. 그녀는 타쉬켄트대학에서 영어를 전공한다고 했다. 그래서 영어도 테스트할 겸 나와 차를 마신다는 거였다. 헤어지면서 나에게 샤프연필을 선물로 주었다. (10월 17일, 목요일, 하루 종일 맑았다.)

중앙아시아에서 가장 큰 도시, 타쉬켄트

코칸드에서 타쉬켄트로 가기 위해 20,000솜을 주고 택시를 탔다. 약 250킬로미터 거리다. 사마르칸트에 사는 마흐니어 가족과 일행이 되었다. 마흐니어는 지금 12살이고, 6학년인 예쁜 소녀다. 어떻게 저런 뚱뚱한 엄마 아빠한테서 저렇게 예쁜 딸이 나올 수 있는지 궁금하다. 택시가 완전 고물이다. 앞으로는 가격만 보지 말고 안전벨트와 에어컨도 체크 해봐야겠다. 10시에 출발해서 오후 2시에 도착했다. 도로에서 교통위반을 빙자해 뇌물을 받는 경찰이 너무 많다. 꼭 우리 60-70년대의 자화상을 보는 것 같아 씁쓸했다. 악수하면서 돈을 건네주는 수법까지 똑같다.

코칸드에서 타쉬켄트로 가려면 캄치크 고개(해발 2,267미터)를 넘어야 한다. 이 고개를 넘으면 타시켄트까지 다시 넓은 평지가 펼쳐진다. 경치는 키르기스만 못하다. 중간 중간에 있는 도시들도 공업지대가 많아서 그런지, 어수선하고 먼지와 스모그가 자욱해서 동유럽의 피폐한 도시들을 보는 듯했다.

그러나 타쉬켄트는 꽤나 아름다운 도시였다. 가로수와 공원이 많고 도시 정리가 비교적 잘 되어 있다. 시민들이 교통신호도 잘 지키고. 정류장에 서있는 아가씨들도 미인들이 많다. 우즈백에선 '김태희가 감자를 캔다'더니 그 말은 사실이었다. 많은 미인들이 감자가 아니라 목화를 따고 있었다.

한국식당 〈예원〉에 가서 거의 두 달 만에 김치찌개를 먹었다. 너무 매웠어도 정말 정신줄이 나갈 만큼 맛이 좋았다. 밑반찬도 아주 깔끔하게 잘하는 솜씨다. 찬모가 한국 사람인 거 같다. 생맥주 한잔까지 해서 21,000숨. 우리 돈으로 8천원쯤 하니까 싼 편이다. 유럽을 장기 여행할 때는 한식이 별로 먹고 싶지 않았으나, 이쪽은 양고기를 너무 많이 먹어서 그런지 담백한 한식이 먹고 싶다. 피자와 콜라가 당길 정도이니까.

투르크메니스탄 비자를 받지 못해서 비행기로 테헤란으로 이동하기로 했다. 비자를 받으려면 2주 이상 기다려야 했기 때문에 현실적으로 불가능했다. 받는다는 보장도 없고. 택시를 타고 이란항공을 찾아갔다. 매주 금요일에 테헤란행 비행기가 있단다. 가이드북에는 월요일로 나와 있었다. 오늘이 토요일이니까 비자를 연장하든지 일주일 먼저 가야 한다. 내 사정을 호소하자 대안으로 아제르바이젠 바쿠로 가서 테헤란으로 가는 방법을 알려준다. 결제도 카드는 안되고 미국 달러로 지불하라고 한다. 그러면서 우즈백항공에 가서 타쉬켄트에서 바쿠로 가는 항공권을 먼저 끊어오란다. 티켓이 없을 수가 있으니까. 우즈백항공으로 갔다. 거기서는 바쿠에서 이란 테헤란으로 가는 항공권을 먼저 사서 가져오란다.

화가 머리 끝까지 난 나는 이란행을 포기하고 터키로 먼저 가서 이스탄불 경유 에르즈룸으로 가기로 했다. 에르즈룸은 터키 동쪽에 있는 도시이니까 동부지방을 돌아보고 아르메니아를 거쳐 이란으로 들어가고 싶었던 것이다. 터키항공으로 가서 티켓을 샀다. 비자를 요구하는 국가와 요구하지 않는 국가의 여행은 이렇게 다르다. 아무런 조건도 없이 이렇게 간단히 끝나는 것을. 651달러. 하여간 경찰국가끼리 죽이 잘 맞는다. 여기는 아무튼 닫힌 시스템이 문제다. 통제국가의 가장 큰 문제는 인간의 모든 행동을 통제하려 든다는 점이다.

티무르박물관을 방문했다. 티무르를 우즈백의 영웅으로 만드는 작업 때문에 그런지 정말 화려하고 알차게 만들어 놓았다. 티무르제국(1370-1507)의 수도가 사마르칸트였고, 그 도시는 티무르가 건설했기 때문에 거기에 이런 기념관을 건설해야 더 역사적 의미가 있지 않을까 하는 생각이 들었다. 그러나 현재의 수도는 타쉬켄트이기 때문에 이 박물관을 여기에 만든 것 같다. 티무르광장에는 티무르 동상이 우람하게 서 있다. 징기스칸의 후손을 자처하면서 중앙아시아와 아랍에 걸쳐 대제국을 건설한 티무르는 저런 대접을 충분히 받을 수 있는 인물이다. 그에 대한 자세한 이야기는 사마르칸트 편에서 소개할 예정이다. 많은 관광객들이 동상을 배경으로 기념사진을 찍고 있다.

▶ 티무르박물관

▶ 티두르동상. 왼쪽이 우즈백호텔

▶ 티무르 개선도(티무르박물관)

▶ 테르미즈 인근에서 발굴된 불상 일부(역사박물관)

▶ 한국관의 일부 전시물(역사박물관)

역사박물관에서는 불교관련 유물을 다수 확인했다. 아프간과의 국경도시에 있는 테르미즈 박물관에 전시된 유물들이 여기에도 있었다. 여기에 있는 유물이 진품이고, 테르미즈에 있는 것이 복제품이라고 한다. 유물도 티무르처럼 주객이 전도된 것이다. 우리로 치면, 중요한 것은 모두 서울에 있는 중앙박물관으로 올라가고, 지방박물관에는 껍데기만 남아 있는 것이다. 이제는 원래 주인에게 모든 걸 돌려주어야 한다. 그래야 진정한 지방자치가 되는 것이다. 뜻밖에 한국관도 한자리를 차지하고 있었다.

카스트 이맘 광장에는 여러 건물들이 모여 있어서 이름조차 헷갈린다. 모이에 무바레크 라이브러리 박물관은 광장 중간에 자리 잡고 있다. 오스만제국 시대에 가장 큰 코란이 있는 곳이다. 사마르칸트 비비하눔에는 이 코란을 얹어 놓았던 기단이 지금도 서있다. 박물관 안에는 정말 멋지고 우아한 코란들이 전시되어 있었다. 유럽의 유서 깊은 수도원이나 교회에 가면 이렇게 멋진 성경을 볼 수 있는 것처럼. 금박으로 쓴 코란도 있었다. 성경도 마찬가지다. 사람들의 성심이 얼마나 깊었으면 그 비싼 금으로 코란이나 성경을 썼을까. 불경도 마찬가지고. 광장 중간에 예배 보는 곳은 텔리야샤크 모스크이고, 맨 앞 가장 규모가 큰 곳은 하쯔로티 이맘 모스크이다. 뒤편에 있는 바락칸 메드레사는 쇼핑센터로 이용되고 있었다.

이리저리 다니다가 정말 예쁜 아가씨 둘과 마주치게 되었다. 나도 모르게 "야, 이쁘다."라는 말이 튀어 나왔다. 그러자 아가씨들이 뒤돌아보면서 "안녕하세요"라고 인사를 한다. 내가 "한국에서 오셨어요?"라고 묻자, 사실은 아시아나항공사 스튜어디스라고 한다. 인천과 타쉬켄트 노선을 타고 있는데, 이틀 뒤에 돌아갈 때까지 시내 관광 중이란다. 사실 나는 우즈백 아가씨들인줄 알았다. 여기 아가씨들이 워낙 이쁘니까. 그러니까 우즈백 일반 아가씨들의 용모가 우리 스튜어디스들 수준만큼 뛰어난 것이다.

▶ 하쯔로티 이맘 모스크

▶ 세계에서 가장 크다는 코란. 받침대는 사마르칸트 비비하눔에 있다.

▶ 초르수바자르의 분주한 모습

▶ 초르수바자르에서 조선식 반찬을 팔고 있는 카레스키야 아줌마

구 도시에 위치한 초르수바자르는 소문대로 엄청나게 큰 시장이었다. 쿨케다쉬 메드레사와 주마모스크 뒤편으로 늘어서 있었다. 정말 없는 게 없을 정도로 파는 물건이 많았다. 시장은 상인들과 손님들로 정신이 하나도 없을 정도로 북적거렸다. 옛날에는 중앙아시아에서 가장 큰 시장이었다는 말이 빈 말이 아니었다. 옛날 대상들은 여기서 어떤 물건들을 사고팔았는지 궁금했다. 시장 길거리에서 200달러를 환전을 했는데, 달러 당 2,700솜이나 받았다. 호텔보다 500솜이나 더 받은 것이다. 환율로 치면 약 23%나 더 받은 셈이다. 10만원 당 23,000원을 더 받은 것이다. 큰돈이다.

여기서 러시아식 김치를 팔고 있는 카레스키야 아줌마를 만났다. 카레스키야는 Korea의 러시아식 발음으로 구소련 거주 한인들을 말한다. 그녀는 길거리에 좌판을 펼쳐놓고 물김치와 반찬 몇 가지를 팔고 있었다. 그 모습이 시장에서 좌판을 펼쳐놓고 음식을 팔고 있는 우리 어머니들의 모습과 똑같다. 내가 고려인이냐고 묻자, 그렇단다. 반가운 마음에 인사부터 하고 사진을 몇 컷 찍었더니, 먹어보라고 김치를 권한다. 시큼 달큼하면서도 맛은 시원했다. 북한식 물김치와 비슷했다. 조선 사람들이 어떻게 하여 이역만리 타쉬켄트까지 오게 되었을까?

카레스키야(고려인)란 1937년 스탈린 소련 정부가 연해주에 살던 조선족들을 강제로 중앙아시아 오지로 강제 이주시킨 사람들을 말한다. 만주와 연해주에서 일본과 한창 전쟁 중이던 스탈린은 조선족들이 일본군의 첩자 노릇을 할지도 모른다는 구실을 내세워, 그들을 지금의 카자흐스탄과 우즈베키스탄 지역으로 강제 이주시켰다. 황무지에 내팽개쳐진 그들이 살아남기 위해서 겪었던 쓰라린 과거는 이루 다 표현할 수 없을 만큼 눈물겨운 것이다.

그런데 우리 조상들이 다른 나라로 강제 이주당한 역사는 일제시대 만은 아니다. 669년 4월에 고구려를 멸망시킨 당 고종은 반란의 우려가 있다하여, 고구려 유민 38,300호를 강남 회남 산남 경서의 황무지에 강제 이주시켰다(삼국사기 제22권 고구려본기 제10장). 한 가족에 6명씩만 계산해도 약 23만 명이다. 당나라는 하서회랑에 있는 무위 부근에 고려주를 설치하고, 전투에 능한 고구려 출신 군사들을 여기에 주둔시켜 돌궐족과 싸우게 했다. 이에 앞서 660년에 백제를 멸망시킨 당나라 장수 소정방도 의자왕을 비롯한 왕족 귀족 장군 등 88명과 백성 12,807명을 장안으로 끌고 갔다(삼국사기제 제28권 백제본기 제6장). 이들도 틀림없이 장안 서쪽 변방으로 강제 이주되어, 황무지를 개척하거나 서북방 유목민을 상대로 싸우는 방패막이가 되었을 것이다.

전쟁 포로를 신라가 아니고 당나라가 데려간 사실이나, 평양과 부여에 안동도호부와 웅진 도독부를 설치하고 당나라 관리를 임명하여 다스리게 한 사실을 보면, 고구려와 백제의 멸망은 신라에 의한 삼국통일 정책에 의한 것이 아니라, 당나라의 동방정벌 전략에 신라가 들러리를 섰다는 사실이 명백해진다. 이런 역사적 사실은 김부식이 지은 〈삼국사기〉에 상세하게 기술되어 있다.

당나라는 동방정벌에 앞서 서역정벌에도 나서, 651년에 소정방이 구자국(지금 쿠차)을 점령하고 안서도호부를 세운다. 소정방은 9년 뒤에는 백제도 정벌한다. 그러니까 당나라는 동쪽 끝에 안동도호부, 서쪽 끝에 안서도호부를 세워 그 세력을 과시한 것이다. 실크로드는 이렇게 슬픈 우리 역사도 껴안고 있다. 무기력한 위정자들 때문에 애먼 백성들만 이역만리 이국땅에서 고생하고 있는 것이다. (10월 18-19일, 금-토요일, 하루 종일 맑았다.)

이 세상의 중심, 사마르칸트

노선버스로 사마르칸트로 이동했다. 약 300킬로미터의 거리다. 타쉬켄트와 사마르칸트가 큰 도시라서 그런지 다행히 노선버스가 있었다. 노선버스가 없으면 비싼 택시로 이동해야 한다. 택시기사들은 나를 잡으려고 서로 싸움을 하고 난리가 아니다. 나는 입장이 곤란해서 얼른 버스에 올라 타버렸다. 아침 9시(?)쯤 출발하여 오후 2시쯤 도착했다. 차림새로 보아 외국 여행자는 나 하나뿐이었다.

사마르칸트 외곽에 있는 터미널에서 손님들이 모두 내린다. 나도 따라서 내렸다. 거기서 택시를 타고 로운리 플래닛 가이드북에 소개된 호텔로 갔더니 시설이 영 아니었다. 그래서 레기스탄 광장 바로 앞에 있는 호텔 아르크에 짐을 풀었다. 숙박료는 아침 주고 35달러로 비싼 편이다. 방은 깨끗하고 괜찮은 편이었다. 샤워도 잘나오고.

드디어 실크로드 무역의 주역인 소그드 상인의 고향이자, 티무르 제국 때 이 세상의 중심이라고 불렸을 만큼 찬란한 문명을 자랑했던 사마르칸트에 도착한 것이다. 여기는 631년 경에 불법을 배우기 위해 인도로 가던 현장법사도 지나갔던 곳이다.

사마르칸트 택시 운전사 열에 아홉은 한국말을 잘한다. 반갑기도 하고 깜짝 놀라서 그 이유를 물었더니, 그들 대부분은 한국에서 몇 년 동안 일을 한 경험이 있었다. 한국에서 번 돈으로 본국으로 돌아와서 택시를 장만했다고 한다. 올해 쉰다섯인 악크말이라는 택시기사는 남양주에 있는 스티로폴 공장에서 5년 동안 일했다고 한다. 어떤 총각은 재수가 없어서 1년 만에 불법체류자로 붙잡혀 강제 추방되었다고 한다. 그러면서 다시 한국에 가서 일을 하고 싶다고 나에게 주선해 달라고 부탁을 하기도 했다.

중앙아시아 소그드인들의 후손들이 지금은 장안(시안)이 아니라 한국에까지 와서 돈을 벌고 있는 것이다. 당시에는 걸어서 육로를 통해서 이동했다면, 지금은 비행기를 타고 하늘을 통해 이동하는 방법만 달라졌을 뿐이다. 실크로드에 사는 사람들의 교류는 훨씬 광범위해지고 빨라졌을 뿐, 현재 진행형으로 계속되고 있다.

실크로드에서 사마르칸트는 장안과 바그다드와 콘스탄티노플(이스탄불)과 어깨를 겨루는 그런 도시였다. 지리적으로도 동서양의 중앙에 자리 잡고 있다. 바로 이곳이 실크로드의 무역을 독점했던 소그드 상인들의 고향이다. 나는 오래 전부터 여기에 오고 싶었다. 그동안 동서양의 여러 박물관에서 낙타에 물건을 가득 실은 소그드인 조각상을 많이 보았다. 특히 파리에 있는 기메미술관에 전시되어 있는 조각상은 마치 정교하고 생생해서 정말 소그드 상인이 낙타를 끌고 사막을 걸어가는 듯했다. 또한 실크로드에 관한 책이나 텔레비전 프로그램을 보면 소그드 상인이 반드시 등장하기 때문이다. 우리 신라의 처용가에 등장하는 주인공과 경주 괘릉과 안강읍 육통리에 있는 원성왕릉 앞을 지키는 서역인 무인상, 그리고 경주 황성동 석실분에서 출토된 호인용(胡人俑)도 소그드인이라는 설이 유력하다.

미야자키 마사카츠는 〈하룻밤에 읽는 중국사〉에서 소그드인에 대해 다음과 같이 기술하고 있다. 실크로드는 서쪽으로 열린 중앙아시아의 대교역로였고, 그 중심지가 파미르고원에서 흘러나오는 자라후샨('황금을 뿌린다'는 의미)강 유역의 옥토를 중심으로 하는 소그드 지방이었다. 이 지역에 사는 페르시아(이란)계 소그드인은 대부분이 조로아스터 교도들로 중앙아시아 각지에서 상업 활동을 펼쳤다. 그들은 열심히 카라반을 조직해 장안까지 들어왔으며, 대부분이 서시(西市) 주변에 정착하여 보석 융단 향료의 판매나 금융업에 종사했다. 그들의 장사수완은 중국인들보다 훨씬 뛰어났다.

〈구당서(舊唐書)〉 등에는 '소그드인은 아기가 태어나면 반드시 아기의 입안에 설탕을 머금게 하고 손에는 아교의 재료가 되는 풀을 쥐어 준다. 그것은 아이가 성장했을 때 설탕처럼 좋은 말만 하고 아교가 달라붙듯이 한번 쥔 돈은 절대 놓지 않기를 바라기 때문이다.'라고 기록되어 있다. 당나라에서는 조로아스터교 신도를 단속하는 관청의 장관을 '살보(薩寶)'라고 부르는데, 그것은 소그드어로 대상의 우두머리를 의미하는 '사르토파우'의 음역이었다. 그 지위는 대부분 소그드인들이 차지했다.

소그드인의 출신지는 그 사람의 성을 보면 알 수가 있었다. 사마르칸트 출신은 강(康)을, 부하라 출신은 안(安)을, 키슈 출신은 사(史) 라는 성을 썼다. 안사의 난의 지도자 안록산과 안록산의 아들 안경서를 살해한 사사명도 소그드인의 피를 이어 받았다. 당대에 호인(胡人)이라고 부를 경우에는 소그드인을 가리킬 때가 많았다.

이들의 조상들은 8세기에 아랍군의 침략을 받고, 지금의 펜지켄트(현재 사마르칸트 동쪽에 있는 타지키스탄의 도시)에서 맹렬히 싸웠으나 결국 멸망하고 말았다. 이때 약 3천명의 소그드인 후손들이 머그산 요새로 도망쳤다. 그들은 타지키스탄의 수도인 두산베 북쪽에 있는 야그노브산 계곡 일대에 야그노브어-소그드어 방언의 일종을 구사하며, 아직도 살고 있다고 한다.

이들은 아무리 사소한 일에도 계약서를 작성할 정도로 일상생활에서도 거래를 분명히 했다고 한다. 여기에 그 증거가 하나 있다. 1932년에 제라브샨 산맥 부근에서 한 양치기가 버드나무로 짠 바구니 하나를 발견했다. 그 안에서는 소그드어로 다음과 같이 적힌 혼인계약서 하나가 나왔다.

> 신랑 우테진은 신부 최태를 맞아 사랑하고 존경할 것이며, 신부도 그렇게 할 것이다. 남편이 아내의 동의 없이 다른 여자를 취하면 아내에게 30드라크를 지불해야 한다. 하지만 남편이 아내를 더 이상 원하지 않으면 아내가 가져온 모든 물건을 돌려주고 이혼해야 한다. 아내도 마찬가지다. 710년 3월 25일 작성 (출처: NHK 실크로드 중에서)

천오백 년 전에 이미 성혼계약서를 작성한 걸 보면, 정말 상인정신이 투철했던 민족으로 보인다. 이들은 남자가 성인이 되면, 의무적으로 외국에 나가서 장사를 해야 했을 정도로 상거래를 중요시 했다. 아마도 전 세계를 상대로 상거래를 펼쳤던 아라비아 상인들을 제외하고는, 지구상에서 가장 뛰어난 상술을 가진 민족이었을 것이다.

일본인 작곡가 키타로가 작곡한 '실크로드' 주제곡을 듣고 있으면, 동로마제국의 영토였던 소그드 대상들이 낙타에 물건을 가득 싣고 사막을 횡단하는 장면이 연상된다. 이들의 발길은 서쪽은 동로마제국의 영토였던 지중해 연안 도시부터, 동쪽으로는 당나라 장안과 더 나아가서 신라의 고도 경주와 일본의 고도 나라까지 닿을 정도로 광범위했다.

발해의 옛 성터가 있는 노보고르데예프카(Novogordeyevka)에서 발견된 소그드 은화는 소그드 상인들이 초원 실크로드의 한 갈래였던 '초피로(貂皮路-담비가죽의 길)'를 이용하여, 발해와 중앙아시아의 무역에까지 관여했음을 증언해주고 있다. 그러니까 실크로드의 중앙에 위치한 지리적 이점을 이용하여, 서쪽 끝인 동로마와 동쪽 끝인 극동지방까지 물건을 팔러 다닌 것이다.

이들은 장사 뿐 아니라 정치에도 참여했다. 안록산 같은 사람은 당 현종과 양귀비의 총애를 받아 절도사까지 올라갔다가, 마침내 당나라를 급격히 쇠약하게 만든 난까지 일으켰다. 그의 아버지는 소그드인이었고, 어머니는 돌궐족이었던 것으로 전해지고 있다.

신라에서도 소그드인들은 이색적인 용모와 타고난 사교술로 권력자들의 환심을 산 것으로 보인다. 권력자들은 외래인의 이색적인 위용을 이용하여, 이들을 정치 자문역이나 무인으로 고용하여 권력을 수호하고자 노력했다. 또한 그들이 취급하는 국제 상품뿐만 아니라, 그들이 이동하면서 얻은 외국에 대한 정치, 군사, 종교, 문화, 예술 등에 관한 정보는 유력자들에게는 매우 매력적인 자산이 되었을 것이다.

일본에서는 나라시대에 중국 양주에서 감진대사(鑑眞大師)와 함께 건너온 안여보(安如寶)가 소그드인으로 알려져 있으며, 그는 나중에 당초제사의 제2대 주지가 되었다고 한다.

기원전 329년에 이 도시를 정복했던 알렉산더 대왕(기원전 356-323, 재위 기간 336-323)도 "사마르칸트(당시 마케도니아인들은 마라칸다라 불렀다)에 대해 내가 들은 모든 소문은 사실이었다. 내가 상상했던 것보다 더 아름다운 것을 제외하고는." 이라고 격찬하면서 이 도시의 아름다움에 매혹되었다.

혜초(서기 704?-780)는 〈왕오천축국전〉에서 호국(胡國)의 하나로 강국(康國 사마르칸트)을 다음과 같이 언급하고 있다. "---- 유독 강국에만 절이 하나 있고 승려가 한 명 있기는 하나, 그 또한 (불법을) 해득하여 경신하려고 하지 않는다. ----." 당시에 이 지역에서 불교는 이미 쇠퇴하고 있음을 암시하는 대목이다. 여기를 지나갔던 현장법사는 〈대당서역기〉에서 다음과 같이 기술하고 있다.

> 사마르칸트국은 주위가 1,600~1,700리이고, 동서로 길고 남북으로 좁고, 큰 도성의 둘레는 20여리에 달하는데, 매우 험하고 견고하며, 사람들이 많이 살고 있다. 열 나라에서 나는 보배와 화폐들이 이 나라에 많이 모인다. 토지는 비옥하고 농사짓기에 적합하다. 숲은 울창하고 꽃과 열매가 무성하며 뛰어난 명마를 많이 배출하고 있다. 그리고 옷감 짜는 기술이 다른 나라들보다 특히 뛰어나다. 기후는 화창하며 풍속은 사납다. 여러 호국(胡國)들은 이 나라를 중심으로 인근의 이웃나라들이 모두 이 나라의 의례 등을 본보기로 삼는다. 왕은 호기롭고 용감하여 인근 국가들은 그의 명령에 따른다. 병사와 말이 강성하다. 용감한 자갈이란 전사는 성품이 용맹하여 죽음을 마치 귀향하는 것과 같이 생각하므로 싸움에 임해서는 그들을 당할 자가 없을 정도이다. 동남쪽으로 가면 미말하국에 도착한다. (출처: 김규현 역, 〈대당서역기〉 중에서)

기원전 5세기경에 터를 잡은 사마르칸트는 알렉산더가 정복했을 당시에도 이미 실크로드의 핵심 도시로서, 중국과 인도, 그리고 페르시아를 연결하는 국제도시의 역할을 하고 있었다. 1220년에 징기스칸에 의해 초토화되기 전까지는, 여러 왕조의 수도로서 지금보다 더 전성기를 누렸다. 그러니까 현장이 방문할 631년 경에는 한창 번영하고 있던 때였다.

구 사마르칸트는 아프라시압이라고 불리며, 현재의 도시 중심지에서 북동쪽으로 약 3킬로미터쯤 떨어져 있다. 그러다가 티무르 왕(1336-1405)이 1370년에 이 도시를 티무르 제국(1369-1508)의 수도로 삼고 재건에 나섰다. 티무르는 정치상의 중심지 뿐 아니라 경제와 문화의 중심지로 이 도시를 성장시켰다. 1449년까지 통치했던 그의 손자 울르그백은 이곳을 지식과 문화예술의 중심지로 키우고 명실상부하게 '세계의 수도'로 만들어, 당시 세상의 모든 사람들이 한번쯤 보고 싶어했던 도시로 가꾸었다.

16세기에는 우즈백의 샤바니드 왕조에게 멸망하여, 수도가 부하라로 옮겨가면서 이 도시는 쇠망하게 된다. 그 후 수차례 크고 작은 지진에 시달리다가 1868년에 러시아에 복속되었다. 1924년에는 구소련 우즈백공화국의 수도로 지정되었다가, 6년 후에는 수도를 타쉬켄트에 빼앗기는 수모를 당하기도 했다. 그래서 지금도 도시 규모는 타쉬켄트가 훨씬 더 크다.

나는 호텔에 짐을 풀자마자, 바로 앞에 있는 레기스탄으로 달려갔다. 그만큼 보고 싶었던 것이다. 레기스탄은 정말 소문대로 장엄했다. 정면에 있는 전망대에서 내려다 보면 왼쪽으로 울르그백 메드레사(학교), 오른쪽으로 시르 도르 메드레사, 그리고 정면에 틸랴 카리 메드레사가 내려다 보인다. 이 세 메드레사 사이에는 광장이 있고, 거기에는 관람자들이 앉아서 전경을 감상할 수 있도록 벤치가 놓여 있다.

티무르의 손자로 1409년부터 1449년까지 사마르칸트를 통치했던 학자 군주 울루그백은 이 도시를 문예부흥의 중심지로 만들었다. 1420년에는 레기스탄(Registan '레기'는 타지크어로 모래라는 뜻이고, '스탄'은 땅이라는 뜻이다. 그러니까 레기스탄은 모래 땅이다) 광장에 울르그백(Ulugbek) 메드레사를 세워, 당대 최고의 학자들과 학생들을 모아 이슬람 신학과 세속 학문을 가르쳤다. 자신이 직접 신학과 천문학을 강의하기도 했다.

그는 메드레사에 자신의 의지를 나타내는 문장을 새기기도 했다. '학문을 연마하는 것은 무슬림의 의무다.' '이 장려한 외관은 하늘 높이와 무게의 두 배로 지구의 중심축을 흔들 것이다.'라는 문구가 그것이다. 정말이지 이 메드레사 전면에 세워진 35미터 높이의 두 개의 미나레트(원형 탑)는 하늘에 닿을 만큼 장엄하다. 신에게 얼마나 다가가고 싶었으면 저렇게 높이 탑을 지었을까----.

시르 도르(Sher Dor 시르 도르는 '용맹한 사자'라는 뜻이다) 메드레사는 이 지방을 통치했던 얄라투쉬 바하지르가 1636년에 지었다. 이 메드레사는 이슬람 건축에서 금기시하는 사람과 동물을 표현한 점이 특징이다. 정면 아취 위에는 사슴을 쫓는 사자(호피 무늬 때문에 사자가 아니라 호랑이처럼 보이기도 한다)가 양쪽에 그려져 있고, 사자 등에는 태양처럼 빛나는 사람 얼굴이 그려져 있다. 이 그림의 이단성 때문에 격렬한 논쟁이 일어나자 자신의 그림에 대해 책임을 지고 건축가는 자살했다고 한다.

틸랴 카리(Tilla-Kari 틸랴 카리는 '황금을 입힌'이라는 뜻이다) 메드레사는 이 지방을 통치했던 얄라투쉬 바하지르가 1636년에 지었다. 이 건물은 광장 정면을 보고 있으며 울루백과 시르 도르 메르레사 사이에 공간적인 균형을 잡아주고 있다. 지금은 많은 관광객을 상대로 기념품을 파는 가게들이 자리잡고 있었다.

메드레사들은 푸른색 타일을 주로 사용하여 지붕 돔을 장식했기 때문에 전체적인 분위기는 푸른색의 신비로움이 깃들어 있다. 푸른색을 하늘이라고 믿었던 이슬람 교도들은 그런 믿음을 종교생활에도 적용한 것이다. 그리스 산토리니에서 보았던 푸른색이 진한 감청색이라면, 레기스탄의 푸른색은 은은한 하늘색이다. 징기스칸이 정벌하러 왔던 곳, 티무르가 건설한 건물들을 바라보고 있으니, 당시 그들의 모습이 궁금해졌다.

여기 광장에서 작전 지시를 하는 징기스칸과 그 200년 후에 건축 감독을 하는 티무르가 머릿속에 떠올랐다. 해질 때까지 광장에 있는 벤치에 앉아, 석양에 물든 메드레사와 미나레트들을 바라보았다. 스페인 그라나다에 있는 알함브라궁에 가서 옛날 건물들을 둘러보는 그런 느낌이랄까?

사마르칸트를 여행하면서 이 도시를 건설한 티무르 왕을 말하지 않을 수 없다. 그는 1336년 우즈백 남부 샤흐리샤브즈(당시는 캐쉬) 근처 호자 일가르 마을에서 태어났다. 25세가 되었을 때는 지방 영주들의 지원을 받아, 바를라스 부족을 통합하여 캐쉬 지역의 통치자가 되었다.

▶ 레기스탄 전경 (오른쪽이 시르 도르 메드레사, 왼쪽이 울르그백 메드레사, 정면이 틸랴 카리 메드레사)

▶ 시르 도르 메드레사(정면) (이슬람에서 금기시 된 사자상과 인물상을 그려넣어 논란을 일으켰다.)

▶ 시르 도르 메드레사(측면)

▶ 시르 도르 메드레사(안쪽)

▶ 울르그백 메드레사(측면)

▶ 울르그백 메드레사(정면)

▶ 울르그백 메드레사(안쪽)

▶ 틸랴 카리 메드레사(정면)

▶ 틸랴 카리 메드레사(안쪽)

▶ 시르 도르 메드레사의 코발트 블루 돔

▶ 학문을 논하는 울르그백과 과학자들(울르그백 메드레사)

▶ 울르그백 메드레사의 자연 채광 창문

▶ 레기스탄 앞에서 현지인의 옷을 입고 포즈

▶ 레기스탄에 놀러온 건장한 키르기스 할머니들

티무르는 정복 전쟁에 특출한 재능을 보여, 서쪽으로는 터키 동쪽까지, 동쪽으로는 중국과 인도 접경까지, 남으로는 아프가니스탄과 파키스탄까지, 북으로는 남부 러시아까지 진출했다. 그는 전쟁을 통해 세계의 석학들과 예술가, 기술자와 과학자들을 사마르칸트로 불러들였고, 무역과 상거래를 장려하여 실크로드를 번영하게 만들었다.

티무르는 자신이 가장 사랑했던 중국인 왕비 비비하눔을 위해 모스크를 짓기도 했다. 그는 1405년 1월, 명나라를 치기 위해 20만 대군을 이끌고 원정에 나섰다가 감기에 걸려, 지금의 카자흐스탄 오트라르에서 69세로 사망했다. 오트라르는 징기스칸이 처음으로 서방 원정을 시작한 곳이기도 하다. 한 역사서에는 티무르를 이렇게 서술하고 있다.

> 티무르 왕은 밤마다 수백 명의 신하를 불러 모아 동이 틀 때까지 연회를 베푼다. 남녀를 불문하고 누구나 술을 마시며, 양고기와 말고기를 푸짐하게 먹는다. 비록 그는 궁전을 지었지만 정작 자신은 대형 천막에서 생활했다. 그 주변에는 수천 개의 천막이 있으며, 원정 명령이 떨어지면 도시 전체는 순식간에 이동하기 시작한다.

엘뤼아르 아버지와 통화를 했을 때, 엘뤼아르 여동생이 호텔로 나를 데리러 온다고 했으나 그녀는 오지 않았다. 아마도 아버지가 영어가 잘 안되어서 착오가 있었던 것 같다. 너무 배가 고파서 기다리지 않고, 한국식당에 가서 된장찌개를 먹었다. 음식 값은 타쉬켄트보다 더 비싸고 질은 더 낮다. 한국식당에서 현지 종업원들이 강남스타일을 아느냐고 물어온다. 하여간 유럽이나 중앙아시아나 강남스타일의 인기는 식을 줄을 모른다.

다음 날 아침 일찍부터 레기스탄을 거쳐 비비하눔, 하즈라 히즈르 모스크(사원), 아프로시압 박물관, 샤흐진다, 구르 에 아미르 모술렘(무덤), 악 사례가 모술렘 등을 둘러 보았다. 사마르칸트를 빛내는 보석 같은 유적들이다.

비비하눔 모술렘 앞 계단에 앉아서 비비하눔 모스크 그림을 그리고 있는 영국인 노부부를 만났다. 이름을 물었더니 파멜라와 마이클이란다. 언뜻 보기에도 일흔은 넘어 보인다. 내가 노후에 아내와 하고 싶은 일이 바로 저런 모습이다. 실크로드를 다니면서 그림을 그리거나 사진을 찍는 일. 참 보기에 좋았다. 양해를 구하고 사진을 몇 컷 찍었다. 정말 멋있다고 몇 번이나 칭찬해 주었더니 고맙다고 한다.

사마르칸트의 옛 모습을 보고 싶어 아프라시압 언덕에 올라갔으나, 옛 영화는 간 데 없고 황량한 구릉과 벌판만 펼쳐져 있다. 아프라시압 박물관에 전시된 벽화와 유물을 통해 당시의 영화를 되새길 뿐이다. 벽화는 신장 타클라마칸 사막 주변의 석굴에서 볼 수 있는 벽화보다 더 퇴락해서 그림은 잘 보이지 않았다. 박물관 직원 중 한 명이 한국말을 잘하였다. 한국 남양주 가구단지에서 3년간 일했다고 한다. 이 사람은 택시로 내 가이드 역할을 해주었다.

샤흐진다(SAAH-I-ZINDA) 모슬렘은 '살아있는 왕의 무덤'이란 뜻이다. 왕과 왕의 가족들의 무덤이 모여 있는 곳이다. 비록 2005년에 리모델링한 것이긴 하지만, 이슬람 사회에서 가장 아름다운 사원에 속한다. 비록 새로 복원한 것이긴 하지만, 여기에 가면 청색 타일이 얼마나 신비롭고 아름다운지 알 수 있다. 특히 여성들을 위한 사원은 규모는 작지만 정말 섬세하고 우아한 모습을 보여 준다.

▶ 비비하눔 모스크 전경

▶ 복구되기 전의 비비하눔 모스크의 1900년대 초의 모습(자료 사진)

▶ 비바하눔 모스크 안에 있는 거대한 코란 받침대. 원래 여기에 놓여 있었던 코란은 현재 타쉬켄트 무바레크 라이브러리 박물관에 보관되어 있다.

▶ 비바하눔 모스크의 코발트 블루 돔

▶ 비바하눔 모술렘 앞에 앉아서 그림을 그리고 있는 영국인 부부

▶ 규모는 작지만 정말 아름다운 샤흐진다 모술렘

▶ 모술렘 내부의 아름다운 이슬람 문양(샤흐진다 모술렘)

▶ 실내에 안치된 이슬람식 묘(샤흐진다 모술렘)

▶ 코발트 블루의 극치를 보여주는 이슬람 문양(샤흐진다 모술렘)

▶ 문 안으로 살짝 보이는 하얀색 무덤(샤흐진다 모술렘)

▶ 샤흐진다 모술렘의 코발트 블루 돔

▶ 구르 에 아미르 맞은편에 있는 루하바드 모술렘

▶ 모스크 안에서 기도를 드리는 모녀(하즈라트 히즈르 모스크)

▶ 모스크 내부의 아름다운 모습(하즈라트 히즈르 모스크)

▶ 정감이 넘치는 이슬람식 공동묘지(사마르칸트)

▶ 아프라시압호텔의 세련된 모습(구르 에 아미르 부근)

▶ 사신행렬도 부분(아프라시압박물관)

▶ 실크로드에서 일관되게 나타나고 있는 유리 제품(아프라시압박물관)

▶ 아프라시압박물관 안에는 실크로드 우호협력 기념비가 서있다.

▶ 울르그백천문대

▶ 티무르 가족묘(검은색이 티무르). 진짜는 바로 아래 지하층에 있다. (구르 에 아미르 모술렘)

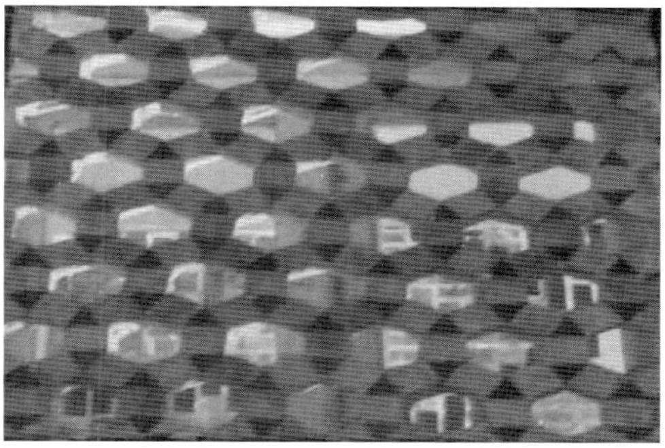

▶ 이렇게 아름다운 자연창도 있다(구르 에 아미르 모술렘)

구르 에 아미르(GUR-E-AMIR, 지배자의 무덤이라는 뜻) 모술렘은 티무르와 아들 그리고 스승의 묘가 모여 있는 곳이다. 천장과 벽의 황금 문양들이 정말 환상적이었다. 유럽의 교회나 불교 석굴들의 벽화나 천장화도 전성기에는 저렇게 화려하고 찬란하지 않았을까? 티무르의 묘는 가묘와 진묘가 분리되어 있었다. 그러니까 우리 관광객들이 보는 까만 대리석 묘는 가짜 묘이고, 진짜 묘는 바로 아래 지하에 보관되어 있다고 한다.

▶ 울르그백천문대 부근에서 결혼기념사진을 찍고 있는 신혼부부

구 소련의 사회과학원 인류학자 미하일 게라시모프가 1941년 6월 21일에 그 관을 열어보았다. 티무르는 170센티 정도의 키에 절름발이였고, 오른팔에도 부상이 있었다고 한다. 전투 중 부상으로 오른발을 절었다는 소문이 사실로 밝혀진 것이다. 그의 손자 울르그백은 목이 잘린 채 묻혀 있었다.

▶ 넋이 나갈 정도로 아름다운 이슬람 문양 아라베스크 (구르 에 아미르 모술렘)

그런데 흥미로운 일이 또 일어났다. 구르 에 아미르에는 오래 전부터, '이 묘를 발굴하는 자는 나보다 더 험악한 적으로부터 공격을 받을 것이다'라는 소문이 전설처럼 내려왔다고 한다. 그런데 1941년 6월 22일에 구 소련은 독일로부터 침공을 당했다. 묘지의 문을 열면 화살의 공격을 받을 것이라는 진시왕의 묘처럼, 어디까지 사실인지는 아무도 모른다. 역사만 알 뿐이다.

저녁에는 우리 학교에 유학 온 학생인 엘뤼아르 부모님으로부터 저녁 식사 초대를 받았다. 예쁜 대학생 동생이 호텔로 나를 데리러 왔다. 레기스탄 바로 앞에 있는 호텔에서 거의 30분이나 되는 거리를 걸어서 갔다. 영문학을 전공하는 여동생은 영어를 잘했다. 나중에 아버지처럼 대학 교수가 되고 싶다고 했다. 어머니가 국립병원 간호사이고, 아버지가 대학 교수인데도 집은 허름했다. 마침 아버지가 러시아제 차를 새로 샀다면서 마당에 세워두고 흐뭇한 표정으로 이리저리 살펴보고 있었다.

▶ 한림대 유학생 엘뤼아르 가족

집에는 아흔이 넘은 할머니를 비롯해서 여러 친척들이 나를 기다리고 있었다. 저녁상이 차려져 있는데, 북한식과 비슷했다. 구소련의 영향을 받은 나라들은 잔치상 차림새가 서로 닮아 있다. 술, 음료수, 차, 사탕, 과자, 빵, 버터, 치즈 등이 나왔다. 어머니가 우리 한국 여인의 얼굴을 많이 닮아서, "한국 어머니 같다"고 하자 활짝 웃었다. 메르질롱에서 사온 비단 스카프를 선물로 드렸더니, 목에 둘러보고는 정말 좋아하신다. 내게는 당신이 손수 만들었다는 우즈백 전통 남자 저고리를 주셨다.

자고 가라는 걸 내일 새벽에 테르미즈로 가야 한다며 사양하고 아쉬운 작별을 했다. 호텔로 돌아오는 길에는 길까지 따라 나와서 택시비까지 쥐어 주신다. 영락없이 자애로운 우리 어머니들의 모습이다. 지금도 실크로드는 이렇게 살아서 한국 사람이 소그드인의 후손들을 만나고 있다. (10월 20-21일, 일-월요일, 하루 종일 맑다.)

불교의 서북방 전파의 관문, 테르미즈

아침 9시에 사마르칸트를 출발하여 저녁 6시에 테르미즈에 도착했다. 약 380킬로미터 거리다. 택시들이 서로 태우려고 난리다. 1인당 70,000솜(약 28달러)에 4명(나와 두라나, 쿠르이트, 운전사 로슬로프)이 합승했다. 아침 8시쯤 기차역으로 갔으나, 밤 10시에나 기차가 있다는 말을 듣고 택시합승장으로 간 것이다. 이 코스 역시 현장이 인도로 갈 때 지나 간 길이다.

도로 사정이 말이 아니다. 포장 비포장이 섞여 있어서 온 천지에 먼지가 자욱하고, 중국 신장보다 더 심하다. 신장은 이런 비포장 도로는 없었다. 우즈백의 현재 경제 상황을 그대로 보여주는 거 같다. 내가 어릴 때, 우리 집 앞으로는 서울에서 광주를 거쳐 목포까지 가는 제1국도가 달리고 있었다. 그런데 그 길이 비포장이어서, 길가에 있던 우리 집 마루에는 저녁마다 좀 과장하면 두께 1밀리 정도의 먼지가 쌓이곤 했다. 나는 엄마의 지시에 따라 날마다 그 마루를 닦아야 했다. 그 먼지는 도로가 아스팔트로 포장되는 1990년대 초반까지 계속되었다.

키타브 전에 큰 고개를 하나 넘었다. 전체적인 풍경은 신장과 비슷하다. 그러나 키르기즈스탄 만은 못하다. 데카나바트 이후로는 정말 삭막하다. 완전 사막이다. 그나마 중간 중간에 강이 있어서 다행이다. 그런 척박한 환경에도 마을은 있었고 사람들도 살고 있었다. 카라쉬 부근에는 흙집이 많았다. 타클라마칸 사막 주위의 오아시스 마을들의 모습과 비슷하다.

▶ 테르미즈 가는 길에 만난 거리 행상들

▶ 테르미즈 가는 길에 만난 나귀와 소년들

그런데 이런 사막 환경에 시멘트집과 슬레이트나 함석집이 영 생경하다. 전혀 어울리지 않는다. 차라리 신장이나 키르기즈스탄처럼 흙집이 훨씬 자연스럽고 잘 어울리는 거 같다. 과거 공산권을 상징하는 저 회색빛 집들은 정말 자연과 어울리지 않는다. 동유럽도 마찬가지다.

가끔 가끔 나타나는 오아시스 마을의 노란색 단풍과 가을 풍경이 따뜻하고 사랑스럽다. 옛날에 인도로 불법을 구하러, 또는 장사하러 이 길을 걷던 사람들도 저런 풍경을 보고 마음의 안식을 얻었을 것이다. 육체는 피곤하고 힘들지만 저런 자연의 모습에서 힘을 얻고 다음 목적지를 향해 걸을 수 있는 희망을 가졌을 것이다.

여기서는 행상들이 오아시스 마을을 대신한다. 그들은 소소한 먹을거리와 물을 팔고 있었다. 길가에 있는 작은 마을에서 늦은 점심으로 만두를 튀긴 것과 비슷한 음식을 얻어먹었다. 내가 돈을 내려하자, 운전사인 로슬로프가 다른 사람이 냈다면서 말린다. 감사한 마음에 콜라를 사서 하나씩 나누어 주었다. 이름을 알 수 없는 어떤 고개에 있는 기념탑에서 운전사인 로슬로프가 사진을 찍어달라고 해서 찍었는데, 연락처를 잃어버려서 보내줄 수가 없어서 안타깝다.

손님 중 한 사람이 샤라바트에 내리려고 했으나 택시 트렁크 문이 열리지 않아 한 시간이나 허비했다. 택시 기사가 트렁크에 너무 많은 짐을 눌러 넣어 열 수가 없었던 것이다. 자동차 수리센터에 가서 겨우 열었다. 이 도시에서 멀지 않은 곳에 티무르왕이 태어난 고향 샤흐리샤브즈가 있으나 촉박한 일정 때문에 들르지 못하는 것이 아쉬웠다. 테르미즈에는 저녁 6시에 도착했다. 이 도시는 아프가니스탄과의 접경도시라서 그런지 완전한 것이 하나도 없다. 숙박이든 교통이든 먹는 것이든.

테르미즈에 도착하니 택시 운전사인 로슬로프가 결혼식에 가자고 한다. 그러나 고고학박물관에 가야해서 거절할 수밖에 없었다. 우즈백 결혼식을 볼 수 있는 아주 좋은 기회였는데 아쉽다. 키르기즈스탄에서는 카라콜에서 결혼식 피로연을 본 적이 있는데, 우즈백에서는 아직 못 보았다.

▶ 테르미즈 고고학박물관

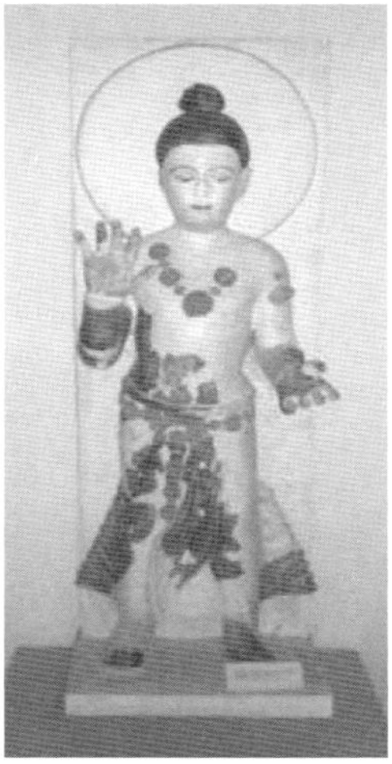

▶ 초기 불상 (복제품. 테르미즈 고고학박물관)

▶ 쿠샨왕조의 카니슈카왕 때 발행된 동전(BC1~2세기, 테르미즈 고고학박물관)

▶ 복층 부처 소조상(2~3세기, 테르미즈 고고학박물관)

▶ 부처 소조상(3세기, 테르미즈 고고학박물관)

새로 리모델링한 수르콘 호텔에 숙소를 정하고, 테르미즈 고고학박물관으로 갔다. 내가 찾던 3-4세기의 불교 유물이 꽤나 볼만했다. 테르미즈는 인도에서 발생한 불교가 간다라 지방(현재 파키스탄 페샤와르 지역)을 거쳐 카이버 고개를 넘고, 바미얀 지방을 거쳐, 사마르칸트 쪽으로 올라가는 경유지여서 부근에서는 불교관련 유적지와 유물이 많이 출토되었다.

아프간 전쟁 때, 독일 평화유지군들이 많이 갔었다는 식당에 갔다. 짝퉁 태국식 음식을 먹었는데, 맛이 그런대로 괜찮았다. 한국으로 유학오고 싶다는 매니저에게 여러 가지 조언을 해주었다. 그의 얼굴에 그리스인(마케도니아인)의 피가 그대로 남아 있었다. 알렉산더대왕은 그리스로 철수하면서 테르미즈 남쪽을 흐르는 아무다리야강 건너편 발크(흐)에 그레코-박트리아 왕조를 건설하고, 그 부하 총독들이 이 지역을 다스렸다. 바로 발크 오른쪽에 있는 아이 카눔에는 알렉산드리아-옥시아나를 건설하고, 인도 공략의 전진기지로 삼았다. 그러나 이 그리스 총독령은 3세기경에 흉노에게 쫓겨 북쪽에서 내려온, 유목민족(월지족)이 세운 쿠샨왕조에게 멸망했다.

다음 날 아침 8시부터 12시까지 택시를 30달러에 대절하여 여러 관광지와 불교 유적지를 돌기로 했다. 운전사가 러시아 사람인데 영어가 전혀 되지 않는다. 나의 경험 부족이다. 영어가 조금이라도 되는 운전사를 구했어야 되는데.

아프가니스탄 국경초소까지 가서 되돌아왔다. 국경초소는 아무다리야 강가에 있었다. 지금 내가 가장 가고 싶은 나라가 아프가니스탄과 이라크다. 그런데 이렇게 눈앞에 두고도 갈 수 없는 현실이 안타깝기만 하다. 타쉬켄트 한 호텔에서 만난 아프가니스탄 사업가가 초청장을 써준다고 했으니까, 나중에 꼭 가 볼 작정이다. 왜냐하면, 옛날에 구법승들이 바로 이 길을 따라 아무다리야 강을 건너서, 발크, 바미얀, 카불을 거쳐 카이버 고개를 넘고 페샤와르를 지나, 인도로 오갔던 것이다. 그래서 나도 이 길을 따라 인도까지 가보고 싶은 것이다.

술탄 사오다트 사원과 키르키즈성, 알 하킴 사원, 그리고 고대 불교 유적지로 유명한 페이요즈 테페(Fayoz Tepe)와 카라 테페(Kara Tepe)를 찾아 갔다. 어제 박물관에서 본 불교 유물들은 거의 이 두 유적에서 발굴된 것들이다. 3세기경의 불교 사원인 페이요즈 테페는 1968년에야 발견되어 지금은 상당 부분 복원되어 있었다. 그래서 고대 유적지라는 느낌은 들지 않는다. 카라 테페는 페이요즈에서 남쪽으로 2킬로미터쯤 떨어진 곳에 있어서 페이요즈에서 희미하게 보인다. 바로 남쪽은 아무다리야 강이고, 그 강 너머가 바로 아프가니스탄 땅인 것이다.

▶ 카라 테페 유적. 주춧돌이 나뒹굴고 있다.

▶ 복원된 페이요즈 테페.

▶ 술탄 사오다트 사원

▶ 술탄 사오다트 사원의 아름다운 이슬람 문양

▶ 폐허가 된 키르기즈성. 40인의 과부성이라고도 한다.

▶ 알 하킴 모술렘 출입문

▶ 아직도 농업용수 공급에 사용되고 있는 수차(테르미즈)

카라 테파는 운전사가 안 간다고 해서 페이요즈 테파부터 걸어서 갔다. 정부 허가 없이는 자기는 갈 수 없다는 것이다. 적발되면 벌금을 문다면서. 갔다 와서 대판 싸웠다. 내 잘못이다. 운전사를 잘못 선택한. 카라 테파는 일부만 발굴한 채, 그대로 방치되어 있었다. 복원 작업은 전혀 없었다. 내가 갔을 때는 한 가족 일행 5명 밖에 없었다. 카라 테파는 내가 보기에는 불교 사원보다는 대상들의 숙소인 카라반사라처럼 보였다. 칸칸이 막아진 작은 방들이 많았기 때문이다.

아무튼 이 두 불교 사원터는 인도 불교의 서방 전파를 증언해주는 매우 중요한 유적이다. 그러니까 불교는 인도에서 히말라야를 넘어 바로 북쪽에 있는 중국에 전달된 것이 아니라, 일단 간다라와 바미얀 지방으로 서쪽으로 갔다가 거기서 방향을 북쪽으로 바꾸어서 발크나

쿤두즈까지 가서, 하나는 테르미즈를 거쳐 키르기스까지 북쪽으로 더 올라갔고, 다른 하나는 동쪽으로 방향을 바꾸어 와칸계곡과 파미르를 거쳐 중국으로 들어갔다.

아침에 기차역에 가서 사마르칸트로 가는 기차표를 샀다. 한 칸에 4명씩 타는 침대차다. 오후 4시 40분 출발, 24일 오전 4시 도착 예정. 기차역 검문검색이 장난 아니다. 기차가 엄청 흔들린다. 이 나라는 도로든 철로든 제대로 된 게 하나도 없다. 아직도 고속도로가 없으니까. 거리가 400킬로인데 11시간이나 걸린다. 이건 곧 이 나라의 생산성을 말해주는 하나의 경제적 지표다.

과거 공산권 국가들이 경제성장에 실패하는 이유 중 하나가 바로 이런 인프라가 제대로 구축되어 있지 않았기 때문이다. 이동 시간의 증가는 유통 비용의 증가를 의미하고, 유통비의 증가는 원가 상승을 가져오고, 원가 상승은 곧 가격 경쟁력의 상실을 의미하기 때문이다. 사회주의 국가들이 자본주의 국가들에 비해 모든 분야에서 뒤지는 이유가 바로 그것이다. 모든 분야가 우리 60-70년대 수준이다. 전기 공급 사정도 불안정하다. 엊그제 밤에 엘뤼에르 집에서 식사를 할 때도 전깃불이 잠시 나갔었다.

카르시로 가는 기차 안에서 아내와 통화가 되었다. 아내는 나와 이틀 동안이나 연락이 안 되어, 외무부에 실종 신고를 하려고 했다는 것이다. 나중에 알고 보니, 우즈벡 일부 지방에서는 외국인은 인터넷이나 전화 통화가 전혀 되지 않았다. 바로 아프가니스탄 부근이 그런 지역이 있었다. 나의 행방이 추적이 안 되니까, 아내는 얼마나 불안했겠는가. 웬수 같은 남편도 연락이 안 되니까 불안했던 모양이다. (10월 22-23일, 화-수요일, 날씨가 맑다.)

중세의 이슬람 도시, 부하라

어제 오후 4시 40분 기차를 타고 새벽 4시에 사마르칸트역에 내렸다. 오늘 안교수와 만나기로 한 약속 때문에 다시 온 것이다. 아니면 카르시에서 바로 부하라로 가면 훨씬 가까운데.

시간이 호텔에 가기도 애매한 시간이라서 부라하행 기차표를 예매하러 갔다. 기차표 판매원이 한국말을 잘한다. 여주에 있는 중국집에서 3년 동안 일했다고 한다. 남편이랑 함께 갔는데, 남편은 아파서 죽고, 자기도 많이 아파서 돌아왔다고 한다. 그러면서 반갑게 맞이한다.

내가 만나는 열에 일곱여덟명은 한국에서 일한 경험이 있는 사람들이다. 다행이 모두 좋은 사장님을 만나서 월급은 제대로 받았다고 한다. 그러면서 한국에 대해서 참 호의적이었다. 택시기사들이 많았다. 부하라에서도 몇 명이나 만났다. 어떤 택시기사는 180만원을 받았다고 했는데, 여기서는 엄청 큰돈이다. 180만원 이면 약 1,600달러이고, 1달러가 2,700솜이니까, 약 4백3십만솜이나 되는 것이다.

역사 안에 있는 짐보관소에 배낭을 맡기러 갔는데, 30분이 지나도 키를 가진 직원이 나타나지 않는다. 신경질이 나서 배낭을 들고 나와 버렸다. 하여간 우즈백은 역은 근사하게 지어 놓았지만 운영시스템은 아직도 구소련식이다. 8시쯤 역에서 나와 택시를 타고 레기스탄 광장으로 갔다. 10시 40분에 레기스탄 광장에서 안교수 부부를 만났다. 짧은 시간 동안 반갑게 얘기도 나누고 기념사진도 찍었다. 내가 12시 기차라서 역으로 바로 다시 가야했기 때문이다.

기차에 타서 내 자리로 갔는데, 어떤 일행 3명이 앉아 있었다. 4명이 앉는 콤파트먼트다. 표를 보자고 했더니 자기가 타쉬켄트에서부터 앉아서 왔기 때문에 자기 자리라는 것이다. 너무 어이가 없었다. 그러면서 승무원에게 가보라고 한다. 승무원에게 가서 물었더니, 다른 칸에 있는 자리를 앉으라고 한다. 거기는 6명이 들어가는 방이다.

가만히 앉아 있자니 화가 나서 참을 수가 없었다. 이번에는 지나가는 다른 승무원에게 왜 내 자리에 다른 사람이 앉아있느냐고 다시 물었다. 그러자 그 승무원이 나를 데리고 내 자리로 갔다. 우즈백 말로 그 남자에게 뭐라고 따지는 것 같았다. 그러면서 자리를 비켜주라고 한다. 그러나 내 자리를 뺏을 생각은 없었다. 일행이니까 자리를 서로 바꾸어주면 좋겠다고 나에게 양해를 구했으면, 간단하게 해결되었을 일을 그렇게 싸가지 없이 한다. 그랬더니 처음에 다른 자리로 앉으라고 했던 승무원과 그 남자가 나에게 와서 영어로 감사하다고 하면서 돌아갔다. 진즉에 그렇게 했어야지.

사회주의식 관료주의와 시스템에는 이제 진절머리가 난다. 관광객인 내가 현지인들과 이렇게 싸우고 다니는 것이 과연 바람직한가는 별도의 문제다. 현지인의 무지한 행동을 참고 넘겨야 하는가? 아니면 따져야 하는가? 그것이 문제로다.

안 교수에게서 문자가 왔다. 이상수 교수가 같은 기차에 타고 있다는 것이다. 이 교수에게서도 문자가 와 있었다. 나는 3호차이고 이 교수는 1호차에 타고 있었다. 직장 동료를 여기서 이렇게 만나다니, 그것도 참 반가운 일이다. 호텔에서 저녁식사를 교수 일행과 함께 했다. 현지 친구가 모두 비용을 부담한다는 것이었다. 덕분에 나만 수지맞았다. 저녁식사가 거의 모두 찬 음식들이라서 맛이 별로였다. 호텔은 아침 포함 25달러다. 아침식사가 의외로 정성이 가득하다. 그래서 나는 여기서 하루 더 묵기로 했다.

다음 날 모스크와 메드레사를 순례했다. 부하라 시내를 거니는 것은 일본 교토나 나라와 같이 성지 순례한다는 느낌이 든다. 사마르칸트보다 종교적 분위기가 훨씬 강한 도시다. 신앙의 자유를 인정하지 않았던 구소련 시대에 이렇게 잘 보존된 것만 해도 참 다행이라는 생각이 든다.

특히 칼란 모스크의 웅장함과 우아함에 이슬람 건축예술의 정수를 보는듯한 감동을 받았다. 사마르칸트의 레기스탄에 있는 메드레사들보다 더 세련되었다는 느낌을 받았다. 화장실도 얼마나 깨끗한지 또 한 번 놀랐다. 무슬림들은 기도 전에 반드시 손과 발 그리고 얼굴을 씻는 의무가 있어서 그런지, 모스크 어디를 가나 화장실은 깨끗하다.

중앙아시아 오아시스 실크로드에서 사마르칸트를 거쳐 투르크메니스탄의 메르브로 가는 길의 중간에 자리 잡은 부하라는 9세기와 10세기에 사마니드(Samanid) 왕조의 수도로 번영을 누렸다. 이슬람 세계의 중심으로서 중앙아시아에서 종교와 문화의 꽃을 피웠다. 이런 종교 문화적 성숙기에 서구사회의 뉴턴과 셰익스피어에 필적할만한 과학자이자 철학자인 이븐 시나(Ibn Sina)와 시인들인 피르다우시(Firdausi)와 루다키(Rudaki)가 페르시아 이슬람 사회에서 인기를 누렸다.

1220년에는 징기스칸 군대의 공격을 받았으며, 1370년부터는 티무르의 통치를 받았다. 16세기에는 우즈백의 샤바니드 왕조가 부하라를 수도로 정함으로써 제2의 전성기를 맞았다. 부하라에는 수 십 개의 바자르와 카라반사리, 200개가 넘는 신학교(메드레사), 그리고 300개가 넘는 모스크가 있었다. 부하라는 또한 중앙아시아에서 가장 큰 유대인공동체가 최근까지 있었던 곳이며, 전 세계를 호령하던 대영제국이 1842년에 부하라 왕에게 수모를 당한 곳이기도 하다.

칼란 모스크는 바로 옆에 우뚝 솟아있는 칼랸 미나레트와 함께 부하라의 상징이다. 중앙아시아에서 가장 큰 모스크인 이곳 사원에서는 만여 명의 무슬림들이 한꺼번에 예배를 볼 수 있다. 사원 중앙에는 커다란 뽕나무가 한 그루 서 있고, 에메랄드 색으로 푸르스름하게 빛나는 돔 사이에는 예배를 인도하는 무이진이 자리하는 멘바르가 서 있다. 멘바르는 작은 사원처럼 귀엽게 생겼다. 내가 이 사원에 들어갔을 때는 마침 예배가 없어서 사람들이 드물어 아주 조용했다. 나오는 길에 매표소에서 담소를 즐기는 할아버지들과 인사를 나누고 사진을 찍었다.

칼란 미나레트(이슬람 신학교)는 사원의 부속 건물이다. 이슬람 사원은 대개 첨탑인 미나레트가 함께 붙어 있다. 기독교 교회의 종탑을 생각하면 된다. 물론 스페인 세비야에 있는 대성당 히랄다탑이나, 코르도바에 있는 메스키타의 종탑처럼 이슬람 미나레트를 교회의 종탑으로 바꾸어서 사용하는 곳도 있다. 이 미나레트는 높이가 47미터나 되어, 과거에는 사형 집행장으로도 사용되었으며, '죽음의 미나레트'라는 불명예스런 이름도 갖고 있다. 티무르 대왕도 사마르칸트에 있는 비비하눔 미나레트에서 부인들 중에서 가장 사랑했던 비비를 떨여뜨려 죽이게 된다. 비비는 비비하눔을 짓던 페르시아 건축가와 밀애를 나눈 것으로 전해지고 있다.

이슬람 사원의 미나레트에서는 무이진들이 올라가서 아잔(예배시간을 알리는 소리)을 합창한다. 높은 곳에서 도시 곳곳에 퍼지는 아잔의 소리를 듣고 무슬림들은 하루에 다섯 번씩 메카를 향해 예배를 본다. 이 아잔의 목소리가 얼마나 청아하고 신비로운지, 저절로 신을 향한 경배심이 우러나올 지경이었다.

나는 그와 비슷한 경험을 한 적이 있다. 2013년 1월, 눈이 내리는 어느 겨울 날, 루마니아 야시(몰도바공화국과의 국경에 있는 작은 도시)에 있는 동방정교인 성삼위일체교회에 가서 예배를 본 적이 있다. 내가 놀란 것은 성가대가 부르는 성가들이었다. 바로 무슬림 아잔이 부르는 노래 소리와 기독교 성가대가 부르는 노래 소리가 절묘하게 조화를 이루어, 저음으로 깔리면서 경건하고도 신비로운 분위기를 자아내고 있었다. 그 이유는 기독교 사회인 동유럽이 이슬람 사회인 오스만 터키의 지배를 2백년 가까이 받으면서 만들어진 자연스런 문화융합현상일 것이다.

아르크 성으로 가다가 꼬맹이 친구들인 딜노자 파리자 죠니를 만났다. 딜노자와 파리자는 12살로 5학년인 소녀들이고, 죠니는 10살로 4학년이다. 학교에서 돌아오는 딜노자가 나를 불러 세우더니, 뜬금없이 선물을 교환하잔다. 내 펜하고 자기 펜. 내 것은 샤프연필인데, 코칸드에서 여대생 굴하요가 선물로 준 것이다. 그게 부하라에서 다시 교환된 것이다. 실크로드에서 물물교환이 이루어지는 순간이다. 과거에도 그랬을 것이다. 이런 식으로 물건들이 서로 계속해서 교환되었을 것이다.

바람이 강하고 비가 내려서 상당히 춥다. 아침부터 추웠는데 더 추워졌다. 우산 파는 데가 없어서 비를 다 맞고 다녔다. 점심으로 호텔 부근에 있는 리아비하우스에서 양고기 갈비탕을 먹었다. 우리 갈비탕의 소갈비 대신 양갈비를 넣었다고 보면 된다. 국물 맛도 정말 비슷했다. 추운데 뜨거운 국에 밥을 말아 먹었더니 좀 살 거 같다. 코리안다(고수)까지 넣어서 먹으니 더욱 맛이 좋다. 내가 사발을 하나 달라고 해서 한국식으로 탕에 밥을 말아 먹는 모습이 신기한지, 매니저와 종업원들이 서로 쳐다보며 킥킥거린다.

▶ 투르크 민족의 풍자시인 나스룻딘 호자 동상

▶ 라비 하우즈(연못 주변이라는 뜻) 동쪽에 있는 나디르 디반베기 메드레사 전경과 안쪽.
처음엔 카라반사리로 지어졌다가 1622년에 메드레사로 변경되었다.

▶ 호자 칼란 마스지드

▶ 쿠겔다쉬 메드레사

▶ 대상을 통해 동서양 모든 문물이 만났던 굼바스

▶ 메마른 연못(라비). 과거에는 물을 채워 도심 분수의 역할을 했으나, 전염병이 창궐하여 모두 물을 빼버렸다.

▶ 칼란 모스크 앞의 거리 행상

▶ 페르시아 세밀화를 파는 가게

▶ 칼란 모스크와 미나레트. 맞은편에 칼란 메드레사가 있다.

▶ 칼란 모스트 안쪽 광장에서 메드레사(왼쪽 블루 돔) 쪽으로 바라본 모습

▶ 칼란 메드레사

▶ 칼란 모스크 광장 뽕나무와 코발트 블루 돔

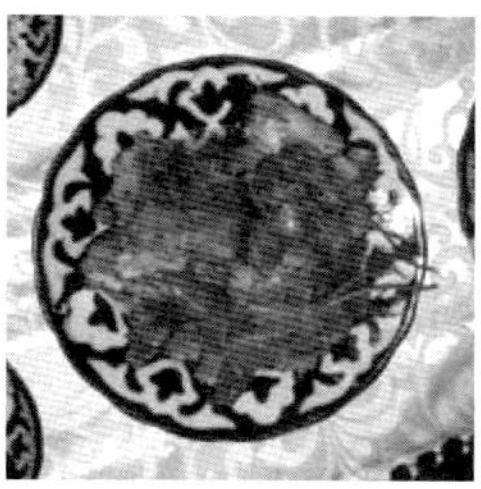
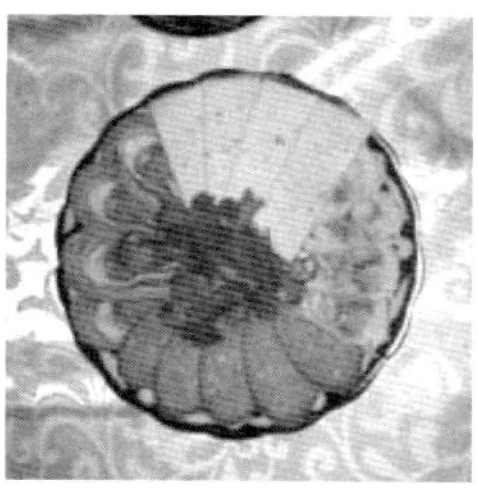

▶ 부하라에서 먹은 저녁 메뉴

▶ 1842년 대영제국 장교가 참수당한 아르크성

▶ 누런 흙색과 코발트 블루의 신비로운 조화(칼란 모스크)

▶ 칼란 모스크 안에서 만난 무슬림 할아버지들

▶ 칼란 모스크 옆길에서 만난 파리자와 딜노자 그리고 죠니. 밝은 표정이 인상적이다.

▶이슬람식 현대 건축물인 울탄호텔

▶ 소고기 갈비탕과 맛이 비슷한 양고기 갈비탕

7-8세기에 지어지고 16세기 개축된 것으로 전해지는 아르크성은 부하라 왕국의 칸인 에미르들이 1920년 소비에트 붉은 군대에 쫓겨 아프간으로 도망가기 전까지 살았던 궁전 겸 성이다. 그러니까 성 안에 궁전이 있는 것이다. 이 성은 징기스칸의 공격도 받았고, 티무르의 공격도 받았지만 지금까지 살아남았다.

이 성은 전 세계를 호령하던 대영제국이 수모를 당한 곳으로도 유명하다. 1842년 6월 24일, 바로 이 성 앞에서 수천 명의 주민들이 바라보는 가운데 영국군 찰스 스토다트 대령과 아서 코놀리 대위의 목이 망나니의 칼에 무참히 떨어진 것이다. 1840년 스토다트 대령은 영국이 아프간을 점령한 사실을 부하라 왕인 나스룰라 칸에게 설득하려고 파견되었다. 그런데 그는 선물도 가져오지 않고, 빅토리아여왕의 친서가 아니라 당시 인도를 다스리던 영국 총독의 친서를 가지고 왔다. 대영제국의 왕과 자신이 동급이라고 여겼던 나스룰라는 대령을 벌레가 득실거리는 감옥에 쳐 넣어버렸다.

1841년에는 대령을 구출하기 위해 코놀리 대위가 파견되었다. 그런데 영국이 부하라와 이웃인 히바 왕과 코칸드 왕과 함께 공모하여 부하라를 점령하려 한다고 의심한 칸은 대위도 감옥에 쳐 넣어버렸다. 설상가상으로 영국이 1842년에 아프간에 패해 비참하게 철수하는 것을 보고, 영국이 별거 아니라고 판단한 칸이 두 사람을 살해해버린 것이다. 자존심이 상하고 여론이 들끓었지만, 영국 정부는 이 사건을 조용히 접을 수밖에 없었다. 달리 보복할 방법이 없었던 것이다.

영국은 1842년 1월 5일부터 13일 사이에 아프간 카불에서 카이버고개를 거쳐 파키스탄 폐샤와르로 철수하는 도중에, 아프간 길자이 부족의 습격과 강추위로 군인과 그 가족(4,500명), 그리고 수행원(12,000명) 등 16,500명이 학살당했다. 근대 역사상 아프간을 침략한 열강 중에서 온전하게 살아서 돌아간 나라는 아직까지 하나도 없다.

19세기(1839년 - 1842년)에 영국이 그랬고, 20세기(1979년 12월 - 1990년 2월)에 구소련이 그랬고, 21세기(2001년 10월 - 현재)에 미국이 그랬다. 이 강대국들은 아프간 침공으로 모두 엄청난 대가를 치렀다. '아프간은 열강의 무덤이다'라는 말이 빈말이 아닌 것이다. 영국은 이때부터 쇠약해지기 시작했고, 구소련은 해체되어 중앙아시아와 발틱해 연안 자치공화국들을 모두 잃었으며, 미국도 (베트남과 이라크 그리고) 아프간 침공의 대가로 너무 엄청난 재정적자를 초래하여 서서히 쇠락해가고 있다.

칼랸 모스크를 들어갔다 나오면서 카페에서 카자흐스탄 아가씨 마리아와 메지나를 만났다. 대학생인 이들은 이웃 나라인 우즈백으로 여행을 왔단다. 이웃인데도 불구하고 서로 다른 것이 너무나 많다며 신기하다고 말한다. 아르크 성에서 이들을 다시 만났다.

며칠 만에 인터넷 카페에 가서 카톡으로 사진을 보냈다. 그런데 시간이 너무 많이 걸린다. 가격도 만만치 않고. 그래도 인터넷 카페가 있는 것만도 다행이다. 인터넷만큼은 정말 한국이 최첨단 선진국이다.

호텔 종업원에게 한국식당이 있냐고 물어봤더니 벨라 이탈리아로 가란다. 일본식당이라고 했다. 그런데 웬걸 이태리식당이었다. 마음에 없는 마그리따 피자만 한판 먹고 왔다. 낮에 갔던 앞집에서 양고기 갈비탕이나 먹을걸. 날씨도 추운데. 손님이 별로 없는 식당에는 피아노 연주자와 기타 연주자 그리고 색소폰 연주자가 있었다. 먼저 피아노 연주자와 기타 연주자가 몇 곡을 연주했는데, 둘이 어울리지 않는다. 피아노 연주에 왜 기타가 합주를 하는지 이해가 안 된다. 실력도 처지고. 색소폰 연주자는 테이블마다 다니면서 연주를 해주고 팁을 받는데, 팁이 거의 나오지 않는다. 내가 미안할 지경이었다. (10월 24-25일, 목-금요일, 오후에 강한 비바람이 내리고 추웠다.)

징기스칸을 분노하게 만든 호레즘 왕국의 수도, 히바

부하라에서 히바까지 10만 솜(약 40달러)에 가기로 하고 택시를 합승했다. 거리는 약 450킬로. 이번에는 안전벨트가 확실한 택시를 골랐다. 중앙아시아 택시에는 안전벨트가 거의 없다. 운전사들도 거의 매지 않는다. 교통경찰이 단속하는 구간에서만 매고 바로 풀어버린다.

사막에서 처음으로 비가 내리는 모습을 보았다. 모래사막에 비가 내리니 신기하기만 하다. 일 년에 한두 번 내리는 비가 내가 오는 날 내리고 있다. 저 빗물은 바로 모래 속으로 스며들거나 하늘로 증발해 버릴 것이다.

히바는 정말 인상적인 흙의 도시다. 도시 전체가 유네스코가 지정한 세계문화유산이다. 특히 성곽에 올라가서 마을 전체를 내려다보는 전망이 일품이다. 부하라도 중세 사막 도시의 분위기가 물씬 풍기는데, 히바는 더 그렇다. 어떻게 이런 도시가 완전하게 보존될 수 있었는지 신기할 정도다. 도시를 둘러보고 성에 올라가서 사진을 찍었다.

히바는 호레즘 주의 수도인 우르겐치에서 남서쪽으로 35킬로 떨어져 있다. 과거에는 호레즘 왕국의 도시였다. 히바는 '박물관 도시'라고 불릴 만큼 조용하다. 전설에 의하면, 히바는 여기에서 우물을 발견한 노아의 아들인 셈에 의해 세워졌다고 한다. 8세기까지는 중앙아시아와 남부 러시아를 잇는 실크로드의 변방도시였고, 10세기부터 14세기까지 번영을 누린 호레즘왕국 때는 주요 도시로서의 역할을 했다. 히바는 19세기까지 노예도시로도 유명했다. 키질쿰 사막 주변에 거주하는 유목민이나 여행자들을 잡아다 여기 노예시장에서 사고팔았다고 한다.

호레즘 사람들은 아주 호전적이어서 징기스칸이 중앙아시아 도시들을 공략할 때, 가장 시간을 많이 끌었던 도시였다. 장남인 주치가 사령관이었는데, 호레즘의 수도인 꾸냐 우르겐치(현재 누쿠스 서쪽)를 함락시키는데 1년도 더 걸리자, 아버지에게 질책을 받았다고 한다. 1219년에 시작된 호레즘 정벌은 1225년 몽골로 귀환할 때까지 6년이나 걸렸다. 이 정벌로 구 우르겐치, 히바, 부하라, 사마르칸트 등 중앙아시아 주요 도시들이 몽골제국의 지배 아래 들어갔다. 또한 이 전쟁은 이슬람 아랍 세계와 기독교 유럽 세계를 공포에 떨게 만드는 계기가 되었다.

1219년 가을에 몽골의 징기스칸 군대가 호레즘 왕국의 동쪽 국경도시인 오트라르(현재 카자흐스탄의 오트라르)에 나타났다. 징기스칸의 서방 정복이 시작된 것이다. 이 정복은 초원 실크로드에서 일어난 가장 멍청하고 어리석은 지방 군주에 의해 촉발된 것이었다. 1218년 징기스칸은 호레즘 왕국과 교역을 하기 위해서 대상 사절단을 파견했다. 이 사절단의 우두머리인 우쿠나만 몽골인이었고, 나머지는 모두 무슬림이었다. 그러나 이 도시의 지사였던 이날칙은 사절단의 재화를 약탈하고 100여명을 살해해 버렸다. 징기스칸은 이에 대한 배상을 요구하였으나 거절당하자, 이 지방을 징벌하기로 출정한 것이다. 실로 무시무시한 서방원정의 서막이 열린 것이다.

징기스칸은 이날칙을 사로잡아서 두 눈에 펄펄 끓는 수은을 쏟아 부음으로서, 무고하게 살해된 사절단의 원수를 갚아 주었다. 이때부터 징기스칸의 서방 공략은 질풍노도처럼 진행된다. 기독교 역사가들이 기술한 것처럼, 온 이슬람 사회와 기독교 사회를 공포로 몰아넣은 '야만의 알렉산더'가 출현한 것이다.

1219년에는 오트라르, 1220년 2월에는 부하라, 1220년 3월에는 사마르칸트, 1221년 4월에는 우루겐치(현재 히바 근처의 구 우르겐치)를 정복했다. 이 전쟁으로 중앙아시아는 말 그대로 초토화 되었다. 항복하지 않고 저항하는 모든 군인과 주민들은 물론이고, 고양이나 개 등 살아있는 모든 생물은 개미새끼 한마리까지도 철저하게 학살되었다. 일부 이슬람 사제와 장인들만 살아남았을 뿐이다. 1222년 6월에 재탈환한 헤라트(현재 아프가니스탄 서부 도시 헤라트)에서는 전 주민이 살해되었으며, 학살에 꼬박 일주일이나 걸렸다고 전해진다. 몽골군은 다음에 공격할 도시의 주민들에게 공포감을 조성하기 위해, 살해한 사람들의 목을 잘라서 산처럼 쌓아놓았다고 한다. 모택동은 이와 반대로 민심을 얻는 방법을 이용했다.

기독교나 이슬람 역사가들에 의해 징기스칸의 정복 전쟁은 '인류의 재앙의 하나'로 폄하되기도 하지만, 15세기에 해상 무역로가 개척되기 전까지 그가 정복한 실크로드가 한동안 번영했음도 부인할 수 없다. 이슬람 역사가 아불 가지는 "징기스칸의 치세 아래 중앙아시아에 있는 모든 나라 사람들은 누구한테서도 어떤 폭행도 당하지 않은 채, 황금 쟁반을 자기 머리에 이고, 해가 뜨는 땅에서 해가 지는 땅까지 여행할 수 있을 만큼 평화를 누렸다"고 적고 있다.

지금까지 내가 자본 호텔 중에서 가장 인상적인 호텔에서 투숙했다. Orient Star Hotel. 60달러. 아침 포함. 메드레사를 호텔로 개조한 색다른 호텔이다. 식당도 완전 이슬람 스타일이다. 모하메드 아민 칸 메드레사(Mohamed Amin Khan Medressa)의 학생들이 공부하던 방을 객실로 개조했다고 한다. 2층 베란다에서 호텔 정원과 객실 전체를 내려다보는 풍치도 일품이다. 스페인에서 고성을 개조하여 호텔로 이용하는 빠라도르 제도와 똑같다. 프론트 직원이 내게 운이 좋다고 말한다. 11월부터 내년 3월까지는 손님이 없어서 영업을 중단한다고 한다. 내가 거의 마지막 손님이라고.

히바에서 하루를 더 묵으면서 둘러보지 않은 것을 후회했다. 그러나 타쉬켄트행 항공 일정이 불안하여, 안전하게 하루 먼저 타쉬켄트로 가는 방법을 선택했다. 이스탄불행 항공권만 없었으면 모험을 하고 싶은데, 만일 항공기가 뜨지 않으면, 터키행 항공권마저 못쓰게 되어 어쩔 수 없는 선택이었다. 중앙아시아는 교통 일정이 예고 없이 너무 자주 바뀌기 때문에 미리 대비를 해야 한다.

호텔에서 우르겐치 부근에 있는 7개 칼라(성)를 방문하는 택시를 60달러에 예약했다. 관광센터에서는 80달러를 달라고 했었다. 호텔 직원이 더 싸게 해주겠다며 다른 택시를 소개해 준 것이다. 다음날 아랄해 바로 남쪽에 있는 도시 누쿠스까지 150달러에 가기로 하고 운전사 가리와 예약했다. 가리는 한국말을 곧잘 한다. 한국에서 3년간 일해서 지금 택시를 샀다고 한다. 하루 20시간씩 일하고, 월급으로 150만원씩 받아서 130만원을 아내에게 송금했다고 한다. 엄청 성실한 사람이다. 한 달에 1,200달러면 여기서는 엄청 큰돈이다. 암시장에서 1달러에 2,700솜이니까. 내일 아침에 호텔에서 나를 픽업하기로 하고 가리는 돌아갔다.

다음 날 아침, 가이드 겸 운전사 가리와 함께 우르겐치와 누쿠스 인근에 있는 6개의 칼라(성)를 순회했다. 굴둘순칼라 코이쿠르간칼라 안카칼라 쿨칼라 키르키즈칼라 아야즈칼라 순서

대로. 이 칼라들은 서기 1세기에서 중세까지 성이나 사원 또는 천문대, 카라반사리 등으로 사용되었다. 모두 흙벽돌로 되어 있었고, 아야즈 칼라를 제외하고는 거의 무너지고 성벽의 형체만 남아 있었다. 사막 한 가운데에 이런 성채를 지은 걸 보면 우리 인간의 생명력이 참 질기다는 생각이 든다.

사막한 가운데에 자리잡은 아야즈 칼라에서 유르트(파오) 숙박을 했다. 중국에서 타스쿠르간에 갔다 올 때와 카라콜 호수에서 묵었던 파오에 이어서 두 번째다. 성수기를 지나서인지 관광객은 많지 않았다. 20여명의 프랑스 단체 관광객과 독일 신혼 부부, 그리고 나 밖에 없었다. 오후엔 부근에 있는 소금기가 가득한 물마른 호수에도 가보고, 석양에는 낙타를 타고 사진도 찍었다. 우리는 한 유르트 안에서 우즈백 보드카와 함께 저녁식사를 먹으면서 호레즘 전통음악과 무용을 관람했다. 돌아가면서 자기 국가를 부르는 순서가 있었는데, 나는 애국가 대신 강남스타일로 모든 사람을 제압해버렸다.

자기 전에는 수많은 별들과 은하수를 구경했다. 하늘에 저렇게 많은 별이 있었던가? 참 아름다운 사막의 밤이었다. 별과 은하수를 구경하려면 사막으로 가라는 말이 딱 맞다. 나는 운전사 가리와 같은 유르트에서 잤다. 전기도 없고, 난로도 없었지만, 목화 솜이불이 무겁고 두꺼워서 그런지, 그리 추운지는 모르고 잘 잤다. 화장실은 예상보다 훨씬 깨끗하고 완전 서구식이었다. 의외로 샤워실까지 있었지만 따뜻한 물은 나오지 않았다.

새벽 5시 경에 사진을 찍으려고 유르트 밖으로 나왔더니 엄청 춥다. 체감온도로 영하 5도쯤 되는 것 같다. 그러나 어제 석양만큼 멋지진 않았다. 오늘은 누쿠스 가는 길에 토프락칼라와 키질칼라 그리고 실픽칼라를 찾아 갔다. 실픽칼라는 조로아스터교 다마(무덤-침묵의 탑)이다. 아무다리아강(파미르 와칸강이 이 강의 원류이다) 가에 웅장하게 서 있었는데, 정상에 올라가서 내려다보는 주위 전망이 정말 일품이었다. 특히 내가 그렇게 보고 싶었던 아무다리야 강이 유유히 북쪽에 있는 아랄해를 향해 달리고 있었다.

▶ 이찬 칼라에서 내려다 본 히바 전경 (누런 황토 색깔과 코발트 블루색의 조화가 신비로운 분위기를 연출한다)

▶ 히바 이찬 칼라를 둘러쌓고 있는 쿠나 아르크성

▶ 조로아스터교가 남긴 불의 흔적(이찬 칼라)

▶ 칸이 떨어져 죽음으로서 미완성으로 끝난 칼타 미나레트

▶ 굴둘순 칼라

▶ 목화를 따는 주민들

▶ 코이쿠르 칼라 인근 주민들이 도로에서 밀을 말리고 있다.

▶ 유르트를 보수하고 있는 주민들(아야즈 칼라)

▶ 아야즈 칼라에서의 단촐한 아침식사

▶ 아야즈 칼라

▶ 오리엔트 스타 호텔

▶ 이찬 칼라에서 결혼식을 올리는 신혼 커플들

▶ 이찬 칼라에 사는 어린이들

▶ 아야즈 칼라에 놀러온 아이들

▶ 석양의 사막에서 낙타 타기(아야즈 칼라)

실픽칼라(조로아스터교도의 무덤인 침묵의 탑)

▶ 실픽 칼라에서 내려다 본 아무다리야강과 델타

▶ 실픽 칼라에 올라온 우즈백 사람과 함께 포즈

▶ 독일인 신혼 커플과 저녁식사(아야즈 칼라)

▶ 춤을 추고 있는 우즈백 전통 댄서(아야즈 칼라)

▶ 아야즈 칼라 여주인

▶ 거리에서 뗄감을 파는 사람

▶ 시골 거리에서 하미과를 파는 행상

▶ 사비츠스키미술관 (누쿠스)

▶ 마즈룸 칸 슬루 공동묘지 유적

그러나 목화 농업을 위한 관개로 물을 너무 남용하는 바람에 수량은 많지 않았다. 이 강과 북쪽의 시르다리아강(키르기스 천산에서 내려오는 나린강이 이 강의 원류이다)이 수 천 년 동안 중앙아시아 사람들을 먹여 살린 젖줄 역할을 해온 것이다. 그러나 목화 농사를 위해 수자원을 남용하는 우리 인간의 욕심 때문에 이 강도 서서히 말라가고 있는 것이다. 결국 이 강의 최종 목적지인 아랄해의 물이 말라, 지금 거대한 바다가 죽어가고 있는 것이다.

누쿠스에 가는 이유는 딱 한 가지, 사비츠스키미술관을 방문하는 것이다. 정식 이름은 SAVIYTSKIY KARAKALPAKSTAN ART MUSEUM이다. 낙타 암각화가 인상적이었다. 구소련의 회화사의 단편을 엿볼 수 있는 좋은 미술관이었다. 구소련 시대의 사회주의적 그림은 볼 기회가 거의 없었는데, 오기를 아주 잘했다는 생각이 든다. 우리가 서양미술에서 보아왔던 그림들과는 전혀 딴판이었다. 한마디로 말하기는 어려울 정도로 분위기가 독특했다. 중앙아시아 사람들의 일상을 표현한 정서적인 작품도 있었고, 다른 한편으로는, 임옥상 등 우리 진보 화가들의 그림들보다 훨씬 전투적이고 역사의식이 치열한 현실 발언적 그림도 있었다.

미술관 브로셔에 의하면, 샤비츠스키는 1915년 8월 4일 키에프의 법률가의 집안에서 태어났다. 1920년대 초에는 모스크바로 가서 드로잉을 배웠다. 1938년과 46년까지 그는 여러 곳에서 그림 공부를 했다. 1950년에는 누쿠스 지역의 고고학/인류학 발굴조사에 참여하게 된다. 그는 사막에 사는 소수민족들의 삶에 매료되어, 모스크바를 떠나 누쿠스로 거처를 옮기고, 거기서 죽을 때까지 살았다.

그와 지원자들은 누쿠스 지역을 발로 답사하고 많은 하라칼파크(히바에서 아랄해 사이의 지역) 문화재를 수집했다. 그의 수집품은 세심하게 복원되어 전시되었다. 1966년에는 지역 정부를 설득하여 누쿠스 예술박물관을 세우고 관장이 되었다. 그는 자신의 그림을 그리면서 동시에 중앙아시아와 관련된 예술가들로부터 많은 그림을 기증받았다.

그의 수집품들은 1968년부터 1969년 사이에 러시아 전역에서 전시회를 열어 큰 호응을 받았으며, 그는 모스크바에서 인정을 받게 되었다. 1984년 7월 27일, 과로와 노환으로 모스크바의 한 병원에서 죽었다. 그의 사후 1991년부터 이 미술관은 '사막의 미술관'으로 전 세계의 언론인, 예술가, 외교관, 그리고 국제기구 등으로부터 주목을 받기 시작했다. 평생을 한 가지 일에 투자한 한 예술가의 집념이 오지 사막 한 가운데에 미술관을 만들게 되었고, 세계인의 이목을 끌게 된 것이다.

우르겐치로 돌아오는 길에 마즈룸 칸 슬루(Mazrum Khan Slu)에 들렀다. 여기에는 12-14세기에 만들어진 사원과 무덤들이 모여 있는 유적인데, 최근에 복원했다고 한다. 무덤 위에 나무 사다리를 엎어 놓는 풍습이 신기했다. 아마도 그 사다리를 타고 신에게 올라가라는 뜻인 거 같았다. 부자나 고관대작들의 무덤은 규모가 엄청 크고, 가난한 서민들의 무덤은 작고 초라했다.

한국식당 소나타에서 나는 점심으로 김치찌개를, 운전사 가리는 신라면을 먹었다. 이렇게 작은 도시에 한국식당이 있다니 깜짝 놀랐다. 무엇보다 식당의 규모가 상당히 크고, 아주 깨끗했다. 서빙하는 아가씨들이 모두 미스 우즈백처럼 날씬하고 예뻐서 더 놀랐다. 가리가 매운 라면과 김치를 아주 맛있게 잘 먹는다. 한국에서 일할 때, 라면과 김치를 많이 먹었다고 한다. 내가 아야 칼라에 놀러온 어떤 꼬마들에게 준 콜라병 값(빈병 값이 9달러다) 대신, 한국에 돌아가면 라면을 한 박스 보내주기로 약속했다. 한참이나 지나서야, 약속대로 사발면 한 박스를 보내주었다. 잘 받았다는 소식이 없어서 직접 받았는지는 모르겠다.

가리는 우르겐치 공항에서 헤어졌다. 이틀 동안 정이 많이 들었는데----. 참 착하고 순진무구한 남자였다. 가리는 이렇게 악착같이 돈을 벌어서, 히바에 작은 호텔을 짓는 것이 꿈인중년 남자다. 자동차로 갔으면 하루도 더 걸렸을 거리를 비행기로 1시간 반 만에 타쉬켄트에 도착했다. 보름 만에 다시 타쉬켄트로 돌아온 것이다. 투르크메니스탄 비자를 받았으면 누쿠스나 부하라에서 바로 꾼야 우르겐치나 투르크메나바트로 넘어가면 되는데, 비자가 없기 때문에 비행기를 타고 터키로 가서, 코카서스를 거쳐 이란으로 들어가려고 하는 것이다.

공항에서 악질 택시기사를 만났다. 한 밤중에, 전에 내가 묵었던 호텔이 아니라, 다른 호텔에 내려주고 가버렸다. 군인 복장을 한 종업원들이 현금 선불로 객실비를 내라고 한다. 나는 거절하고 몇 개 호텔을 찾아 갔으나 모두 방이 없다고 한다. 마침내 그랜드 오르주(Greand Orzu Hotel)호텔에 묵기로 했다. 50달러에 아침식사 포함. 시설 매우 양호.

다음 날, 여기서 일본인 중년 남자(이름을 잊었다)를 만나, 한국식당에서 함께 식사를 했다. 내가 먼저 식사하자고 해서 8만 솜 중 내가 5만 솜을 내고, 그이가 3만 솜을 냈다. 29일에는 하루 종일 아무것도 안하고 원고를 쓰면서 다음 여행 준비를 했다. (10월 26-29일, 토-화요일, 신기하게도 사막에 잠깐 비가 내렸다.)

타쉬켄트-이스탄불-에르즈룸-카르시-아니

비행기를 타고 타쉬켄트에서 이스탄불로 이동했다. 타쉬켄트에서 터키항공에서 비행기 티켓을 구매할 때, 동부 거점 도시인 에르즈룸을 연계해서 구매했다. 그래야 가격이 싸기 때문에. 이스탄불에서 국제선을 타고 이란 테헤란으로 바로 들어가려고, 공항에 있는 터키항공에 찾아가서 에르즈룸까지의 티켓을 취소하고 환불을 요청했으나 안 된단다. 국내선은 환불이 안 된다고 하면서. 내가 왜 안 되느냐고 따지면서 언성이 높아졌다.

할 수 없이 국내선을 타고 바로 에르즈룸으로 이동했다. 에르즈룸은 터키 동부의 거점 도시로, 이란과의 국경도시인 도우베야짓이나 북쪽 흑해 연안에 있는 항구도시 트라브존으로 가는 경유지이기도 하다. 마르코 폴로도 베니스로 돌아가는 길에 이란의 타브리즈와 도우베야짓을 지나 이 도시를 경유하여, 트라브존으로 가서 배를 타고 보스포러스 해협을 통과하여 베니스로 돌아갔다. 에르즈룸 사람들이 정말 친절하다. 내 버스비를 대신 내주고 호텔까지 알려줄 사람을 지정해준다. 호텔도 가격(30달러) 대비 그런대로 괜찮다. 그런데 방에서 담배 냄새가 지독하게 난다.

고대 아르메니아 왕국의 기독교 도시 아니(Ani)로 가려면, 카르스로 이동해야 한다. 카르스를 중심으로 한 터키 동부 지방은 쿠르드족이 사는 곳이다. 현재 세계에서 인구는 가장 많으면서 자기 나라가 없는 민족이 쿠르드족이다. 이들은 터키 동부, 시리아 북동부, 이라크 북부, 이란 서북부지방에 광범위하게 흩어져 살고 있다. 독립 국가를 세우기 위해 꾸준히 노력하고 있지만, 그들의 염원이 언제 이루어질지는 아무도 모른다. 약소민족의 슬픈 현실이다.

다음날 아침, 카르스로 가기 위해 호텔에서 버스터미널까지 택시를 탔다. 택시기사가 13리라고 해서 탔는데 30리라를 달랜다. 미터기는 30리라가 나왔다. 서로 커뮤니케이션에 문제가 있었던 것이다. 카르스는 터키 동북쪽에서 아르메니아와 국경을 접하고 있는 도시로, 쿠르드족이 많이 사는 곳이다. 3시간 동안 달리는 내내 경치가 기가 막히게 아름답다. '아시아의 스위스'라고 하는 키르기즈스탄 같다. 카르스까지 200킬로를 가면서 작은 도시를 지날 때마다 승객들이 타고 내리고를 반복한다.

호텔에 짐을 풀고 택시(왕복 50달러)로 아니에 갔다. 택시운전사에게 쿠르드족이냐고 물었더니 그렇단다. 정치적으로 민감한 사안이라 더 이상 묻지는 않았다. 터키 사람들은 쿠르드족의 독립을 원치 않아 그들을 핍박하고 있기 때문이다. 나는 당신들이 처한 어려운 상황을 잘 알고 있다고 말하면서, 빨리 독립국가를 세우기를 바란다는 덕담을 해주었다. 아니는 고대 아르메니아 기독교 유적으로 유명한 곳이다. 원래는 아르메니아 땅인데, 지금은 터키땅이 되었다. 국경이 유적 바로 앞에 있는 계곡을 지나간다. 주변 풍광도 정말 아름답다.

아니는 카르스에서 동쪽으로 50킬로 정도 떨어져 있다. 아니 유적지에 들어가려면 허가증이 필요하다고 가이드북에는 나와 있었지만, 카르스에서 확인한 결과, 허가증은 더 이상 필요치 않았다. 아니 유적은 협곡을 사이에 두고 아르메니아와 마주보고 있었다. 과거에는 아르메니아 땅이었었는데, 지금은 터키령이 되었다.

▶ 성 그레고리오교회 안에는 지금도 프레스코화가 일부 남아있다. (아니)

▶ 폐교회터와 수도원(아니)

▶ 이슬람 유적 자미 첨탑(아니)

▶ 카라반사리 유적(아니)

▶ 교회의 잔해. 폐사지 같은 모습이다.(아니)

▶ 조로아스터 사원의 흔적(아니)

아니는 서기 971년(고려 광종 때)에 아르메니아 바그라트 왕조의 왕 아쇼트 3세가 카르스에서 아니로 천도해 오면서 급속도로 발전하기 시작했다. 그 후 아르메니아와 터키 아나톨리아 지역을 잇는 실크로드의 중계도시로 큰 역할을 했다. 992년에는 아르메니아 교회의 주교회의가 아니로 이전하면서 종교적 중심지로 번영했다. 유적지에는 두 개의 그레고리오 교회, 대성당, 마리아 수도원, 카라반사리, 울루 자미, 성터, 성벽, 라이언 게이트 등의 유적이 거의 폐허가 된 채로 여기 저기 흩어져 있었다. 협곡 건너편 구릉에는 아르메니아 국경수비대가 지키는 초소들도 보였다.

▶ 아니 유적은 폐사지를 걷는 쓸쓸함이 있다.

아니에서 만난 삐에르와 함께 케밥집에서 저녁식사를 했다. 프랑스에서 온 삐에르는 아니 유적지 주차장에서 만났다. 돌아오는 차편이 없어서 카르스까지 내가 태워다 준 것이다. 그러면 저녁을 사는 게 예의인데, 더치 페이를 했다. 나는 메뉴를 잘못 골라 별로 맛이 없었다. 주문판에 있던 사진과 다른 음식이 나왔다. 나는 이스탄불 국내선 공항에서 생맥주와 함께 맛있게 먹었던 모짜렐라 치즈에 토마토가 들어간 셀러드와 비슷한 메뉴를 원했는데, 엉뚱한 음식이 나왔던 것이다.

아르메니아와 조지아, 그리고 아제르바이젠에 관한 정보를 검색했다. 이란 비자 정보도 검색해보았다. 터키와 아르메니아의 관계가 나빠져서 국경초소가 폐쇄되었다고 한다. 또한 에르즈룸이나 카르스에서는 테헤란으로 들어가는 항공편도 없었다. 그러면 이동거리가 더 먼 그루지아로 돌아서 아르메니아로 들어가야 한다. 이란 들어가기가 이렇게 힘든가? 그만한 보상이 있겠지 하면서 나 자신을 다독였다. (10월 30-31일, 수-목요일, 맑음)

카르스-아르다한-아르트빈-트라브존

카르스에서 아르다한으로 돌무쉬를 타고 이동했다. 미니버스인 돌무쉬는 브랜드가 모두 벤츠사 제품이다. 그런데 아르다한에서 포소프를 거쳐 트빌리시 가는 버스가 중단되어서, 아르트빈과 흑해 연안의 호파를 거쳐 트라브존으로 이동했다. 오후 12시 반에 출발하여 밤 7시 반에 도착했다. 덕분에 쿠르드족이 사는 터키 동북부 지방의 경치를 실컷 구경할 수 있었다.

카르스에서 아르다한까지는 에르즈름에서 카르스까지의 풍경과 비슷하다. 아르다한부터 호파까지는 2-3천 미터를 넘나드는 고산준령을 횡단하는 험한 길이다. 길은 험하지만 경치는 기가 막히게 아름답다. 특히 사브사트라는 작은 마을 부근은 스위스 융프라우 산악 마을에 버금가는 최고의 경관을 자랑한다. 돌무쉬는 비좁은 협곡 사이를 아슬아슬하게 빠져나가고, 까마득하게 높은 고갯길을 따라 하늘을 날듯이 고공행진을 계속한다.

아르트빈 부근에는 댐으로 막은 호수가 보인다. 호수 맞은편에도 비슷한 높이의 산악도로가 아르트빈까지 이어진다. 100킬로를 3시간이나 걸려서 왔다. 산 정상에 걸친 가을 뭉게구름이 정말 아름다워서 연속 사진이다. 새하얀 구름이 푸른 하늘에 온갖 그림을 다 그리고 있다. 산자락에는 소들이 한가로이 풀을 뜯고 있고, 농가들이 점점이 흩어져서 박혀있다.

아르트빈부터 호파까지도 산악 도로다. 산이 좀 낮아서 지금까지 온 길보다는 좀 덜 험하다. 아르트빈은 높은 산 중턱에 도시가 걸려있는 신비로운 도시다. 이런 산악 도시는 처음 보는 모습이다. 이태리 아씨지와 분위기가 비슷한데, 훨씬 규모가 크고 급경사 산자락에 집들이 매달려 있다. 우리 부산의 어디처럼. 아르트빈 위에 댐이 하나 있고, 보루쉬카 부근에도 하나가 있었다. 호파부터 트라브존까지는 흑해 남단을 달리는 길이다. 날이 어두워져 밖을 전혀 보지 못했다.

▶ 터키 북동부 쿠르드족 마을의 가을 풍경(아르트빈)

▶ 아르트빈 인근의 산골 마을

▶ 터키 북동부의 가을 하늘

경치는 스위스와 비슷한데, 거기에 박혀 있는 집들은 동구권보다 조금 나은 편이다. 터키의 생활수준을 보여주는 단적인 예이다. 내가 보기에는 포르투갈 정도 되는 거 같다. 일반 지방도로는 우리와 사정이 비슷하다. 아주 포장이 잘되어 있다. 중앙아시아에서 먼지 나는 길만 다니다가 여기오니까 비행기를 탄 기분이다. 버스들도 좋고, 운전사들도 유럽식으로 과속을 하지 않는다. 모든 면에서 중앙아시아와는 확연히 구분이 된다. 유럽의 변방이지만 예비 EU 멤버로서의 위상은 확실히 가지고 있었다. 전체적인 생활수준은 우리와 비슷한 거 같았다. 특히 지방의 도로교통시스템이 잘 되어 있었다.

트라브존에 도착하자마자, 버스터미널에서 그루지아(조지아)의 수도인 트빌리시까지 가는 버스표를 끊었다. 내일 밤 9시 차다. 호파에서 밤 10시 차였으니까, 아마도 여기를 출발해서 호파를 경유하는 같은 버스일 것이다. 버스티켓 값은 50리라. 버스비는 의외로 싸다. 택시비는 엄청 비싼데.

터미널 부근에 있는 싸구려 호텔에 투숙했다. 객실료가 40리라(22달러, 아침 불포함)이고 샤워실은 방에 있는데, 화장실은 공용이다. 아침에 물이 안 나와서 물티슈로 고양이 세수를 했다. 화장실도 자가 수세식이다. 처음 보는 건데, 내가 수도꼭지에서 작은 물통에 물을 받아서 쏟아 붓는 식이다. 태국 푸켓 지방의 화장실과 비슷하다. 그래도 신장이나 중앙아시아의 푸세식보다는 훨씬 낫다. 물론 산이나 사막에서 일보는 것보다는 못하지만. (11월 1일, 금요일, 날씨가 맑다.)

기독교의 둔황석굴, 쉐멜라수도원

트라브존은 실크로드에서 아주 중요한 도시이기 때문에 반드시 방문해야 할 항구 도시다. 여기까지 오면 이제 배를 타고 보스포러스 해협과 지중해를 거쳐, 유럽과 소아시아, 북아프리카로 갈 수 있다. 마르코 폴로도 여기서 베니스로 가는 배를 타고 고향으로 돌아갔다. 또한 절벽에 걸쳐 있는 쉐멜라수도원을 꼭 보고 싶어서 여기를 경유한 것이다.

아침에 버스를 타려고 메이단공원에 갔다. 공원에 있는 노천 카페에서 아침을 먹는데, 밖에서도 와이파이가 된다. 비록 변방이긴 하지만, 역시 유럽은 유럽이구나. 이런 경험은 처음이다. 커피만 마시러 갔는데, 예쁜 아가씨가 옆에 앉은 기분이다.

버스를 타고 쉐멜라수도원에 갔다. 까마득한 절벽에 수도원을 만든 것도 그렇고, 거기에 암굴을 파고 경이로운 기독교 프레스코화(벽화)를 그려놓은 것도 대단하다. 정말 깊은 신심이 없으면 불가능한 일이다. 이렇게 멋진 성화는 둔황 이후 처음이다. 일부는 무슬림들이 쇠정으로 정교하게 쪼아서 훼손했지만, 그래도 전체적으로는 잘 보존되어 있었다.

조성 기법이 중국 천수에 있는 마이지산 석굴과 매우 흡사하다. 2-3백미터 높이의 바위산 상단 중턱에 있는 자연굴에 추가로 인공 암굴을 파고, 거기에 제단을 모시고, 사방 벽과 천정에 성화를 그려 놓았다. 그런데 그림에 사용된 물감이 둔황에 있는 불화를 그릴 때 사용한 물감과 매우 비슷하다는 느낌을 받았다. 성화에서 느끼는 색감이 그렇다는 것이다. 실크로드에 있는 여러 불교 석굴에서 볼 수 있는 조성 기법과 정말 흡사하다. 기독교 성경을 토대로 그린 그림 대신에 불경을 토대로 한 불화를 그려 넣는다고 해도 전혀 이상하지 않을 그런 분위기였다. 중앙의 예수님 자리에 부처님이 들어가도 이상할 것이 없을 정도로 분위기가 비슷했다.

그 이유를 나는 이렇게 본다. 이 수도원이 조성된 13-14세기에는, 이 지역을 몽골제국의 하나인 일한국이 지배하고 있었기 때문에, 중국과의 문화교류가 매우 활발하던 시기였다. 따라서 자연스럽게 중국 불교석굴의 벽화 제작기법이 실크로드를 따라, 이 지역으로 전래되었을 것이다.

타클라마칸사막 주변에 조성되어 있었던 키질석굴, 베제클릭석굴, 둔황석굴, 마이지산석굴 등의 석굴 조성기법이 자연스럽게 흑해 연안에 자리잡은 트라브존에 전파되었을 것이다.

▶ 쉐멜라수도원 입구. 사람이 내려오는 계단 위에 있는 작은 문(중앙 상단)이 출입구다. 아래 건물은 매표소.

▶ 매표소에서 계단을 따라 올라가, 출입문을 통과하면 내려다 보이는 수도원

▶ 수도원 외벽에 그려진 프레스코화

▶ 수도원 안쪽에서 바라본 출입구. 계단을 따라 올라가서 맨 위 중앙.

▶ 기독교 수도원을 방문한 무슬림 아가씨들

▲ 석굴 외벽에 그려진 다양한 프레스코화(쉐멜라수도원)

▶ 프레스코화를 정으로 쪼거나 칼로 긋거나 낙서로 훼손한 흔적

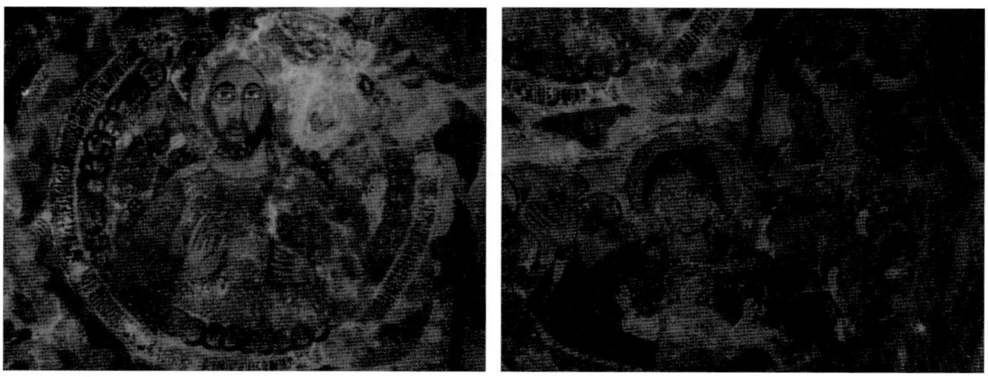

▶ 동굴 내벽과 천장에 그려진 프레스코화

▶ 숲속에 숨어있는 쉐멜라수도원

▶ 수도원에서 내려가는 길에 만난 터키 멋쟁이 대학생들

▶ 쉐멜라수도원 올라가는 길에 만난 악사와 무슬림 여인들

나는 서유럽 어디에서도 이렇게 불교 석굴과 비슷한 기법으로 조성된 기독교 수도원을 본 적이 없다. 바르셀로나에 있는 몬세라트 수도원이 비슷하지만, 성화를 이렇게 석굴을 파고 그려놓은 수도원은 처음 보았다. 나중에 카파도키아에서도 비슷한 석굴 교회를 보았다. 그 석굴에 불교 성화를 그려 놓아도 전혀 이상하지 않을 정도로 비슷했다.

터키는 지리적으로 유럽과 아시아의 중간에 자리 잡고 있다. 그래서 동서양의 문명이 자연스럽게 교차하는 곳이다. 종교의 교류도 마찬가지다. 트라브존에 있는 기독교 수도원에서 불교 석굴에서 볼 수 있는 조성기법을 응용한 것은 전혀 이상한 일이 아니다. 또한 여기는 과거에 아르메니아왕국이 지배했던 지역으로 기독교인들이 여기저기 깊은 산속이나 외진 곳에서 그들의 신앙을 지켜오던 곳이다.

이슬람 국가 한가운데에서 기독교 수도원과 그 성화들이 비교적 완전하게 보존된 것은 놀라운 기적이다. 나는 그 수도원을 찾아가면서 그 이유를 알 수 있었다. 우선 트라브존 시내에서 50여 킬로 정도 떨어져 있는 산속에 있고, 둘째는 그중 20여 킬로는 깊은 협곡을 지나야 하며, 셋째는 2-3백미터나 되는 절벽에 있는 자연 암굴에 수도원을 조성했다는 점이다. 그래서 외부인은 접근하기도 힘들었을 것이다.

13-14세기면 이 지역에 이슬람이 완전히 정착된 시기이다. 그 와중에 이렇게 깊은 곳까지 숨어 들어와서 그들의 신앙을 지키려고 이렇게 멋진 수도원을 지은 그 사람들에게 저절로 고개가 숙여진다. 그렇게 목숨 걸고 지키는 신앙이 생명력이 있는 것 아닐까? 로마의 탄압을 받던 초기 기독교인들처럼. 카파도키아에 지하 기독교 왕국을 건설했던 사람들처럼. 요즘은 어떤 종교가 되었든 그렇게 참된 신앙을 보기 어려운 세상이 되었다. 우리가 너무 편하게 살아서일까? 아니면 신앙이 필요 없는 세상이 되어서일까?

정말 감동을 받아서 나는 배고픈 것도 전혀 느끼지 못하고, 그 성화들을 정신없이 사진에 담았다. 바티칸의 성베드로대성당을 비롯한 그 어떤 교회에서도 이런 감동을 받아본 적이 없다. 다만 이태리 아씨지에 있는 성프란체스코 수도원에서 받은 감동과 비슷한 느낌이랄까? 이렇게 까마득한 절벽에 매달린 수도원과 그 성화들이 주는 감동은 그 어떤 설교보다도 더 설득력이 있었고, 가슴 깊이 와 닿았다. 더구나 수많은 무슬림들이 이 수도원과 성화를 보러 온다는 점에서 더 놀랐다. 내가 간 날에도 수백 명의 히잡을 두른 무슬림 여인들과 무슬림 남자들이 이곳에 올라왔었다.

메인 홀에 붙어 있는 부속실에 있는 성화는 철저하게 훼손되었다. 일정한 패턴으로 쇠정으로 성화를 쪼아 놓았다. 일부 낮은 곳에 있는 그림은 누군가에 의해 무참하게 훼손된 흔적이 생생하게 남아 있다. 오히려 후세를 위한 교육자료로 잘 활용할 수 있을 것 같다. 그 안에 살아남은 성모의 얼굴이 너무 애처로워 눈물이 나온다. 신기한 것은 정으로 저걸 쪼았던 사람도 한 가닥 양심은 있었던 것 같다. 교묘하게 오른쪽 하단에 있는 성모의 얼굴 일부는 훼손하지 않고 살려 놓았다. 누군지 모를 그에게 진심으로 감사를 드렸다. 투르판에 있는 베제클릭석굴 벽화를 누군가가 진흙을 뿌려서 망쳐 놓고, 쿠처에 있는 키질석굴 불화는 날카로운 칼로 훼손한 것과 비슷한 양상이다. 이슬람 국가 한 가운데에서 저나마 남아있는 것도 기적에 가까운 일이다. 저건 틀림없이 예수님이 구원했을 것이다.

쉐멜라수도원에서 나와 시내에 있는 아야 소피아사원에 갔다. 이스탄불에 있는 아야 소피아와 이름이 같다. 여기에서는 쉐멜라수도원과는 다른 점에서 감동을 받았다. 5세기에 세워진 성당에 그려진 성화를 손상시키지 않고, 이슬람사원으로 개조해서 사용하고 있었다. 자연적으로 훼손된 것 말고 인위적으로 훼손된 흔적은 거의 볼 수 없었다. 천장에 그려진 기독교 성화를 가리기 위해 낮은 천장을 다시 만들고, 옆에 있는 방은 큰 커튼으로 막아 놓았다. 그러나 커튼을 젖히면 내부가 다 들여다보인다. 성화의 기법과 분위기는 쉐멜라와 아주 비슷했다. 외부 석조 건물 기둥에 장식된 기독교 장식이나 문양도 그대로 놓아두고, 부분적으로 이슬람 양식의 문양을 집어넣었다.

▶ 아야 소피아사원(트라브존)

▶ 아야 소피아사원 프레스코화

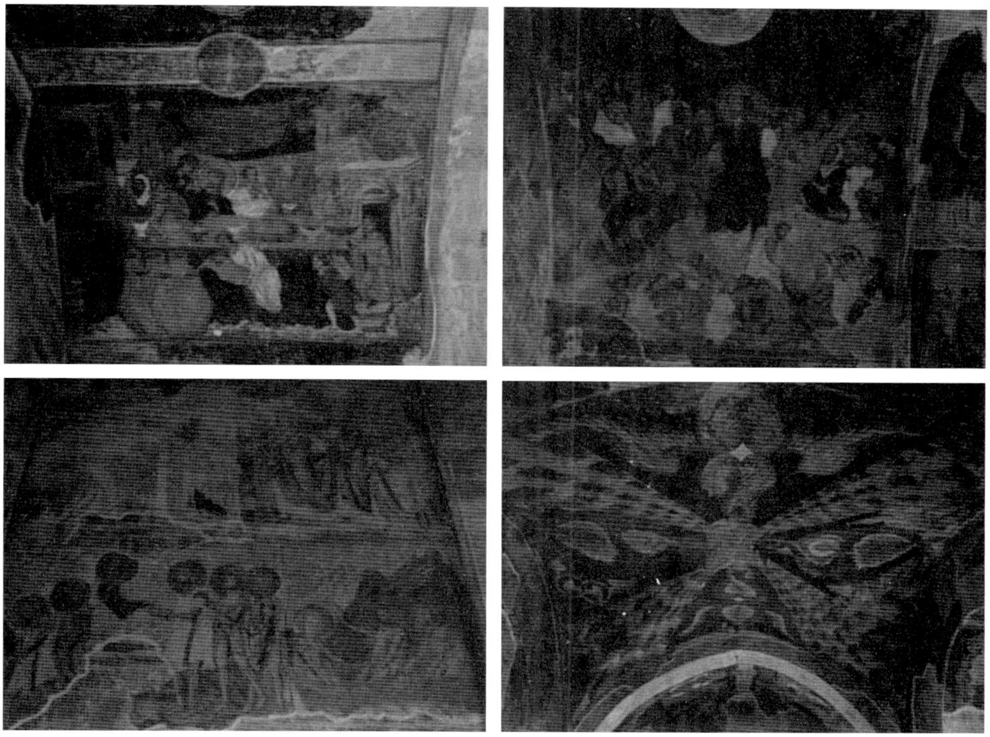

▶ 아야 소피아사원 프레스코화

▶터키 셰프와 함께(트라브존)

▶ 실크로드 여행 중 가장 맛있었던 케밥(트라브존)

놀라운 사실은 정면 출입문에 양쪽에 서있는 두 대리석 기둥에 기독교의 상징인 십자가 문양이 그대로 선명하게 남아 있다는 것이었다. 무슬림들이 기독교의 상징을 그대로 두고 예배를 본다는 사실은 이슬람의 개방성과 포용성을 보여주는 상징적인 증거이다. 우리가 알고 있는 이슬람교도들의 호전성과 배타성은 상당 부분 서구 기독교 사회에 의해서 왜곡되어 전달된 면이 많다. 이슬람 세계의 명장 살라딘이 보여주었듯이, 십자군전쟁 때도 무슬림들은 서구사회에서 말하는 것처럼 그렇게 잔인하지 않았다.

아무튼 내가 트라브존을 그냥 지나쳤으면 평생 후회할 뻔했다. 단지 두 유적을 보았을 뿐인데, 한 달 동안 받은 감동보다 더 진한 감동을 받았다. 이런 뜻밖의 경험이 여행의 참된 기쁨과 의미가 아닐까? (11월 2일, 토요일, 맑은 날씨다.)

고대 기독교 수도원 전시장, 쿠타이시

국제 버스는 밤 9시에 트라브존을 출발하여, 스탈린을 낳은 그루지아(조지아) 국경을 넘고, 항구도시 바투미를 거쳐 새벽 3시 경에 쿠타이시에 도착했다. 바투미를 경유할 때는 유전에서 나는 석유냄새가 코를 찔렀다. 약 350킬로미터를 달린 것이다. 그루지아에 들어온 것이다. 버스는 나를 내려주고 바로 수도인 티블리시를 향해 떠났다. 택시기사들이 정류장 주위에 서성거리며 손님을 기다리고 있었다. 내린 손님은 나 혼자 뿐이다. 큰 도로 옆 호텔이 100라리(90달러)라고 해서 포기했더니, 30라리짜리 다른 호텔로 데려다준단다. 한 밤중에 택시가 나 혼자만 태운 채 좁은 비포장도로로 달리니까 무서워진다. 바짝 긴장하고 비상시에 대비했다. 이번 여행 중에 가장 무서운 순간이었다.

가서 보니까 홈스테이다. 20라리(약 18달러)짜리. 젊은 택시기사가 고래고래 소리를 지르고, 온 동네 시끄럽게 크락숀을 울려서 주인이 나왔다. 동네 사람들 잠을 깰까봐 미안해서 혼났다. 구라미와 잉가 부부가 친절하게 설명해주었다. 대충 샤워를 하고 잠자리에 들었다.

아침에 일어나서 정원을 둘러보니 집에 귤나무와 밀감나무, 레몬나무, 감나무, 포도나무가 있다. 이런 나무가 있는 걸보면 여기가 따뜻한 지방인가 보다. 정원에서 직접 따온 귤과 밀감을 먹으라고 주었다. 껍질이 시퍼런데도 귤은 시지 않고 맛이 좋았다. 구라미가 2층으로 올라오라고 하더니, 말린 곶감을 주었다. 곶감을 말리는 방법도 우리와 똑같았다. 껍질을 벗겨서 줄에 매달아놓고 말리는 방식이다. 실크로드에서 감나무와 곶감의 이동경로를 확인해보아도 재미있을 것 같다. 왜냐하면 중앙아시아와 신장에도 감나무와 감이 많기 때문이다. 택시기사 말대로 숙박비로 30라리를 주었더니, 10라리를 도로 내준다. 아마 내가 새벽 4시가 다 되어서 들어왔기 때문에 그런가 보다.

아침을 먹고 옆집 대학생 아가씨 누쿠비즈의 통역 도움을 받아 수도원 여행에 나섰다. 집을 나오는데, 잉가가 가는 길에 먹으라고 큰 레몬 두 개를 쥐어준다. 우리네 인심과 크게 다르지 않다. 고마운 사람들이다. 택시로 네 군데 가는데 50라리. 낡았지만 벤츠다. 그런데 한 군데는 수도원이 아니라 종유석 동굴이었다. 운전사 알렉산더가 영어를 전혀 못하니까 내 말을 잘못 알아들은 모양이다. 시간을 아끼기 위해서 그걸 포기하고 겔라티수도원으로 직행했다.

▶ 겔라티수도원(쿠타이시, 그루지아)

▶ 겔라티수도원 들어가는 길에 있는 선물가게들

▶ 동방정교의 미사 모습. 서서 미사를 드리는 모습과 성화가 인상적이다.(겔라티수도원)

겔라티수도원은 유네스코 세계문화유산답게 수도원 벽과 천정에 그려진 성화가 아주 잘 보존되어 있었다. 마침 미사가 진행 중이어서 정교회의 미사를 볼 수 있었다. 지난 1월 루마니아 야쉬와 5월 스톡홀름에서 본 이래 세 번째 정교회다. 사제에게 성사를 볼 수 있냐고(밀떡을 먹을 수 있냐고) 물었더니, 로마 카톨릭은 안 된단다. 동서로마교회의 갈등의 골이 깊기는 깊구나 하는 생각이 들었다. 하기야 카톨릭인 크로아티아와 정교회인 세르비아가 뿌리가 같은 기독교인데도 종교 때문에 전쟁도 벌이니까.

멀리서 보는 전경이 멋진 모짜메타수도원은 물도리동 형태로 흐르는 깊은 강가의 산자락에 자리 잡고 있었다. 재미있는 사실은 기독교 수도원과 유서깊은 불교 절은 대개 풍광이 수려한 깊은 산속에 자리 잡고 있다는 것이다. 여기서 결혼식을 하는 커플을 다섯 쌍이나 보았다. 그중 두 쌍은 수도원 안에서 신부가 진행하는 식을 지켜보았다. 사진도 찍었다. 그중 한 신부는 정말 예뻤다. 코카서스 여인들이 예쁜 이유는 슬라브계와 터키계 그리고 이란계가 서로 피가 섞여있기 때문이다. 러시아와 우크라이나 여인들이 예쁘기로는 한가락하고, 터키도 마찬가지고, 이란은 세계 최고의 미인 국가의 하나로 인정받고 있다.

▶ 모짜메타수도원 전경

▶ 모짜메타수도원에서 열린 결혼식

▶ 모짜메타수도원 앞에서 필자를 위해 즉석 공연을 해준 그루지아 어린이들. 코카서스 사람들은 확실히 인물이 뛰어나다

▶ 베그라티수도원

수도원을 나와 정문 앞에서 택시운전사 알렉산더를 기다리다가, 학교 소풍을 온 어린이들을 만났다. 기타처럼 생긴 악기를 연주하면서, 춤추고 노래하면서 흥겹게 놀고 있었다. 그러더니 영어로 내게 인사를 하면서 다가왔다. 이방인인 내가 신기했던 모양이다. 순식간에 수십 명의 학생들이 나를 둘러싸자 나는 그 가운데에 갇힌 원숭이 꼴이 되었다. 아이들은 이방인을 위해 흥겨운 즉석 공연을 펼쳤다. 그러더니 이번에는 나더러 노래를 불러보라고 성화다. 지난번에 키르기즈스탄에서도 아가씨들이 버스 안에서 나더러 노래를 해보라고 그렇게 조르더니----. 이번에도 강남스타일로 아이들과 선생님과 학부모들을 순식간에 초토화시켜 버렸다. 그냥 방방 뛰면서 춤추는 흉내만 냈을 뿐인데도, 환호성이 나오고 난리가 났다. 싸이는 그만큼 위대했다. 그게 문화교류의 힘이다.

이처럼 실크로드는 아직도 생생하게 살아있었다. 옛날에 당나라 장안이나 낙양의 남정네들이 쿠처에서 온 아리따운 아가씨들의 노래를 듣거나 춤을 보려고 가산을 탕진한 사람들이 많았다는 말이 빈말이 아님을 싸이가 증명한다. 우즈백 우르겐치 사막에 있는 아야즈칼라(성) 유르트에서도 프랑스 단체 관광객들이 나더러 애국가를 불러보라고 하는 걸, 강남스타일로 간단하게 제압해버린 적이 있다.

중앙아시아에서도 어린이 어른 할 것 없이 모두 강남스타일을 알고 있었다. 지난 2월에 여행했던 동유럽도 마찬가지. 어떤 위대한 사람이 이렇게 빠른 시간 안에 전 세계를 정복할 수 있을까? 현대사회에서는 문화의 잠재적인 파급력과 경제력에 대해서 이해하고, 이를 잘 활용하는 집단이 세계를 정복할 수 있을 것이다. 물리적 힘을 이용한 미국식이나 러시아식 영향력 행사는 사람들의 지지를 받기 어렵다. 그래서 나는 제레드 다이아몬드의 〈총, 균, 쇠〉에 문화를 추가하고 싶다. 강대국의 조건으로.

베그라티수도원은 제법 깨끗하게 복원되어 있었다. 지붕이 남색인 것이 눈에 띈다. 현재도 교회로 사용되고 있었다. 그런데 왜 유네스코 문화유산으로 지정되어 있는지 이해가 잘 되지 않았다. 그만큼 건물 자체 말고는 볼거리가 없었다. 내부에 성화도 하나도 남아 있지 않았다.

건물 규모가 웅장하고 오래된 점에서 아마도 인정을 받은 것 같다. 건물 정면에 새겨진 부조는 오랜 세월에 많이 퇴색되었지만, 그래도 잘 볼 수 있을 만큼은 남아 있었다.

수도원을 나와 트빌리시로 가는 버스를 타기 위해 터미널로 갔다. 알렉산더와 헤어지고 맥도날드에서 늦은 점심을 먹었다. 이번 여행을 시작한 9월 2일 이후, 처음 먹어보는 낯익은 음식이다.

터미널에 늦게 가서인지 오토부스(미니버스) 맨 뒷자리에 앉으라고 한다. 트빌리시까지 10라리. 택시비는 비싸지만 오투부스는 싸서 좋다. 허벅지가 내 두 배만한 남자와 여자의 사이에 끼어서 정말 불편하다. 더구나 이 여자는 대여섯 살쯤 되어 보이는 남자아이 두 명을 데리고 있어서 나는 정말 불편했다. 이 정도야 참아야지. 중국 기차의 경좌를 생각하면서 잘 참아냈다. 그래도 미안하다거나 고맙다는 말은 한마디도 안한다. 중간에 작은 휴게소에서 쵸코바를 두 개 사서 아이들 주라고 건네주었다. 고맙다고 한마디 하고는 끝이다. 쌀쌀 맞기는----.

그루지아는 고속도로가 없는 나라다. 도로 사정으로 보면 경제 수준은 중앙아시아와 비슷하다. 지방의 도로변 주택이나 도시의 주택을 보아도 동구권들과 비슷하다. 과거 소련의 통치를 받았던 나라들은 이렇게 한결같이 도로와 주택도 좋지 않고 경제 사정도 나쁜지 모르겠다. 구소련의 책임이 크다. 그렇다고 민주주의가 발달한 것도 아니고. 무엇 하나 제대로 된 분야를 찾기가 힘들다.

운전사가 음악을 틀어주는데 가락이 애잔하고 한이 담겨 있다. 우리 음악처럼. 코카서스 지역의 세 나라(그루지아, 아르메니아, 아제르바이젠) 음악은 대개 슬프다. 아마도 수 천 년에 걸쳐 러시아, 터키, 이란 등 주변 강대국들의 침략과 통치를 오랫동안 받다보니 그렇게 되었을 것이다. 러시아와 터키와 이란 사이에 이 세 나라가 끼어 있다. 그러니까 러시아든 터키나 이란이든 남쪽이나 북쪽으로 진출하려면, 이 나라들을 먼저 정복해야만 하는 것이다. 사라센제국이 그랬고, 오스만제국이 그랬고, 러시아가 그랬다.

세계에서 가장 슬픈 소리를 낸다는 아르메니아의 관악기 두둑이 바로 이런 역사적 배경을 증명해준다. 영화 〈글래디에이터〉에서 주인공 막시무스 장군(러셀 크로우 분)이 마르쿠스 아우렐리우스 황제의 아들인 코모누스(호아킨 피닉스 분)에게 처와 아이들이 무참하게 살해당한 장면을 고향에 와서 보고 망연자실할 때, 배경으로 흐르던 음악을 기억하시는지. 사람의 저 깊은 가슴속에서부터 우러나오는 그런 서러움과 분노와 한과 슬픔과 고통이 어우러져서 나오는 인내의 소리가 바로 두둑이 내는 소리다. 아르메니아 사람들이 수 천 년 동안 그런 압박과 통치를 받으면서, 그걸 이겨내려고 만든 내면의 소리가 바로 두둑이 내는 소리인 것이다.

불과 100여 년 전에도 아르메니아는 큰 시련을 몇 번이나 당했다. 19세기에 일어난 독립전쟁에서는 수 백만명이 학살당했고, 1차 세계대전 직후에도 터키에 의해 백만명 이상이 학살당했다. 이런 사람들의 음악이 어떨지는 짐작이 갈 것이다. 우리도 비슷한 고통을 많이 당해보았으니까.

오후 3시 반에 출발한 버스는 저녁 7시 반에 그루지아 수도인 트빌리시에 도착했다. 약 230킬로미터 거리다. 방 한 칸짜리 호텔에 투숙했다. 40라리. 객실이 지하에 있는 방 하나뿐인데도, 버젓이 'LUX HOSTEL'이라는 간판을 달아 놓았다. 밤에는 그 방과 붙어 있는 건물이 모두 호텔인줄 알았다. 아침에 보니까 골목 위쪽에 있는 2층 방들은 모두 가정집들이었다. 대단한 배짱이다. 하기야 사업을 하려면 저 정도의 배짱은 있어야지. 문을 열면 바로 도로다. 이런 호텔은 처음이다. 겉모습은 귀신이 나올 것처럼 생겼지만 내부는 리모델링을 해서 그런지 깔끔하다. 와이파이도 잘되고. 한 나라의 수도 한 가운데서 40라리(35달러 정도)에 이 정도면 잘만한 곳이다.

호텔 부근에 있는 식당에서 생맥주와 함께 저녁을 먹었다. 잘하는 집인지 손님들로 자리가 꽉 찼다. 나 혼자라고 구석에 있는 자리로 밀렸다. 혼자 다니면 이런 대접을 받을 때 서럽다. 호텔로 돌아가는 길에 와인바 앞에서 한 여인이 색소폰 연주에 맞추어서 재즈를 추고 있다. 사진을 한 장 찍고 안으로 들어가서 그루지아 와인을 한 병 샀다. 가지고 다니면서 마시려고.

▶ 화덕에 빵을 굽기 위해 반죽을 하는 여인(쿠타이시에서 트빌리시로 가는 도중 휴게소)

▶ 와인바 앞에서 춤을 추고 있는 여인(트빌리시)

▶ 트빌리시 야경. 조명을 받아 하얗게 보이는 위쪽 부분이 나리칼라 요새이다.

마누라가 옆에 없으니까 이런 건 내 마음대로 해서 좋다. 마누라가 함께 있으면 어림 반푼 어치도 없는 일이다. 그루지아 와인은 코카서스산맥과 바닷바람이 어우러지고 기후가 안성맞춤이어서 그런지, 꽤나 유명하다. 특히 항아리에 담아서 숙성을 시키는 시그나기 와인이 유명하다. 내일 그 와인을 마시러 그곳에 간다. (11월 3일, 일요일, 맑은 날씨다.)

항아리 와인으로 유명한 시그나기

아침 10시에 7인승 미니밴을 타고 시그나기로 출발했다. 12시경에 도착했다. 서쪽으로 약 120킬로미터 거리다. 도로는 2차선이었지만 상태는 그런대로 양호한 편이었다. 내가 시그나기에 가는 것은 항아리 와인을 맛보기 위해서다.

게스트하우스에 짐을 풀고 '농부의 눈물(peasant's tear)'이라는 와이너리에 갔다. 와이너리라기 보다는 와인을 시음하고 음식을 먹는 레스토랑이다. 게스트하우스 앞에 있는 관광정보센터에서 소개해준 곳이다. 와이너리와 레스토랑을 함께 운영하고 있었다. 간단한 와인 저장고도 있었다. 셰프인 기아(Gia)가 그루지아 와인에 대해서 여러 가지를 설명해 주었다. 땅에 묻어서 숙성시키는 와인도 보여 주었다. 옛날에 시골에서 겨울 김장독을 땅에 묻어 놓은 모습과 비슷했다.

나는 간판을 보는 순간 '와인이란 바로 저거다'라는 생각이 딱 들었다. '농부의 눈물'. 이보다 더 정확한 표현이 어디 있겠는가. 다른 모든 농작물처럼 눈물을 흘릴만큼 힘든 농부들의 노동의 결과가 바로 와인이 아니겠는가. 수많은 내노라하는 사람들이 와인에 대해서 왈가왈부하지만 이렇게 간단하면서 명확한 표현은 처음 보았다. '바로 저거다'라는 생각이 딱 들었다.

그러나 내 생각은 여지없이 깨지고 말았다. 가이의 설명에 의하면, 농부들이 힘들어서 눈물을 흘린 게 아니라, 수확의 결과물인 와인의 맛이 정말 좋아서 눈물이 나올 정도라는 것이다. 그러니까 '고통의 눈물'이 아니라, '기쁨의 눈물'인 것이다. 그럴 수도 있겠다. 내가 세상을 너무 부정적으로만 보는 것이 아닌가하는 생각이 들었다.

하지만 나는 어릴 때, 논에 가서 일하는 것을 죽기보다 싫어했기 때문에 농부들의 고통을 잘 안다. 특히 한여름 땡볕에 논에 들어가서 김을 매는 일은 죽기보다 싫었다. 그래도 피를 뽑거나 농약을 치는 일은 좀 나았다. 차라리 아버지에게 맞아도, 형들에게 욕을 먹어도, 나는 논에 가서 일하는 것을 지독히 싫어했다. 일하는 걸 나만 싫어한 건 아니다. 형들도 논에서 일하면서 자주 싸웠던 걸 보면, 그들도 일하는 걸 싫어했음에 틀림없다. 그래서 농부들이 한 가마의 쌀과 보리를 생산하기 위해서 일 년 내내 얼마나 큰 노고와 고통을 참아내는지 잘 안다. 과수원 농사를 하는 농부들도 마찬가지일 것이다.

그래서 나는 그 간판을 보는 순간 '고통의 눈물'이라고 생각한 것이다. '기쁨의 눈물'은 장사꾼들이 만들어낸 말이 아닐까? 와인의 우수성을 과장하려고. 어쨌거나 참 좋은 와이너리 이름이라는 결론을 내렸다. 어떻게 해석해도 좋은 거니까. 농부들이 눈물을 흘릴 만큼 고생해서 만들어낸 상품이라고 해도 좋고, 맛이 눈물을 흘릴 만큼 좋은 와인이라고 해도 좋고. 참 기발한 브랜드다. 마케팅 전략으로 치면 110점 짜리다.

와인 네 가지와 그루지아 꼬냑 격인 짜자 한 잔을 시음했다. 맛이 뛰어나다기 보다는 지금까지 내가 마셔왔던 와인과는 좀 색다른 그런 맛을 갖고 있었다. 나무통이 아니라 항아리를 땅에 묻어 포도주를 숙성시켜서 그런지 좀 텁텁하면서 두터운 맛이 났다. 깔끔하고 상큼한 와인을 좋아하는 나에게는 아주 색다른 와인을 경험하는 기회여서 의미가 있었다. 국제적으로 상업화 되어 있지 않은 자기만의 독특한 특성을 갖고 있는 그런 와인이었다.

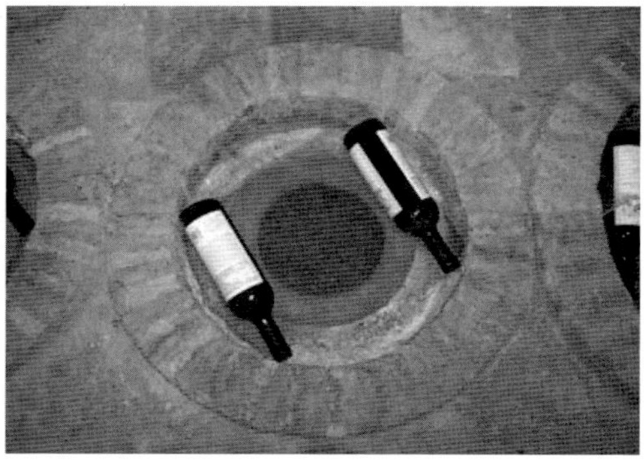

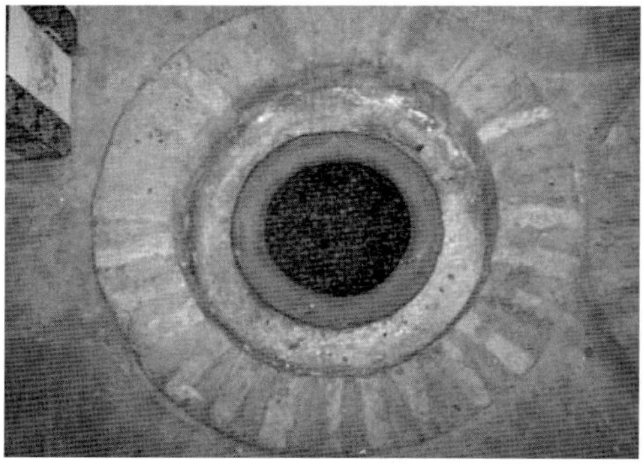

▶ 땅속에 묻은 항아리에 와인을 숙성시키는 와이너리

▶ 와인을 숙성시키는 항아리

▶ 와이너리 시음장

▶ 필자가 시음한 와인과 안주

▶ 필자가 와이너리에서 시음한 와인과 안주

▶ 와이너리에 시음 온 손님들

▶ 시그나기 마을. 멀리 코카서스 산맥이 희미하게 보인다. 그 너머가 러시아다.

▶ 시그나기 담벼락에 새긴 아름다운 부조

▶ 작지만 깔끔하고 단정한 과일/채소 가게(시그나기)

▶ 시그나기 작은 성과 수도원

▶ 시그나기 어린이들. 보통 미인들이 아니다.

▶ 중앙아시아의 메인 음료인 홍차와 각설탕

▶ 트빌리시 버스터미널 식당에서 먹은 양갈비

음식은 이 레스토랑에서 만든 모짜렐라 치즈에 물소젖으로 만든 치즈, 여기서 재배한 유기농 토마토와 닭고기 요리가 나왔다. 나는 와인에 닭고기는 좋아하지 않지만, 셰프가 추천하니까 그대로 따랐다. 음식은 맛이 좋았다. 치즈를 닭고기에 발라 먹으니까 가슴살이 덜 퍽퍽했다. 양이 너무 많아서 가슴살 한 조각은 남겨야 했다. 시음비 15라리 포함해서 30라리(약 27달러). 내가 식사를 마칠 때쯤 10여명 정도 되는 다른 손님들도 소믈리에로부터 와인에 대한 설명을 듣고 있었다.

와인 농사 때문인지 마을이 다른 마을과는 확연히 구분이 된다. 지금까지 본 도시나 마을들은 모두 동유럽 수준이었는데, 여기는 서유럽 같다. 마을을 둘러보았다. 북쪽으로는 저 멀리 희미하게 코카서스산맥이 눈을 머리에 이고 병풍처럼 서있다. 그 사이로 드넓은 구릉과 평야가 낮게 자리 잡고 있다. 저기에 이 와인을 만드는 포도나무가 자라고 있는 것이다. 노랗게 가을색으로 몸 색깔을 바꾸어가는 포도밭이 운치가 있다.

학교 끝나고 돌아오는 어린이들 사진을 찍었다. 이 나라는 아이들도 참 예쁘다. 아내 친구인 스텔라씨에게 선물로 주려고 길가에서 예쁜 노란 아기 양말을 하나 샀다. 아기도 없는 내가 아기 양말이 사고 싶은 건 늙어 간다는 증거다. 여기서 인상이 참 좋은 폴란드 청년을 만났다.

이 마을 꼭대기에 있는 성에 올라가면 주변 경치가 다 내려다보인다. 아주 작은 교회 하나가 성에 붙어 있다. 교회 안에 초를 하나 사서 켰다. 성과 교회를 지키는 할아버지 한 명이 너무 돈을 밝혀서 기분이 씁쓸해진다. 그런 사람을 만나면 돈을 주고 싶은 마음도 없어진다.

마을 한 구석에서 정말 예쁜 과일가게를 보았다. 이런 시골에 이렇게 예쁜 가게가 있다니. 주인아줌마의 마음이 그렇게 예뻐서 이렇게 아름다운 가게를 꾸몄을 것이다. 투명할 정도로 잘 익은 청포도 한 송이와 단감 두 개, 그리고 물 한 병을 사가지고 나왔다. 베란다에 앉아 산 중턱에 자리 잡은 앞마을을 바라보면서 어젯밤 트빌리시에서 사온 와인을 마셨다. 점심을 너무 거하게 먹은 탓에 저녁은 먹지 않았다. (11월 4일, 월요일, 참 기분 좋게 맑은 날씨다.)

아르메니아로 가는 길

아침을 먹고 시그나기에서 트빌리시로 이동했다. 시그나기부터 트빌리시 구간은 낮은 구릉이 펼쳐져 있고, 가로수와 포도나무 밭이 단풍이 들어 완연한 가을색을 보여주고 있다. 참 아름다운 시골 풍경이다.

트빌리시에서 1박 하려고 했으나, 버스터미널에 도착하자마자 바로 아르메니아 수도인 예레반으로 가는 미니버스가 있어 예정을 변경했다. 정오 12시에 출발하여 오후 6시에 도착했다. 약 290킬로미터. 여기도 고속도로가 없고, 2차선이 간선 도로라 거리에 비해 시간이 많이 걸린다.

버스가 출발하기 전에 점심으로 정말 맛있는 램촙(양갈비)을 먹었다. 버스정류장에 있는 작은 식당에 전혀 기대도 않고 들어갔는데, 싱싱한 양고기 갈비가 있었다. 4대에 6달러. 바로 구워서 먹으니 아주 연하고 부드럽고 맛이 좋았다. 지난 10월 카쉬가르에 있는 위구르 식당에서 먹었던 양갈비와는 비교가 안 될 정도로 맛이 좋았다. 여행을 하다보면 가끔 이런 횡재도 한다.

그루지아에서 아르메니아로 넘어가는 국경에서 20달러를 강탈당했다. 국경비자를 받으려고 갔더니 달러는 안 된단다. 아르메니아 돈으로 3,000드럼을 내라고 요구했다. 바로 앞에 있는 화폐 교환 기계 앞으로 가서 20달러짜리 지폐를 집어넣었다. 그런데 이놈의 기계가 달러만 집어먹고 감감 무소식이다. 출입국 직원들 모두 나몰라라 하면서 아무도 도와주지 않는다. 그런 태도를 보면 아마도 상습적인 것 같다.

▶ 그루지아에서 아르메니아로 가는 도중 만난 작은 마을에서 손님들이 과일을 사고 있다.

버스에서 나를 기다리는 사람들이 있어서 그냥 포기하고, 버스 운전사가 환전해 준 돈으로 3,000드럼을 내고 버스로 돌아왔다. 원래는 버스가 트빌리시에서 출발하기 전에 내가 쓰고 남은 그루지아 돈 30라리를 환전하려고 했다. 그런데 운전사가 여기서 하지 말고 자기가 해주겠다고 해서 기다렸더니, 돈을 국경을 넘어서야 준 것이다. 아마도 거기가 환율이 트빌리시 보다 더 좋은 가보다. 결국 아주 비싼 비자 수수료를 낸 셈이 되었다. 이런 경우를 수업료라고 하나?

아르메니아 국경부터 바나드조르(Vanadzor)까지는 산등성이와 협곡길이다. 저 아래 데베드(Debed) 강이 흐르고 있다. 매우 높은 산들이 거의 50킬로 가량 뻗어있어 오르막과 내리막의 연속이다. 길이 험한 중앙아시아를 거쳐 와서 그런지, 이제 이런 협곡 길을 보아도 전혀 두려움이 없다. 강물이 흘러가는 골짜기 언저리에는 구소련 시대에 가동했을 공장들이 귀신이 나올 거 같은 황폐한 모습으로 유령처럼 서있다. 그 때는 저 공장들에서 나오는 폐수로 강물 오염도 심각했을 것 같다.

도로 주변의 마을들이나 도시들도 한 결 같이 초라하고 궁핍해 보인다. 지금까지 본 나라 중에서 가장 가난한 것처럼 보였다. 새로 지은 집을 거의 본 적이 없다. 고속도로가 없는 것만 보아도 이 나라의 경제 상태를 알 수 있다. 수도 예레반도 크게 다르지 않았다.

로리(Lori) 지방을 거쳐 스피타크 고개(Spitak Pass 해발 2,378미터)를 넘으면 대평원이 펼쳐진다. 게가로트(Gegharot) 마을이다. 쿠착(Kuchak)부터 아라가츠산(Mt. Aragats 해발 4,090미터)이 보였다. 저렇게 멋진 산을 정면으로 보면서 수 십 킬로를 계속 달리는 것도 흔한 경험은 아니다. 4천 미터도 넘는 눈 덮인 산의 모습이 정삼각형으로 정말 잘 생겨서 저절로 경외감이 일어날 정도다. 나는 여행 중에는 그 산이 노아의 방주 전설이 깃들어 있는 아라라트산인 줄 알았다. 버스정류장 길 건너편에 있는 호스텔에 숙소를 정했다. 가격(20달러)에 비해 시설이 좋았다. (11월 5일, 화요일, 날씨가 맑다.)

깔끔하고 정숙한 도시, 예레반

아침에 한껏 기대를 하고 이란대사관에 갔으나 초청장을 요구했다. 없다고 하니까 여행사 이름을 적어주면서 그리로 가보라고 한다. 다시 택시를 타고 여행사로 갔다. 역시 초청장이 필요하고, 12에서 20일을 기다려야 한단다. 비행기를 타고 가서 도착비자를 받으려고 테헤란행 티켓을 사려고 했더니, 왕복 티켓을 사야하고, 그것도 다음 주 월요일에나 좌석이 있단다. 화가 머리 꼭대기까지 나서 괜한 분풀이를 직원에게 해댔다.

여행사를 나와 택시를 4,000AMD에 대절하여 가르니사원과 게하르드수도원에 갔다. 가르니 사원은 예레반에서 동쪽으로 약 20여 킬로 쯤 떨어져 있고, 게하르드수도원은 가르니에서 동북쪽으로 10킬쯤 더 가야 한다. 주위 경치가 그루지아에서 넘어오면서 보던 풍경과는 전혀 다르다. 정말 가을색이 절정이다. 수도원과 사원보다도 주변 경치에 홀딱 반했다.

▶ 가르니신전

▶ 가르니신전에서 바라본 주위 절경

가르니신전은 삼면이 절벽과 계곡으로 둘러싸여 있고, 까마득한 절벽 아래로는 아자트(Azat) 강이 흐르고 있다. 이렇게 천혜의 요새에 자리 잡아 과거에는 외부의 적들이 침공하기 어려웠을 거 같다. 그리스 태양신인 미트라에게 봉헌된 이 신전은 서기 1세기에 아르메니아 왕이었던 트르다트 1세(Trdat 1)가 지었다. 아르메니아가 기독교 국가가 된 다음에는 왕들의 여름 별장으로 이용되었다. 복원된 신전 외의 다른 유적들은 지금도 폐허로 여기저기 그대로 방치되어 있었다.

가르니신전 정문을 들어서자 어떤 악기의 연주 소리가 온 정원에 은은하게 흐르고 있다. 늦은 가을에 산중의 신전 정원에 두둑 음악이라. 그렇게 잘 어울릴 수가 없었다. 나는 직감적으로 그 악기가 두둑임을 알아채고, 안내원에게 어떤 악기냐고 물어보았다. 두둑 연주라고 하면서 선물가게에서 시디를 판매한다고까지 친절하게 알려주었다. 뜻이 있으면 통한다더니 여기서 두둑 음악을 들을 줄이야.

신전 관람을 마치고 나오면서 드디어 두둑과 연주 시디를 하나씩 샀다. 올 5월에 스톡홀름 악기박물관에서 두둑을 보러 갔다가 시간에 늦어 보지 못했는데, 여기 선물가게에서 두둑을 팔고 있었던 것이다. 신전 정원에 흐르고 있던 두둑 연주 시디도 팔고 있었다. 나는 오래전부터 아르메니아 사람들의 영혼을 담고 있다는 두둑의 소리에 매료되어 있었다. 영화 글레디에이터의 배경음악으로 나오는 무거우면서도 슬프고 서러운 그 소리 말이다.

판매하는 아가씨가 부는 방법을 알려주어 몇 번 시도해보았는데, 여간 어렵지 않다. 전체 모양은 우리 피리와 비슷하데, 입이 오리 주둥이처럼 납작하게 생겼다. 이렇게 간단한 악기에서 어쩌면 그리 슬픈 소리가 날까? 아무튼 연습해서 나중에 불어보리라 결심을 하고 신전을 나섰다.

깊은 산 속 높은 바위산에 둘러싸인 게하르드수도원의 분위기는 절벽 앞에 자리 잡은 불교 사찰과 조금도 다를 바가 없었다. 게르니신전에서 이 수도원에 이르는 길의 풍경이 절경이다. 11월 초의 가을색이 완연하다. 유네스코 세계문화유산에 등재된 이 수도원은 예수를 죽일 때 옆구리를 찔렀던 창을 처음 보관했다고 해서 유명하다. 그 창은 지금은 에치나진에 있는 성물박물관에 보관되어 있다.

바위를 통째로 깎아 만든 수도원이 인상적이었다. 나는 바위굴을 깎아 교회를 만든 초기 기독교인들의 신앙심과 절벽에 석굴을 깎아 절을 만든 불교도들의 신앙심은 크게 다르지 않다고 본다. 그 흔적들이 중국에서부터 터키까지 실크로드를 따라 곳곳에 남아 있다.

▶ 게르하르드수도원 외경

▶ 수도원 입구에서 악기를 연주하고 있는 악사들

▶ 바위를 통째로 깎아 만든 수도원 내부 모습. 오른쪽 사진 통풍구에 이슬람 문양이 보인다.

▶ 초기 기독교 예배 장소. 공간구성이 불교 석굴과 매우 비슷하다 (게르하르드수도원)

▶ 수도원 앞에서 전통 먹거리를 팔고 있는 할머니

▶ 화덕에 난과 빵을 굽는 모습(예레반)

저녁에 호스텔 앞에 있는 식당에 와인을 가지고 가서 케밥과 함께 먹었다. 그냥 접시에 담아서 달라고 했어야 했는데, 난에 돌돌 말아 주어서 와인과 안주가 전혀 맞지 않았다. 여기 난은 지금까지 먹었던 난보다 훨씬 더 얇으면서도 쫄깃쫄깃해서 식감이 좋다. 내가 먹어본 난 중에서 가장 맛이 좋았다. 식당 옆 가게에서는 여러 여인들이 일을 분담해서 난을 막 구워내고 있었다. 밀가루를 반죽하는 사람, 반죽 덩어리를 넓적하게 펴는 사람, 그걸 화덕 안에 붙이는 사람, 화덕에서 떼어낸 난을 정리하는 사람 등.

난은 정말 우리 밥처럼, 서구인들의 빵처럼 중앙아시아에 사는 사람들에게는 가장 소중한 음식이다. 난만 있으면 대부분의 식사는 쉽게 해결할 수 있다. 거기에 고기나 채소를 넣어 여러 가지 음식을 만들어 먹을 수 있기 때문이다.

길 건너편에 있는 버스터미널에 가서 터키 트라브존으로 돌아가는 버스표를 60달러를 주고 예매했다. 인터넷에 여러 친구들이 올린 글에 보면, 거기서는 이란 초청장을 요구하지도 않고 당일에 비자를 준다고 하니까 마지막으로 거기에 매달려보는 수밖에 없다. 거기서 안 되면 이번에는 이란은 포기하는 거고. 이란과는 인연이 아닌 것 같다. 차라리 잘 되었다. 지난주에 트라브존에서 트빌리시로 갈 때, 밤 버스를 타고 가서 경치를 잘 못 보았는데, 이번에는 아침 9시 버스니까 풍경을 제대로 볼 수 있을 것이다.

다음날 아침 호르비랍수도원(Khor Virap Monastery)에 갔다. 예레반에서 남쪽으로 30킬로쯤 떨어져 있다. 일행을 찾을 수가 없어 어제와 마찬가지로 혼자서 50달러에 택시를 대절했다. 아르메니아는 외국인 관광객이 많지 않아 혼자서 관광지를 다니기가 참 힘들다. 대중교통도 불편하여 교통비도 많이 들고.

▶ 호르비랍수도원에서 바라본 아라라트산. 멀리 희미하게 설산이 보인다.

▶ 아르메니아 기독교 십자가상(호르비랍수도원)

▶ 호르비랍수도원 전경

▶ 호르비랍수도원과 아라라트산(왼쪽 희미한 설산)

호르비랍은 아라라트산을 배경을 작은 산 끝자락에 걸쳐 있었다. 신비로운 모습이다. 이 수도원은 트르다트 3세가 로마 침공을 앞두고, 기독교의 확산을 막기 위해 그레고리 성인을 12년 동안 감금한 곳으로 유명하다. 성인은 나중에 초대 아르메니아 정교회의 수장이 되었으며, 왕은 저주를 받아 미치게 되었다는 전설이 전해진다.

호르비랍에서는 그레고리 성인이 감금되었다는 지하 감옥이 인상적이었다. 바위를 깎아 만든 지하 7미터 깊이의 감옥은 철제사다리를 타고 내려간다. 거기에는 바위에 새겨 놓은 십자가가 지금도 선명하게 남아 있다. 감옥은 수 백 년 동안 촛불에 까맣게 그을려 으시시하면서도 신비한 분위기를 연출하고 있었다. 그레고리 성인이 이 감옥에 갇혀 있을 때는 어떤 여인이 몰래 음식을 갖다 주었다고 한다. 수도원 벽에는 지금도 기독교 문양들이 생생하게 남아있다.

수도원에서 바라보는 눈 덮인 아라라트산(Mt. Ararrat 해발 5,165미터)의 전경이 일품이다. 바로 눈앞에 아락(Araks) 강을 사이에 두고 저 멀리 하얀 눈에 덮인 채 신비스러운 자태로 서있다. 구약의 저저가 노아의 방주 배경지로 여기를 선택한 이유가 금방 이해가 되었다. 저렇게 신령스러운 산이라야 설화는 설득력을 갖게 되는 것이다. 나무나 바위도 마찬가지다. 평범하면 사람들의 관심을 끌지 못한다. 아르메니아 사람들이 저 산을 그렇게 경배하는 심정도 충분히 이해가 되었다.

애석하게도 저 산은 지금 터키령이 되었지만, 아르메니아 사람들은 저 아라라트산을 영혼의 고향으로, 마음의 안식처로 여기고 있다. 아르메니아는 지금도 이렇게 주변의 강대국들에게 시달리고 있는 것이다. 바로 왼쪽에는 리틀 아라라트산(해발 3,925미터)이 나란히 서있다. 그런데 운전사 수릭은 마시스산(Mt. Masis)이라고 한다. 아르메니아 관광가이드 지도에도 그렇게 나와 있다. 리틀 아라라트산은 시스산(Mt. Sis)이라고 한다.

아르메니아 시내로 돌아와 역사박물관(Armenia History Museum)에 갔다. 시내 한 가운데 광장에 자리 잡고 있었고, 건물도 8층으로 근사했다. 3층부터 7층까지는 국립미술관으로 사용되고, 3층 일부와 1, 2층은 박물관으로 사용하고 있었다. 직원들이 너무 불친절하고, 감시가 심하다. 러시아인들처럼 표정이 굳어 있고, 인사하는 법이 없다. 실제로 직원들(대부분 여자)의 얼굴을 보니까 러시아인들이 많은 것 같았다.

아침을 안 먹고 호르비랍에 갔기 때문에, 관람 중에 배가 너무 고파서 점심을 먹고 다시 들어갔다. 마침 박물관 옆 길 건너에 '와사비'라는 일식당이 있었다. 똥냠꿍과 피자스시를 시켰는데 별로였다. 메뉴판에 있는 그림과 완전히 달랐다. 그냥 라면이나 시킬걸. 김치도 있었는데. 그래도 오랜만에 친근한 음식을 먹으니 힘이 난다.

▶ 예레반 역사박물관 앞 전경

▶ 어린이 모습의 예수상(15-16세기, 13-14세기, 예레반 역사박물관)

▶ 돌에 새긴 예수상(10-13세기, 예레반 역사박물관)

▶ 돌에 새긴 성모상(3-5세기, 예레반역사박물관). 바위에 새긴 불상 부조와 조각 기법이 매우 비슷하다.

▶ 돌에 새긴 십자가(16세기, 예레반 역사박물관)

바위에 새긴 불상 조각과 비슷한 예수상이나 성모상을 많이 보아서 소득이 있었다. 5-6세기에 하리치수도원(Harich Monastery)에 세워진 돌로 만든 사각탑(four sided stele)에는 불탑과 양식이 동일했고, 4면에는 예수나 성모상이 조각되어 있었다. 절 마당에 서있는 높이 1미터 정도 되는 불탑과 그 외양이 비슷하다. 4세기에 세워진 카라바수도원(Kharaba Monastery)에서 발견된 사각탑 한 면에는 중국의 12지상 동물 중 하나가 조각되어 있어서 깜짝 놀랐다. 12지상은 중국이나 한국 또는 일본에서 발견되는 동물들이다. 수도원에 사각탑을 만들면서 불교 사찰에서 이용하는 조성 기법을 응용했다는 증거다. 에르메니아는 실크로드 교역로 중간에 있는 나라였으니까 충분히 가능한 일이다. 호르비랍 수도원이 있는 아르타샤트(Artashat)도 과거에는 이란에서 터키와 흑해를 이어주는 실크로드 중개무역으로 중요한 구실을 한 도시다.

박물관에서 기원전 6-7세기의 푸른색 유리잔 3개를 본 것은 큰 수확이다. 기원전 7세기경의 와인 항아리도 있었다. 그루지아 시그나기 지방에서 와인을 숙성시킬 때 사용하는 토기 항아리와 똑같다. 고대 아르메니아 왕국은 기원전 1세기경에 지금의 그루지아, 터키 동남부, 이란 북서부, 레바논과 시리아까지 지배한 강력한 왕국이었다. 그래서 규모에 비해서 색다른 유물들이 많았다. 소품들이라도 하나같이 가치가 있는 소중한 것들이 많다. 내가 지금까지 세계의 박물관에서 보지 못한 유물들이 많았다. 루브르박물관이나 대영박물관, 또는 메트로폴리탄박물관에서도 보지 못한 색다른 유물들이 많다. 상당히 수준이 높은 유물들이 많다. 관리도 잘 되고 있었다.

그러나 상당수의 유물에는 영어 설명문이 없어서 '눈 뜬 달걀 봉사' 꼴이었다. 외국인을 위한 배려가 부족하다. 전시실에 배치된 직원 수는 루브르나 대영박물관 보다 적지 않으면서 그런 노력을 않는다는 것은 구소련식 관리시스템이다. 외국인 관람객에 대한 배려를 아예 무시하는 어이없는 처사다. 과거 소련의 통치를 받았던 나라들에서 일반적으로 보이는 현상이라고 생각하면 그리 놀랄 일도 아니다. 전시 유물이 훌륭한데 비해 박물관 도록도 변변한 것이 없었다.

비단으로 지은 아기 저고리도 거의 완전한 형태로 전시되어 있었다. 비단이 실크로드에서 광범위하게 일상생활에서 사용되었다는 증거다. 지금 내가 묵고 있는 호텔 뒤뜰에도 큰 뽕나무 한 그루가 싱싱하게 자라고 있다. 중국 드라마 삼국지를 보면, 제갈공명이 죽으면서 성도에 있는 자기 집에는 뽕나무가 800그루가 있다는 말이 나오는데, 3세기 전부터 중국에는 이미 비단이 생산되고 있었음을 알 수 있다. 우즈백 시골 마을들에도 가로수로 뽕나무를 심은 곳이 많다. 한결같이 오래된 고목들인 것으로 보아, 과거에는 양잠업이 크게 발달했던 것으로 보인다. 우리 갓과 매우 비슷한 모자를 쓴 성직자 사진도 있었다.

미술관에 전시된 그림도 꽤나 수준이 높았다. 가장 관심을 끈 그림은 '카라반사리'였다. 1921년에 Sedrak Arakelian(1884-1942)이 그린 작품이다. 이 그림을 보면 19세기 초까지 카라반사리가 이용되고 있었다는 것을 알 수 있다. 그리고 카라반사리가 카라반들만 이용한 것이 아니라, 현지 주민들의 시장 그러니까 장터 구실도 했다는 점이다. 이건 아주 중요한 발견이다. 나도 이 그림을 보고서야 그 사실을 알 수 있었다. 사진이 없던 과거 시절의 사실을 그림을 통해서 알아낸다는 것은 흔한 일이다. 그림을 자세히 살펴보면, 시장에서 상인들과 주민들이 스스럼없이 어울려 물건을 사고파는 모습을 볼 수 있다.

또 다른 그림은 Vardges Surenyants(1860-1921)의 그림들이었다. 전체적으로 크림트 그림들의 분위기를 짙게 풍겼다. 누가 먼저인지는 모르겠으나 그림들이 서로 상당히 닮아 있다. 수레얀츠의 그림들이 희미하게 그려져 있어 좀 더 몽환적이다. 진한 여운이 남는 문화탐방이었다. (11월 6-7일, 수-목요일, 맑은 날씨다.)

아르메니아 정교회 총본부, 예치미아진

아르메니아 정교회 총본부가 있는 예치나진에 갔다. 본부는 대학교 캠퍼스 분위기와 비슷했다. 수도원 정원은 가을이 한창이어서 단풍이 완연하다. 본당이 유네스코 문화유산답게 볼만했다. 외관은 보수 중이어서 어지럽게 주사를 꽂고 있는 중증환자처럼 온통 어수선했다.

특이한 것은 교회 내부 벽화 분위기가 불교 사찰의 탱화 분위기를 풍긴다는 점이다. 들보와 천장에 다른 교회나 수도원처럼 성화가 그려져 있는 것이 아니라, 장식 무늬가 그려져 있었다. 그런데 그 분위기가 꼭 불교 탱화를 보는 듯한 느낌이다. 아르메니아가 실크로드의 교역로가 틀림없구나 하는 생각이 번쩍 들었다. 누가 보아도 이 문양들은 불교 탱화의 영향을 받은 것이다. 터키 트라브존에 있는 쉐멜라수도원의 벽화들이 돈황석굴의 벽화를 연상시키는 것처럼. 이건 나에게는 상당히 중요한 발견이다. 지금 실크로드의 길목에 있는 도시들에서 계속 양쪽 종교의 교류를 확인하고 있는 것이다. 내가 아르메니아에 꼭 와보아야 했던 이유가 증명된 셈이어서 기뻤다.

▶ 아르메니아 정교회 총본부 이모저모 (예치미아진)

▶ 아르메니아 정교회 중앙성당

▶ 작업 인부들(예치미아진 정교회 총본부)

▶ 박물관 유물들(금십자가, 예수 옆구리를 찌른 창)

▶ 서프 가이안 쳐치

▶ 서프 가이안 신부와 직원

▶ 동양인 얼굴을 한 성모(서프 가이안 쳐치)

▶ 가을 낙엽을 태우고 있는 정원(서프 가이안 쳐치)

▶ 계란 반숙을 얹은 빵(예치미아진)

▶ 예레반과 예치미아진을 다니는 버스

내가 기를 쓰고 이란을 가야하는 이유도 거기에 있다. 이란이 실크로드의 한 가운데에 딱 버티고 서있기 때문이다. 중국을 가보지 않고 실크로드를 말하기 어려운 것처럼, 이란을 가보지 않고 실크로드를 말하는 것은 말도 안 된다.

수도원 박물관에 보물이 많다. 예수님을 매단 십자가 파편이 담긴 유물, 예수님 옆구리를 찌를 때 사용한 창날, 노아의 방주 조각이 담긴 유물 등. 아무튼 아르메니아 사람들은 서기 301년에 세계 최초로 기독교를 공인한 신앙심이 깊은 사람들답게 설화를 만들어내는 재주는 뛰어난 것 같다. 나는 유럽의 유서 깊은 성당들에서 예수님을 찌를 때 사용했다는 창을 수도 없이 보았다. 우리나라에 부처님 진신 사리를 모신 절들이 많은 것과 같은 현상이다. 이렇게라도 스토리를 만들어 내는 게 신자들에게도 좋고, 관광객들에게도 호기심과 흥밋거리를 주어서 좋다.

버스를 타고 다시 예레반으로 돌아왔다. 매일 가던 캐밥집에 저녁을 먹으러 갔더니, 주방장이 보드카를 마시고 가란다. 알고 보니 우즈백 사마르칸트에서도 근무한 적이 있는 퇴역 러시아 군인이었다. 이 꼬치 케밥이 아주 맛이 좋아서 3일 동안 계속 여기에서 저녁을 먹었더니, 주방장이 기분이 좋아서 보드카를 서비스로 내온 것이다.

이 식당은 케밥을 양고기 대신 소고기로 만든다. 소고기를 잘게 으깨서 만들기 때문에 아주 부드럽다. 양고기처럼 냄새가 심하지도 않다. 나는 처음에 그 꼬치가 냉동인줄 알았다. 그런데 먹어보니 아주 부드러웠다. 나중에 알고 보니 생고기를 으깨서 꼬치에 끼운 것이었다. 지금까지 수도 없이 꼬치 캐밥을 먹어보았지만 이보다 맛있는 것은 없었다.

40도짜리 IMPERSKAYA라는 아르메니아 보드카를 4잔이나 받아 마셨다. 뒷맛이 약간 달콤한 향기가 있어서 마시기에 좋았다. 영어를 꽤나 하는 옆집 주인 세르게이가 와서 끼어들었다. 계속 더 권하는 것을 정중히 사양하고 호텔로 돌아왔다. 내일 아침에 터키 트라브존으로 돌아가는 버스를 타야 하니까. (11월 8일, 금요일, 흐린 후 추적 추적 비가 내렸다.)

마르코 폴로가 베니스로 돌아갔던 항구, 트라브존

아르메니아 예레반에서 이란 테헤란으로 가는 비행기 표를 구하지 못해, 다시 터키 트라브존으로 돌아간다. 내 실수다. 지난주에 거기서 비자를 받았으면 모든 일정이 순조로웠을 텐데. 왜 그 생각을 못했는지 모르겠다. 테헤란 공항에서 도착비자를 받으면 된다는 생각을 해서 그랬다. 그리고 아르메니아에서 이란 가는 비행기 표를 너무 쉽게 생각했다. 우선 왕복 항공권을 요구하고 며칠씩 기다려야 한다. 그렇지만 북방 실크로드에서 중요한 그루지아와 아르메니아를 대강이라도 둘러보았으니까, 어느 정도 보상은 된 셈이다.

예레반을 아침 9시에 출발해서 다음날 새벽 1시에 트라브존에 도착했다. 시차가 2시간 있으니까 모두 16시간 걸린 셈이다. 아르메니아와 그루지아 두 나라 모두 고속도로가 없는 나라들이어서 이렇게 시간이 많이 걸리는 것이다. 이스탄불까지 가는 이 국제버스는 아르메니아 북쪽 국경을 지나, 그루지아 남부 산악지대를 경유해서 달렸다.

그러니까 옛날에 이란에서 아르메니아를 거쳐 트라브존으로 가서 흑해로 나아가던 실크로드는 현재 죽어있는 셈이다. 아르메니아에서 터키로 바로 넘어가면 훨씬 빠른데, 요즘 터키와 아르메니아 사이가 좋지 않아서 국경이 폐쇄되어 올 때 그랬던 것 처럼, 북쪽의 그루지아를 경유해서 두 나라를 왕래해야 하는 것이다.

도중에 작은 마을에서 30분 정도 저녁시간을 주었다. 버스 안에서 배가 고파서 꽤나 힘들었다. 화장실 때문에 아침부터 거의 아무것도 먹지 않고, 10시간 넘게 버스를 타고 가는 것은 보통 힘든 일이 아니다. 나는 음식을 조금만 시켰다. 그랬더니 같이 탄 아르메니아 사람들이 먹으라고 이거저거 가져다준다. 참 친절한 사람들이다.

▶ 버스가 잠깐 멈추는 그루지아 남부 버스터미널

▶ 그루지아 남부 시골 풍경

그루지아 남부에 있는 강을 따라 가는 도로의 주변 경치는 아주 아름다웠다. 말 그대로 산골짜기 길이다. 국경 검문을 두 번이나 거쳤다. 아르메니아와 그루지아, 그루지아와 터키 국경 사이에서. 아르메니와 터키가 사이가 나쁘기 때문에 국경이 폐쇄되어 있어, 아르메니아에서 바로 터키로 넘어 가지 못하고 이렇게 돌아가는 탓이다. 아르메니아와 아제르바이젠도 마찬가지다. 몇 년 전에 두 나라가 전쟁을 벌이는 바람에 지금까지도 국경이 폐쇄되어 있다. 이 나라들도 바로 넘어가지 못한다. 그렇게 까다롭지는 않았다. 그루지아 국경초소에서만 어디로 가냐, 왜 가냐 등을 물어보았다. 터키에서는 아무것도 물어보지 않고 도장을 꽝 찍어주었다. 요즘은 국경에서 도장 잘 찍어주는 사람이 제일 이쁘다.

장거리 국제버스라서 그런지 운전사 둘에 차장이 네 명이나 되었다. 그런데 재미있는 사실을 하나 발견했다. 차장들이 조직적으로 보따리 장사를 하고 있었다. 차장 한 명이 나에게 오더니, 양담배 한 보루만 내 배낭에 넣어서 터키 국경을 통과해달라고 부탁했다. 왜 그러느냐고 물었더니, 터키의 양담배 가격이 매우 비싸서 이스탄불에 도착해서 팔면 상당한 이익이 남는다고 했다. 임금이 워낙 박하기 때문에 이런 아르바이트를 통해서 부수입을 올리는 것 같았다. 무리한 부탁은 아니었지만, 혹시라도 담배 속에 마약 같은 것이 들어있을지도 모른다는 불안감에서 거절했다. 아무튼 외국에서 국경을 통과할 때, 다른 사람이 짐을 맡아달라고 요구할 때는 조심하는 게 상책이다.

새벽 1시에 트라브존에 도착했다. 버스터미널이 아니라 흑해 해변가 고속도로에 내려주었다. 다행히 걸어서 호텔까지 20여분 밖에 갈리지 않았다. 덕분에 40달러나 되는 호텔에서 자야 했다.

다음날은 일요일이라 대사관이 쉬기 때문에 딱히 할 일이 없어서 트라브존의 대표적 관광지 우준괘레에 다녀왔다. 알프스에서 많이 볼 수 있는 호수 관광지다. 호수와 주변마을을 높은 산이 둘러싸고 있는 그런 산악 관광지다. 여행사 단체여행으로 가기 때문에 가격은 35리라(18달러 정도)로 싼 편이다. 아침 10시 출발해서 저녁 6시 도착한다.

▶알프스 같은 우준괘레 풍경(사진 김정훈)

▶ 아름다운 모스크와 마을(우준괘레)

▶ 우준괘레에서 먹은 점심 메뉴. 처음으로 생선을 먹었다.

▶ 우준괘레에 놀러온 이린이들과 함께 포즈

▶ 우준괘레에 놀러온 무슬림 여인

여행사 윈도우에 걸린 사진 포스터로는 정말 멋진데, 현지에 가서 보면 뭔가 어색한 면이 많았다. 선진국이 아닌 나라에서 볼 수 있는 좀 어색한 구석이 있다. 우리나라도 마찬가지이지만. 완전히 자기 스타일도 아니고, 그렇다고 선진국처럼 수준이 높은 것도 아니고. 어정쩡하게 개발하려면 차라리 자기 것을 있는 그대로 보여주는 것이 가장 좋다. 도로도 그렇고, 호텔 등 주변 건물도 그렇고, 표지판도 그렇고.

▶ 홍차 배달(트라브존)

점심 먹고 김정훈씨가 호수 조망 사진을 찍으려고 마을 뒷산으로 올라가고, 나는 호수 주변을 감상하면서 사진을 찍었다. 김씨는 사진을 찍으려고 터키만 한 달째 돌아다닌다고 했다. 어제 트라브존 시내에서 우연히 만나서 함께 온 것이다. 저녁에 트라브존으로 돌아와서 김씨와 맥주를 한잔 했다. 안주로 생선튀김 안주를 먹었는데, 고소하고 맛이 좋았다. 우리 빙어튀김 같다.

월요일에 드디어 비자를 신청하러 이란영사관에 갔다. 10시쯤 6명이 모였다. 한국, 영국,

스위스, 스페인, 폴란드, 아르헨티나 각 1명씩. 양식 한 장을 채우고, 지정 은행에 가서 비자 수수료를 내고, 4시 반에 납입영수증을 가지고 오란다. 사실 가기 전에는 조마조마했다. 아르메니아 예레반에 있는 이란대사관처럼 초청장을 가지고 오라고 할까봐. 그런데 여기는 여행자보험 영수증조차 요구하지 않았다. 이렇게 간단하게 해결될 걸, 왜 지난주에 여기에 왔을 때 신청하지 않았는지 모르겠다. 항상 최선을 다하라는 말이 여기에도 적용된다.

오후 4시에 드디어 이란 비자를 받았다. 이거 하나 받으려고 타쉬켄트에서 이스탄불-에르즈룸-카르스-트라브존-트빌리시-예레반-트라브존을 경유한 것이다. 투르크메니스탄이 비자만 쉽게 내주었다면, 부하라에서 메르브(마리)를 거쳐 바로 이란 동부 마쉬하드로 들어갈 수 있었을텐데. 약 750킬로미터의 거리를 수천 킬로나 돌아서 가게 된 것이다. 과거에 실크로드를 걷던 사람들은 다른 나라들을 통과하기 위해 이보다 더 심한 고생을 했을 것이다. 아예 몇 년씩 체류하는 경우도 많았으니까.

저녁에 찾으러 갔을 때, 영국 친구는 270유로를 내라고 한다. 아침에 60유로라고 했는데 다시 정정한 것이다. 이런 황당한 일이 어디에 있나? 처음부터 270유로라고 하든지, 이제 와서 추가로 더 내라고 하면 어떻게 하나? 이건 비자 발급을 거부하겠다는 것이나 마찬가지다. 270유로면 거의 500달러가 넘기 때문에 젊은 친구에게는 큰돈이다. 윌슨은 한숨을 푹푹 쉬더니, 내일 다시 오겠다고 말하고 영사관 문을 나섰다. 기다리고 있던 우리가 괜히 미안해졌다. 한국은 38유로, 나머지 국가는 76유로, 영국과 미국은 270유로. 영국과 미국이 핵무기 규제문제로 이란에 찍혀서 그런 것이다. 이렇게 정치적인 문제가 관광객의 이동에도 큰 영향을 미치는 것이다.

은행 ATM에서 예금 인출이 안 되어서 여기저기 알아보느라, 두 시간도 넘게 시간을 허비했다. 10개도 넘는 은행의 ATM에서 현금서비스만 되고, 정작 필요한 예금인출은 안 되는 것이다. 지난주에 이스탄불 공항에서도 그랬다. 나는 내 계좌에서 돈이 나온 줄 알았다. 그런데 핸폰으로 통지된 메시지를 보니 현금서비스였다. 지금도 그 원인을 모르고 있다. 은행 직원들도 모른다고 한다. 아마도 내 은행이 터키 은행들과는 거래를 안하는 지도 모른다. 그래도 비자카드이기 때문에 비자카드를 거래하는 모든 은행에서는 인출이 되어야 하는데----. HSBC은행에 가서는 직원한테 화풀이만 해댔다.

이러다 싸움닭이 될지도 모른다는 생각이 들었다. 요즘 안 싸우는 날이 없다. 이란영사관에서도 내가 그 영국 친구였다면 아마도 영사관 직원과 싸웠을 것이다. 그러나 그 친구는 조용한 목소리로 불만만 토로하고는 문을 나섰다. 저래서 영국신사라고 하는 건가? 그런데 그 친구는 한번도 UK나 British라는 말을 사용한 적이 없었다. 항상 스코틀랜드라고 말했다. 영사관 직원이 어디서 왔느냐고 물었을 때도 스코틀랜드라고 대답했다. 그만큼 잉글리쉬와 스코티쉬는 증오의 앙금이 깊게 남아 있다. 수천 년 동안 서로 죽기살기로 싸워왔던 관계이니까. 이들에 비하면, 우리와 일본의 관계는 양반이다.

버스터미널에 가서 에르즈룸으로 가는 버스표를 예매했다. 터키 동쪽 국경도시 도우베야짓으로 바로 가려고 했으나 밤 10시에 출발하는 차밖에 없었던 것이다. 에르즈룸은 트라브존에서 도우베야짓으로 갈 때 경유하는 중간 도시다. 야간 여행은 이제 그만하고 싶다. 일단 바깥 경치도 볼 수 없고, 너무 피곤해서 다음 날 여행까지 영향을 미친다.

트라브존의 전망대 보즈테페에 올라갔으나 트라브존 야경만 보일 뿐, 별다른 볼거리가 없어서 사진만 찍고 바로 내려왔다. 올라가기 전에는 근사한 카페에 앉아서 저녁을 먹고 내려오려고 했으나, 혼자라서 그럴만한 기분이 나지 않았다.

▶ 트라브존에서 먹은 음식

맥주 한 캔을 사서 메이단 공원 앞에 있는 케밥집에 앉아서 저녁을 먹었다. 여기는 레스토랑에서 술을 팔지도 않고 마시지도 못하게 되어있다. 내가 신문지로 싸서 테이블 위에 올려놓고 한 모금씩 마시자, 종업원도 한번 힐끗 쳐다보더니 뭐라고 하지는 않았다. 어제 생맥주집에 손님이 거의 없었던 이유를 알겠다. 여기는 무슬림들이 많아서 그런지 찻집은 호황인 반면에, 술집에는 손님이 거의 없다. 아무튼 이스탄불 등 대도시를 제외하고는 터키에서 외국 여행자가 술을 마음대로 마시기는 쉽지 않아 보인다. (11월 9-11일, 토-월요일, 날씨가 참 맑다.)

트라브존-에르즈룸-도우베야짓

아침 10시 버스로 트라브존에서 에르즈룸으로 출발했다. 대형 고급 버스인데 손님은 거의 없다. 터키의 대중교통 시스템은 정말 잘 되어있다. 도로 상태나 버스 수준이 우리나라와 비슷한 거 같다.

트라브존과 귀메샤인 사이에 큰 고개가 있다. 경치는 별로다. 이 길이 바로 마르코 폴로가 중국에서 베니스로 돌아갈 때 지나간 길이다. 귀무쉬하네와 바이푸르트 구간에는 나무가 거의 없는 낮은 구릉 사이로 도로가 지나간다. 바르부르트 쪽으로 갈수록 넓은 평야가 나타나기 시작하고, 유목민들도 보이기 시작한다. 바이부르트에는 유럽식 신도시도 있다. 오른쪽으로 팔란도켄산맥이 보인다. 마른 하늘에 비가 내린다.

오후 3시쯤 에르즈룸에 도착했다. 약 300킬로미터 거리다. 에르즈룸은 지난 10월 30일 이스탄불에서 비행기로 이동했던 터키 동부지방의 거점도시다. 5시에 에르즈룸 버스정류장에서 작은 돌무쉬로 갈아타고 도우베야짓으로 출발했다. 날은 벌써 컴컴해졌다. 비까지 내린다. 중간도시 아르를 경유하여 밤 9시가 넘어서야 도착했다. 약 280킬로미터 거리다. 그러니까 지난 30일부터 터키 동북부 쿠르드족 거주 지역과 코카서스 지방을 한 바퀴 돈 셈이다. 하루 종일 버스만 타고 여행한 날이다. 아라라트호텔에 숙박했다. 아침 포함 40리라. (11월 12일, 화요일, 맑음)

터키 도우베야짓에서 이란 타브리즈로 들어가기

드디어 이란에 입국했다. 사실 오늘 오전에 도우베야짓에서 1일 투어를 하려고 계획했으나 다른 관광객이 없어서 포기했다. 택시 대절 가격도 100달러로 너무 비쌌다.

도우베야짓에서 이란 국경으로 가는 길 왼쪽으로 아라라트산이 바로 눈앞에 보인다. 아르메니아 호르비랍수도원에서 바라보는 것보다 훨씬 가깝게 보인다. 불행히도 뭉게구름에 싸여 있어서 정상 부근은 구름 밖에 보이지 않았다. 저렇게 신비로운 자태를 숨기고 있으니, 온갖 종교적인 전설과 설화들이 생겨나지 않으면 비정상이다. 저런 신비한 설산을 가지고 종교적 설화를 만들어내는 사람들도 정말 대단한 이야기꾼이다.

저 산은 수많은 전설과 설화를 안고 있다. 그중에서 가장 유명한 것이 바로 기독교 성서 구약에 나오는 '노아의 방주' 이야기다. 그렇게 초능력적이고, 초현실적인 현상이 아니면 누가 신을 믿겠는가? 대부분의 나라의 건국 설화와 거의 모든 종교의 창조설화에는 비범한 현상들이 일관되게 포함되어 있다.

40리라(약 20달러)를 주고 터키 국경초소가 있는 구르불락으로 바로 이동했다. 어떤 택시 운전사는 100달러를 요구했다. 별로 어렵지 않게 양쪽 국경초소를 통과했다. 터키 초소를 지나 500미터쯤 걸어가면 이란 초소가 나온다. 이란의 입국수속이 간단하고 친절한데 깜짝 놀랐다. 이란 국경초소에는 호메이니와 현재 대통령의 초상화가 걸려있고, 면세점은 모두 문을 닫아서 썰렁했다. 이란이 아직도 폐쇄정책을 펴고 있음이 한눈에 보였다.

이란 국경초소에 있는 환전소에서 1달러에 26,000리알로 100달러를 환전 했다. 다행히 10만 리알 권이 있어서 부피는 그리 크지 않았다. 환전상들의 경쟁이 치열했다. 많은 사람들이 국경에서는 환전을 하지 말라고 권고하고 있으나, 당장 쓸 이란 돈이 없어서 조금만 바꾼 것이다. 1인당 10달러를 주고 터키 사람 4명과 합승해서 타브리즈까지 300킬로를 달렸다. 택시 가격은 우즈벡과 비슷하다. 이란 국경도시 바자르간에서 타브리즈까지 가는 길의 풍경은 중국 신장이나 키르기스와 비슷했다. 민둥산 사막에 황무지와 초원이 펼쳐져 있고, 거기에는 양떼와 유목민들이 드문드문 흩어져 있었다. 사막 지역답게 집들도 토담집이 대부분이었다. 타브리즈는 이란에서 터키로 넘어가는 실크로드의 요충지로, 몽골제국 지배 하에서는 일한(칸)국의 수도였다.

택시를 합승한 터키 보따리상 아줌마를 따라 10달러짜리 게스트하우스를 찾아 갔으나 너무 시설이 나빠서 포기했다. 이번 실크로드 여행에서 이렇게 시설이 안 좋은 숙소는 처음이다. 장기 여행으로 몸이 너무 피곤하고 비까지 추적추적 내리고 있어서 좀 편하게 자고 싶었다. 숙소를 다리아호텔로 변경했다. 아침 포함 30달러. 시설이 꽤나 좋아 터키 50달러짜리는 된다. 와이파이도 잘 터진다. 오랜만에 스카이폰으로 아내와 통화를 했다.

▶ 다리아호텔의 저녁식사 메뉴, 초간단 라이스 케밥

무슨 종교 행사가 있는지 온 거리에 종교 열기가 가득하다. 나 같은 사이비 신자는 살기가 힘든 곳인 것 같다. 저런 열정적인 신앙을 가진 사람들을 서구 열강들이 통제하겠다고 하는 발상 자체가 얼마나 어리석은가. 이라크나 아프가니스탄도 마찬가지다. 현지에 와 보면, 외부 열강들은 절대 이런 이슬람 국가들을 굴복시킬 수 없다는 사실을 금방 피부로 느낄 수 있다. 실제로 아무도 성공한 적이 없다. 물리적으로는 정복할 수 있을지 몰라도 저들의 정신세계는 절대 지배할 수 없다. 인간이 가진 무기 중에서 가장 강하고 무서운 무기는 핵무기가 아니라, 바로 인간의 정신이다. 신앙심도 거기서 나온다. 기독교인들의 신앙심으로는 무슬림들을 절대 이길 수 없다.

미국이 이란의 옆 나라인 아프가니스탄에서 과거 영국과 소련이 저지른 실수를 깨닫지 못하고, 또 수렁에 빠지는 걸 보면 참 한심하다는 생각이 든다. 이란이나 이라크도 마찬가지다. 현장에 와서 며칠만 살펴보면, 이렇게 생생하게 알 수 있는 사실을 정치인들은 왜 모르는 것일까? 아니면 알면서도 다른 국익 때문에 무시하는 것일까? 내가 정치가가 아니라서 모르겠다. 그러나 한 가지 분명한 것은 물질로 정신을 이길 수 없다는 것이다. 물질에 바탕을 둔 서구문명은 정신에 바탕을 둔 이슬람문명을 이길 수 없다. 내가 이번에 이슬람 국가를 여행하면서 내린 결론이다. (11월 13일, 수요일, 맑은 후 비가 내렸다.)

페르시아인의 자존심, 테헤란

거리가 온통 검은색 옷으로 모노톤이다. 남자든 여자든 모두 검은 옷을 입고 있다. 오늘은 아슈라 데이(Ashura Day)라서 어제처럼 거리마다 종교행사 준비가 한창이다. 이틀 동안 모든 도시가 철시하고 순교자를 기리는 거리 행사를 한다. 기독교와 이슬람 사회는 서로 아주 다른 것 같으면서도 닮은 데가 참 많다. 유럽의 기독교 사회도 부활절이 되면 거리마다 이런 광란의 행사를 벌인다. 특히 세비야 등 스페인 남쪽 지방이 심하다. 나는 무슬림들의 이런 거리행진을 보면서 기독교의 부활절 거리행진이 저절로 떠올랐다. 그럴 수밖에 없는 것이 두 종교 모두 순교자를 기리는 행사가 가장 의미가 크기 때문이다.

테헤란으로 이동하기 위해 택시를 타고 버스터미널로 갔다. 그런데 뭔가 분위기가 이상하다. 사람들도 별로 안보이고 전혀 활기가 없다. 버스도 휴무란다. 오후 3시나 되어야 버스가 출발한단다. 아니 휴일이라고 버스까지 쉬는 나라가 어디 있나? 거기서 파이얌을 만났다. 그도 모르고 나왔다가 화가 나 있었다. 나더러 자기 집으로 갔다가 3시에 다시 나오자고 한다. 바자르도 오늘까지 폐장이고, 갈 데도 마땅치 않아 선뜻 동의했다.

41살인 그는 36살인 아내와 딸 하나를 두고 있다고 한다. 점심식사로 내가 가장 싫어하는 닭가슴살 요리를 올리브 오이장아찌와 함께 내왔다. 마침 아내는 친정에 갔다고 한다. 그는 조로아스터교 신자로 무슬림들의 광적인 신앙 열기를 증오했다. 살림은 중상층으로 아파트가 우리 집보다 더 좋다. 가격은 7만 달러 정도라고 한다. 그런데 모든 아파트가 건물만 달랑 서있고, 조경이 전혀 안되어 있다. 차고는 있었다.

그는 현대건설 등 현지 한국 회사에서 일한 경험이 많아 한국에 대한 인상이 아주 좋았다. 자기 나라인 이란은 지독히도 싫어했다. 종교가 모든 걸 지배하는 나라라면서. 종교가 모든 일상생활을 통제하는 이런 신정국가에서는 나도 숨이 막힐 거 같다. 호메이니의 죄가 크다. 그러나 호메니이보다 미국의 죄가 더 크다. 이란 사람들이 서방사회를 그토록 증오하게 만든 장본인이 미국이니까.

1950년대부터 1970년대까지 미국이 이란 국민들의 민생과 자유화 염원을 무시하고, 팔레비 왕가의 독재정치를 그렇게 지원하지 않았다면, 이란인들이 서방사회를 그토록 증오하지는 않았을 것이다. 미국은 제2차 세계대전 후에 지구 곳곳에서 그런 실수를 저질렀다. 캄보디아, 베트남, 한국, 남미 등등. 미국은 자본주의와 민주주의를 지원한 것이 아니라, 아무리 독재자라도 미국의 우방이면 그 나라 국민들의 여론과 관계없이 지원했다. 그 결과 많은 개발도상국에서 미국을 증오하는 세력들이 광범위하게 확산되었다.

테헤란으로 가는 버스 안에서도 7시간 동안 내내 '아슈라 데이' 특집을 내보내고 있다. 뭔가를 한 사람이 선창하면 다른 사람들이 따라서 합창하는 테이프다. 나는 그걸 들으면서 우리 판소리가 여기에서 유래하지 않았을까 하는 생각이 번쩍 들었다. 일단 선창자의 가창력이 대단하고(엄청나게 높은 고음도 자유자재로 낸다), 혼자 독백을 하다가 대중들의 호응을 유도하는 것도 그렇고, 울부짖다가 웃다가 하면서 분위기를 반전시키는 기법 등이 판소리의 기법과 아주 흡사했다. 또 어떤 사람이 하는 암송은 불교 스님들이 하는 독경소리와 정말 비슷했다. 어디서 먼저 영향을 받았는지는 모르겠으나 실크로드를 따라 서로 영향을 주고받은 것은 분명해 보인다.

버스는 밤 11시가 다되어서야 테헤란에 도착했다. 약 630킬로미터의 거리다. 버스 안에서 파이얌을 통해서 예약을 해둔 Hafez호텔로 갔다. 무슨 리모델링을 하는지 호텔 로비가 난리가 아니다. 완전히 공사판이다. 직원은 그 먼지 속에서 앉아서 일을 보고 있다. 로비에는 배낭 여행자로 보이는 중국 청년 3명이 함께 얘기를 나누고 있었다. 총각 1명, 아가씨 2명. 25달러짜리 치고 방은 그런대로 괜찮았다.

다음날도 호텔이 온통 공사 중이라 부엌에 앉아서 아침식사를 했다. 이런 식사는 또 생전 처음이다. 이란 아니면 어디서 이런 식사를 해볼까 싶어 그냥 참고 먹었다. 난도 어쩌면 그렇게도 맛이 없는지. 난이 이렇게 맛이 없는 나라는 처음이다. 키르기스나 우즈벡도 이보다는 맛있다. 난 몇 장에 삶은 계란 하나가 아침이다.

▶ 사산조 시대의 유리잔 (테헤란 국립박물관). (고대 유리제품의 이동경로를 파악할 때, 기준이 되는 매우 중요한 유물이다)

▶ 염전에서 발견된 미이라. 일명 '소금 남자'(테헤란국립박물관)

▶ 돌에 새긴 부조. 실크로드에서 일관되게 나타나는 유물이다. (테헤란국립박물관)

▶ 테헤란 유리 공예품 가게 전시품들

▶ 테헤란 유리박물관

▶ 테헤란 유리박물관 전시품 이모저모

▶ 테헤란 유리박물관 전시품 이모저모

▶ 유리 덩어리와 제조 도구(테헤란 유리박물관)

▶ 유리 원석과 색소(테헤란 유리박물관)

▶ 테헤란 카파샤바자르 이모저모

▶ 테헤란 카파샤 바자르 이모저모

▶ 거리공연 배우와 함께 포즈(테헤란 카파샤 바자르)

국립박물관에 갔다. 의외로 규모가 작다. 페르시아문명을 대표하는 박물관치고는 전시 유물이 실망스러웠다. 우상을 싫어하는 이슬람교의 영향 때문인가? 리모델링을 하는 중이라 1층만 운영하고 있었다. 기대보다 뛰어난 유물들이 별로 없었다. 박물관을 나오는데, 안내센터에 근무하는 알리레싸가 나오더니, 한국말로 인사를 하면서 친절하게 안내를 해준다. 이란은 개인적으로는 이렇게 좋은 사람들이 많은데, 통제적인 사회시스템이 문제다.

국립박물관을 나와 부근에 있는 유리세라믹박물관으로 갔다. 오히려 유리세라믹박물관이 훨씬 볼 것이 많았다. 이란이 유리 제품 원산지답게 우수한 유리 유물들을 연대순으로 잘 정리해 놓았다. 규모는 작아도 어느 박물관보다 우수한 유리 전문 박물관이었다. 대영박물관이나 루브르박물관에서 보았던 유리 유물보다 훨씬 다양하고, 우수한 유물들이 많았다. 이태리 베니스 무라노섬에 있는 유리박물관보다도 더 뛰어났다. 이란에 대한 모든 실망을 여기서 보상받는 느낌이었다.

유리박물관 정문 옆에 유리공방이 있었다. 별로 기대하지 않고 들어갔는데 작품 수준이 보통이 아니다. 베니스 무라노를 뛰어넘는 작품들이 눈에 많이 띄었다. 역시 유리 제품이 이란에서 지중해로, 중국으로 수출되었음을 입증하는 좋은 증거다. 유리디자이너 고르카(Golkar)씨가 운영하는 가게다. 제품도 우수하고 가격도 싸서, 사고 싶은 제품이 많았으나 가지고 다니기가 어려워서 소품으로 두 개만 샀다. 나중에 한국에서 인터넷으로 주문하려고 한다. 하나는 와인병으로, 하나는 아내의 눈물병으로 샀다. 남편이 속을 썩일 때마다 흘리는 아내의 눈물을 담는 병이란다.

국립박물관에서 유리박물관으로 가다가 교회 하나를 보았다. 이런 원리주의 시아파 이슬람 사회 한 가운데에 웬 기독교 교회인가 싶어, 사진이나 찍으려고 안으로 들어갔다. 이슬람 사회에 있는 기독교 교회가 어떻게 다른가 보고 싶었다.

교회 문을 열고 들어가자, 한인 교인들이 예배를 보고 있었다. 정말 우연이다. 덕분에 예배를 보고 나왔다. 나는 카톨릭 신자이지만 개신교에서도 예배를 보고, 절에 거서도 예배를 보고, 모스크에서도 예배를 본다. 모든 종교는 다 똑같다는 믿음에서다. 사모의 얘기를 들어보니, 이 교회는 아르메니아인들의 교회였다. 원래는 미국인들이 지은 교회인데, 회교혁명 후 모두 쫓겨나서 아르메니아인들이 인수해서 자기들의 교회로 이용하고 있단다. 그걸 빌려서 한인 교민들과 주재원들이 교회로 사용하고 있다고 말했다. 나도 호주 유학시절 초기에 캔버라에서 한인교회에 다녀본 경험이 있어서 이런 분위기에 익숙하다. 예배를 마치고 다과에 차 한 잔을 얻어먹고 교회를 나왔다.

아르메니아 카톨릭 성당보다는 훨씬 내부 장식이 단순하고, 개신교 교회보다는 좀 더 장식이 많았다. 개신교 교회를 기준으로 하자면, 정면 제대 뒤에 있는 십자가 외에도 양쪽 벽을 따라서 세련된 십자가 조명이 있었고, 창문의 유리창이 스테인드글라스로 되어 있었다. 그러나 성당처럼 복잡하지 않고 단순한 색깔만 몇 가지 넣었다. 그리고 앞 정면 양쪽으로 이슬람 사원에서 볼 수 있는 문양 장식이 두 개 있었다. 그러니까 전체적으로 보면, 아르메니아 교회는 카톨릭과 개신교 교회와 이슬람 사원의 양각 문양을 결합하여 실내 장식을 한 것으로 보인다. 정원에는 나무들이 꽤나 울창하게 자라고 있었다.

선글라스를 잃어 버렸다. 어디서 잃어버렸는지 기억이 나지 않는다. 국립박물관에서 유리박물관 사이에서 잃어버린 거 같은데, 어디에도 흔적이 없었다. 나중에 생각해 보니 한인교회에서 예배 볼 때 놓고 나온 거 같았다. 프랑크푸르트 공항에서 99달러나 주고 산건데.

설상가상으로 경찰을 가장한 노상강도를 만났다. 국립박물관에서 유리박물관으로 이동하는데, 2인조 경찰이 나를 불러 세웠다. 아까 유리박물관으로 갈 때도 뭐라고 하면서, 나를 골목으로 데리고 가려고 했던 젊은 친구들이다. 내가 대꾸도 안하고 가버리자 더 이상 따라오지 않았다. 이번에는 박물관에서 나오면서 또 만났다. 뭐라고 하면서 집요하게 내 몸수색을 했다. 수갑을 채우는 시늉도 했다. 비닐봉지에 든 내 돈을 열어보라고 했다. 거기에는 약 700달러와 300유로가 담겨 있었다. 비가 오면 젖지 않게 하려고 비닐봉지에 싸둔 것이다.

내가 옆에 있는 가게로 들어가서 주인에게 도움을 청했다. 내가 주인에게 이들이 경찰이냐고 묻자, 내 말을 알아듣지 못한다. 그리고는 이들의 행동을 말리지 않고 실실 웃으면서 잠자코 보고만 있다. 그들에게 뭐라고는 하는데, 무슨 말인지는 알아듣지 못했다. 내가 완강하게 거부하자, 마침내 포기하고는 화해의 악수를 청했다. 처음에는 거부하다가 일을 빨리 끝내고 자리를 뜨고 싶어서 악수를 받아들였다.

너무 황당한 일이라 분을 삭이면서 택시를 타고 바자르에 갔다. 걸어서 가려고 했으나 빨리 자리를 뜨고 싶었다. 가는 날이 장날이라고 여기도 아슈라 데이로 휴일(금)이라서 모두 폐장이란다. 이란하고는 비자부터 왜 이렇게 궁합이 안 맞지? 포기하고 점심 겸 저녁을 먹으러 한 식당에 들어갔다. 여자 종업원들이 모두 검은 히잡을 쓰고 일하는 모습이 신기하다. 이런 모습은 처음이다. 양갈비를 시켰는데 맛은 좋았다. 가격은 35만리알(15달러) 정도. 다른 것은 손도 대지 않았다. 이란은 몇 가지를 제외하고는 왜 이렇게 음식도 맛이 없는지. 서비스 매너도 아주 엉망이다. 나라 전체가 이렇게 터무니없이 엉터리인 나라는 처음이다. 여행 환경이 우즈백보다도 더 열악한 것 같다.

오토바이 택시를 타고 호텔로 돌아왔다. 호텔은 아직도 리모델링을 하느라 난리다. 어떻게 이렇게 먼지 구덩이 속에서 영업을 할 생각을 하는지 도무지 이해가 안 된다. 나도 당장 옮기고 싶지만 싼 맛에 그냥 머무르기로 했다. (11월 14-15일, 목-금요일, 맑은 날씨다.)

순교자의 땅, 마쉬하드

테헤란 역에서 오후 2시 기차를 타고 동쪽 끝에 있는 도시 마쉬하드(마샤드)로 이동했다. 약 890킬로미터 거리다. 우즈백에서 투르크메니스탄 비자를 받았으면, 부하라에서 메르브를 거쳐 거기서 바로 마쉬하드로 넘어갔을 것이다. 그러니까 지금 실크로드를 따라 동쪽에서 서쪽으로 이동해야 하는데, 거꾸로 서쪽에서 동쪽으로 이동하고 있는 셈이다. 테헤란을 벗어나면서 완전히 사막지형이다. 카비르사막 북단쪽이다. 군데군데 오아시스가 보이고 거기에 마을이 있다. 타클라마칸사막 이후에 오랜만에 보는 풍경이다. 투르판 화염산 같은 벌거숭이 산맥이 기차를 계속 따라오고 있다.

같은 칸에 베흐루즈와 모하무드가 함께 타고 있다. 베흐루즈는 23살이고, 잔잔(Zanzan)에 살고 있다. 직업은 벽돌공. 모하무드는 20살이고, 내가 거쳐 온 타브리즈(Tabriz)에 살고 있다. 직업은 군인. 둘 다 순교자 이맘 레자(Imam Reza)를 기리기 위해 마쉬하드에 가고 있다. 이 사람들은 자기 조상보다 성인을 더 섬기는 것 같다. 아슈라 데이 행사만 보아도 그렇고. 실제로 이슬람에서는 가족보다 종교가 우선이다.

▶ 테헤란역 로비에 있는 거대한 코란 조각상 앞에서 이란 여행자들과 포즈

▶ 아슈라 데이 축제 신문기사(테헤란)

이란 열차 시스템은 상당히 수준이 높다. 중앙아시아에서는 가장 우수한 것 같다. 기차역도 현대식이고, 티켓도 쉽게 구할 수 있고, 운영시스템도 우수하다. 기차도 유럽식으로 깨끗하고, 의자도 안락하다. 기차가 먼지 하나 없이 깨끗하다. 좌석식은 한 칸에 6명이 들어가는 콤파트먼트형이다.

가름사르(Garmsar) 역에서 4명이 새로 들어왔다. 모두 이맘 레자를 기리기 위해 아슈라 데이 행사에 가는 사람들이다. 60대인 고르반(67세)과 알리(61세) 부부와 50대인 모하메드와 마리얌 부부. 일행인 베루즈는 좌석표가 달라 다른 칸으로 갔다. 모하메드와 마리얌 부부는 신문에 있는 퀴즈 맞추기를 하면서 정답게 시간을 보내고 있다. 이란에서 히잡을 쓴 여자가 공공장소에서 저렇게 밝게 웃고 명랑하게 말하는 사람은 처음 보았다. 알리 부부는 우리 어르신들과 같이 각자 다른 곳에 시선을 두고 다른 생각에 잠겨있다. 대화도 전혀 없다.

사막에 달이 떴다. 어떤 작은 역에서 멈춘 기차가 출발할 생각을 안 한다. 사람들에게 물어보니 기도 시간이란다. 기도 시간이 되면 달리던 기차를 멈추고, 사람들은 화장실에 가서 손과 발 그리고 얼굴을 깨끗이 씻고 기도를 한다. 그래서 이란의 화장실은 모두 깨끗한 것이다. 성스러운 장소니까.

차도 주문하면 갖다 주고 식사도 갖다 준다. 저녁 도시락이 정말 형편없다. 닭 가슴살 볶음에 맨밥이 전부다. 반찬이라도 좀 주면 얼마나 먹기가 좋을까. 의자를 서로 당기면 간이침대가 된다. 발 고린내가 나지만 그런대로 잘만하다. 자다가 너무 덥고 답답해서 통로로 나왔다. 보름달이 떠서 창밖 풍경이 어렴풋이 보인다. 이렇게 밤 열차를 타고 사막을 가로지르는 것은 중국 신장 이후 처음이다. 기차는 새벽 2시가 다 되어서야 마쉬하드에 도착했다.

▶ 테헤란-마쉬하드 기차에서 만난 베흐루즈와 모하무드

▶ 테헤란-마쉬하드 구간에서 만난 시골 풍경

모하메드 부부가 자기들끼리 뭐라고 한참 상의하더니, 자기 집으로 가서 자고 가라고 한다. 처음에는 거절했지만 하도 간곡하게 요청해서 따라가기로 했다. 이란 사람들은 여행자를 집으로 초대하는 것을 좋아한다는 말을 많이 들었던 터라, 한번 이란 가정을 보고 싶기도 했다. 기차역에는 모하메드의 아내인 마리얌의 친정 아버지가 차를 가지고 마중 나와 있었다. 우리를 실은 차가 어둠을 헤치며 30분도 더 달린다. 뭔가 이상하다는 생각이 들었다. 마쉬하드가 인구 300만의 큰 도시이긴 하지만 이렇게 넓다고는 생각되지 않았다. 그리고 고속도로 진입로와 출구가 보이는 걸로 봐서 외곽도시가 분명했다.

차는 어떤 아파트 마당에 도착했다. 5층 정도 되는 중산층 아파트였다. 평수는 25평 정도이고, 우리 아파트 구조와 별 차이가 없었다. 나는 샤워를 하고, 카펫이 깔린 거실에서 잤다. 알고 보니 장사를 하는 이 부부는 자녀가 없이 둘이서만 살고 있었다. 부부금슬이 너무 좋으면 아이가 없다더니, 둘 사이가 그렇게 다정했다.

▶ 테헤란-마쉬하드 구간에서 만난 소금 사막

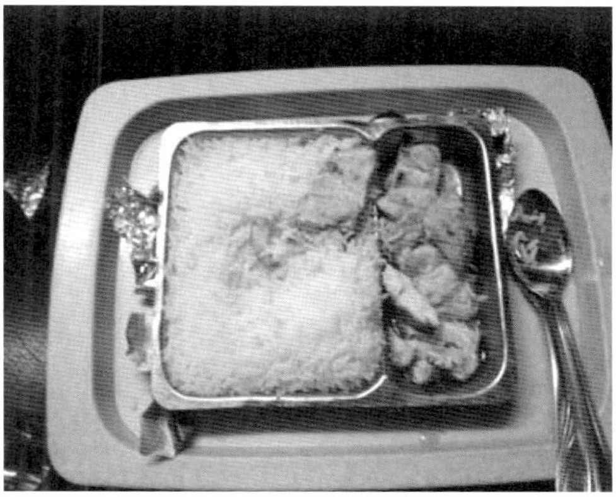

▶ 테헤란-마쉬하드 구간에서 먹은 기차 도시락

다음날 아침, 이란식 아침식사를 먹었다. 거실 바닥에 작은 식사용 카펫을 깔고, 그 위에 난 호도 너트 계란 치즈 레몬잼 홍차 등을 늘어놓고 넷이서 둘러앉아 먹었다. 아버지가 가져온 빵이 맛이 좋았다. 바로 구웠는지 아직도 따뜻했다. 유목민의 전통이 남아 있어서, 지금도 이렇게 방바닥에 카펫을 펴고 둘러앉아 음식을 먹는 것이다.

마리얌이 마늘장아찌가 담긴 작은 유리병을 건네준다. 어제 기차에서 저녁 도시락을 먹을 때, 내가 그걸 맛있게 먹는 걸 보았나보다. 도시락이 퍽퍽한 닭가슴살 볶음에 퍽퍽한 마른 쌀밥이었다. 반찬이나 소스는 전혀 없고. 마침 마리얌이 싸가지고 온 마늘쫑을 조금 건네주었다. 소스는 다른데, 맛은 우리 간장 마늘장아찌와 비슷해서 맛있게 먹었던 것이다.

▶ 마리얌 집에서 먹은 이란식 아침식사

▶ 마리얌 아버지, 마리얌, 모하메드

아침 식사를 마친 후 모하메드와 장인이 버스정류장까지 바래다주었다. 이런 경우에 고맙다고 해야 하나 난감하다고 해야 하나. 이란 가정을 체험한 것은 좋았으나 내 일정에 차질이 생긴 것은 난감한 일이다. 초대하는 사람의 집이 시내면 모르지만, 이렇게 택시로 30분도 더 걸리는 위성도시에 데려다놓고 혼자 가라고 하면 정말 난감하다. 현지인이 초대한다고 해서 무조건 따라갈 일만은 아니다. 여행 목적지와 너무 멀면 과감하게 거부할 필요가 있다.

버스를 타고 중간에서 다시 택시로 갈아타고 마쉬하드로 돌아왔다. 하람(Haram) 지구 바로 앞에 호텔(Taranom Apartment Hotel)을 잡았다. 환전을 하고 시내 하람 지구 관광에 나섰다. 마쉬하드는 인구 3백만으로 이란에서 두 번째로 큰 도시이자 성스러운 도시이다. 마쉬하드가 '순교자의 땅'이라는 뜻이다. 실크로드에서 이슬람 종교 열기가 가장 높은 곳이기도 하다. 이슬람의 여덟 번 째 이맘인 이맘 레자의 순교를 기리는 도시이기 때문이다.

이맘 레자는 서기 817년에 반대파에 의해 암살(독살)당했다. 그의 순교를 기리기 위해 지금까지 매년 2천만 명이 넘는 무슬림 순례자들이 이 도시로 몰려드는 것이다. 어제 나와 함께 테헤란에서 기차를 타고 온 대부분의 사람들도 레자를 기리려고 오는 순례자들이었다.

▶ 하람 모스크 이모저모

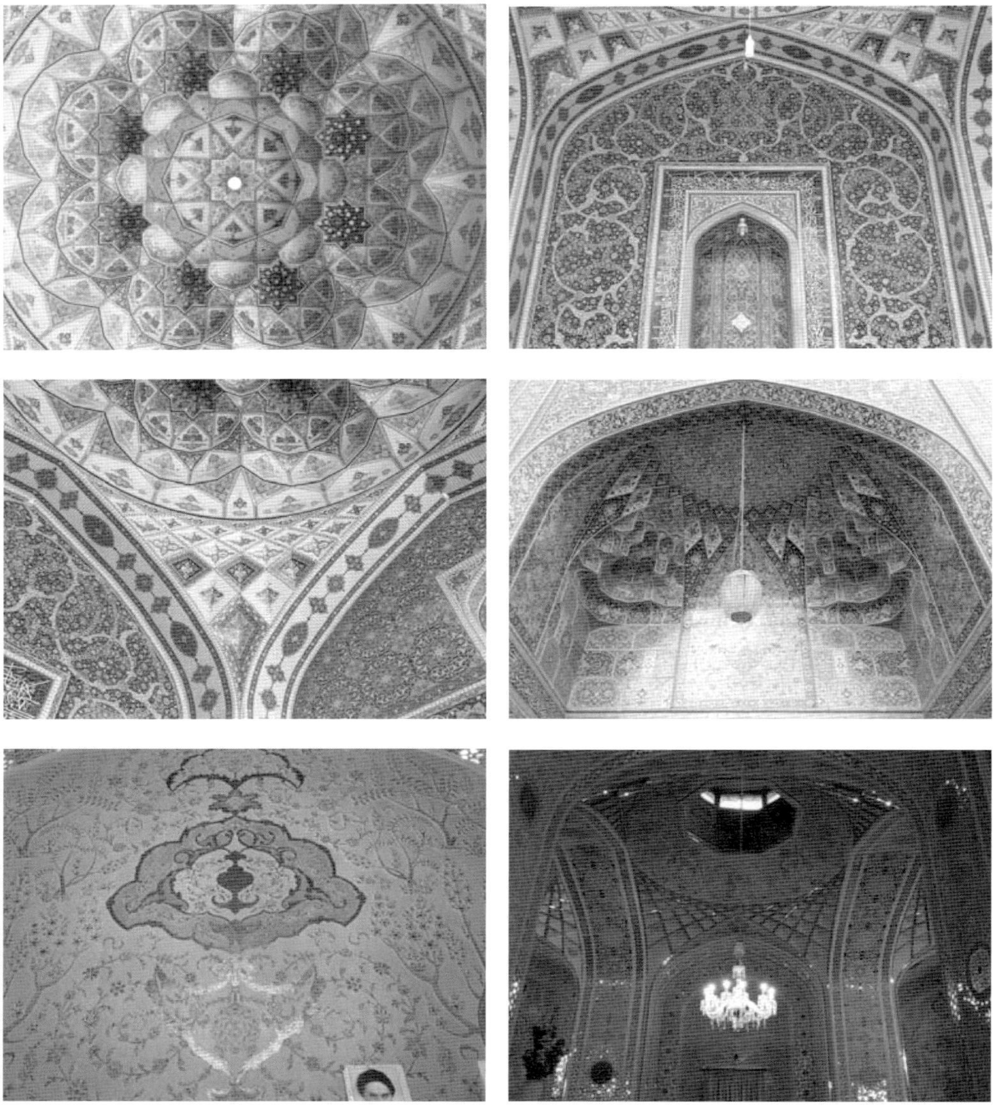

▶ 아름다운 이슬람 문양 아라베스크(하람 모스크)

나는 하람을 보는 순간 너무도 깔끔하고 우아해서 이태리 아씨지 수도원이 연상되었다. 석양에 노랗게 빛나는 황금 지붕과 황금 탑은 현란했다. 얼마나 기부금이 많으면 저 큰 사원의 지붕과 탑을 금으로 도배를 했을까? 이슬람이 됐든, 기독교가 됐든, 불교가 됐든, 우리 인간의 신앙심은 대단한 것 같다. 절대자에게 기대려는 나약한 우리 인간의 소망이 저런 사원이나 교회나 사찰을 만들어 내는 것이다.

하람에 들어가는 검색이 심했다. 나는 제지를 당해서 한참이나 기다려야 했다. 서로 말이 통하지 않아서 무슨 말인지는 몰랐다. 대강 추측하건데, 누군가 와서 너를 데려간다는 분위기였다. 나중에 알고 보니 외국인은 가이드가 나와서 안내를 해주었다. 내 가이드는 다른 외국인 때문에 늦어서 미안하다고 사과하고, 나를 데리고 여기저기 보여 주면서 설명도 해주었다. 영어도 잘하고, 무료 가이드다. 무슬림이 아닌 사람은 들어갈 수 없는 레자 무덤까지 보여 주었다.

▶ 이맘 레자의 유리방 무덤(하람 모스크)

이암 레자의 무덤이 있는 사원은 내부가 온통 유리로 되어 있어서 정말 장관이었다. 벽과 천정이 모두 작은 삼각형 유리조각으로 모자이크를 해 놓아서 휘황찬란했다. 무덤이 이렇게 화려한 것은 처음 보았다. 예수가 묻혔다는 예루살렘 성묘교회(Church of the Holy

Sepulchre)도 이렇게 화려하지는 않다. 거기에는 많은 무슬림들이 무릎을 꿇고 기도를 하고 있었다. 비이슬람 신도들은 흔하게 볼 수 없는 감동적인 장면이었다.

하람에 가기 전에는 카라반사리 아지졸라오프(Azizolaof)를 찾아갔다. 거리가 온통 미로처럼 구불구불해서 한참이나 헤매어 여기저기 돌아다녔다. 가이드가 없으니 도대체 어디가 어딘지 알 길이 없다. 가이드북을 손에 들고 있긴 하지만, 언어가 통하지 않는 곳에서는 그것만으로는 한참이나 부족하다. 카라반사리는 거의 폐허가 되어가고 있었다. 마당으로 들어가니 몇몇 가게들이 아직도 장사를 하고 있었다. 그나마 곧 철거되어 다른 건물이 들어선다고 한다. 이런 유적은 남겨서 보존해야 하지 않을까? 수 백 년 동안 얼마나 많은 대상들이 이 숙소에 머물면서 멀리서 가져온 상품들을 거래했을까?

▶ 카라반사리 아지졸라오프 이모저모

하람을 나왔을 때는 이미 날이 어두워져 있었다. 바로 옆에 있는 레자 바자르로 갔다. 규모는 엄청나게 컸지만 밤이라서 그런지 시장은 한산했다. 각종 향료와 옷 가게가 많았다. 마쉬하드는 투르크메니스탄의 대상(隊商) 도시 메르브(마리)에서 이란과 터키로 넘어갈 때, 반드시 거쳐 가야 하는 도시이기 때문에 그 규모도 엄청나게 컷을 것이다. 사마르칸트, 부하라, 메르브, 마쉬하드, 테헤란, 타브리즈, 에르즈름, 앙카라, 이스탄불로 빠지는 길목에 있는 대도시인 것이다.

▶ 레자 바자르 이모저모 (왼쪽 위부터 여성용 히잡, 비단 가게, 향신료, 여성용 가발)

정수일 같은 학자는 혜초가 바로 이 도시까지 왔다고 주장하기도 한다. 통일전망대에서 해남 땅끝마을까지 800킬로미터가 넘는 도보여행을 직접 경험해 보고, 황량한 사막이 대부분인 실크로드를 직접 답사해 본 필자의 판단으로는, 혜초가 페르시아(이란 동부 마샤드)와 아랍국까지 갔다 왔다는 가설은 설득력이 약하다.

첫째, 〈왕오천축국전〉에 '파사국에서 북쪽으로 10일 동안 산 속으로 가면 대식국에 이른다.'라고 기록되어 있는데(김규현 역, 133페이지), 여기에는 상당한 착오가 있다. 이 글에는 현지를 직접 가보지 않은 사람이 전언을 바탕으로 쓴 글의 흔적이 분명히 나타나고 있다. 이란 동쪽에서 가장 가까운 아랍국인 이라크 동쪽까지 열흘에 걸어서 갈 수가 없고, 두 나라 사이에는 산보다는 사막이 훨씬 많으며, 방향도 북쪽이 아니라 서쪽이다. 또한 본문에 대식국 다음에 대불림국(大拂臨國-현재 이스탄불)과 중앙아시아의 6개 호국(胡國)들을 아주 간단하게 기록한 것으로 보아 파사국, 대식국, 대불림국, 호국은 방문국이 아니라 전언국(傳言國)으로 추정된다.

둘째, 전체 여행 기간 4년(723-727 추정)으로는 페르시아 마쉬하드까지 갔다 오기에는 시간상으로 너무 짧다. 카불(당시 가필시국 부근)에서 갔다면, 헤라트를 경유하여 마쉬하드까지는 왕복 2,400킬로미터이고, 발흐(당시 토화라국)에서 갔다고 해도, 헤라트를 경유하여 마쉬하드까지는 왕복 2,200킬로미터이다. 아무 사고도 일어나지 않고, 건강하게 하루에 20킬로씩 걷는다고 가정해도 약 4개월이 걸리는 거리다. 요즘도 중앙아시아 국가들은 비자 받기가 까다로운데, 당시에 수많은 부족국가들을 아무 일 없이 다 통과하여 일사천리로 페르시아까지 갔다 온다는 것은 사실상 불가능하다. 설사 간다고 해도 장건이 그랬던 것처럼, 수많은 억류와 사건 사고가 발생할 가능성이 높다. 범인국(현재 아프간 바미얀)에 대한 기록은 전하면서도, 현장이 그 찬란함에 대하여 경탄해마지 않았던 세계 최대의 석불인 바미얀 대석불에 대한 언급이 전혀 없는 점이나, 7-8세기 당시 각국에서 8,500명이 넘는 구법승들이 유학을 오고, 교수 승려만 1,500명이 넘었던 나란다(나란타사)대학에 대해서도 전혀 언급이 없는 것도, 혜초가 시간에 상당히 쫓기고 있었다는 사실을 방증해준다.

셋째, 장기 도보여행을 할 때는 남자 기준으로 하루에 20-30킬로씩 걷게 된다. 하루 종일 걸어서 피곤하게 되면, 바로 옆에 아무리 유명한 볼거리가 있어도 다 귀찮아지게 된다. 이미 몸이 너무 피곤해져서 파김치가 되었기 때문에 100미터도 엄청나게 힘든 거리가 되고, 아무것도 하기 싫어지게 되는 것이다. 4년 가까이 여행하는 사람이 추가로 2천 킬로 이상 도보로 여행한다는 것은 사실상 어렵다. 혜초가 무슬림으로 순례여행을 간다면, 깊은 신앙심으로 육체적 피곤함을 극복하겠지만, 혜초는 불교 스님이다.

넷째, 여행 경비 조달의 어려움 때문에라도 설득력이 약하다. 19세기 말부터 20세기 초까지 타클라마칸사막 부근을 탐험했던 스벤 헤딘이나, 오렐 스타인, 르 코크, 오타니 등도 정부 차원이나 종교 단체에서 후원을 받아 탐험에 나섰다. 현지에서 필요한 인부와 낙타나 말을 조달하고, 각종 식량과 장비를 구입하는데, 엄청난 비용이 들기 때문이다. 중앙 통제가 미약한 변방을 장악하고 있는 현지 부족장들에게 지불하는 선물과 뇌물은 말할 것도 없다. 교토에 있는 니시혼간지의 주지승이었던 오타니 고즈이는 실크로드 탐사에 너무 많은 예산을 지출하여 주지 자리에서 쫓겨나기도 했다. 이와 같이 스폰서가 전혀 없는 혜초가 혼자서 마쉬하드까지 다녀왔다는 것은 실현 가능성이 극히 낮다고 볼 수 있다. 만일 혜초가 무슬림으로서 순례여행에 나섰다면, 같은 무슬림 형제들이 물심양면으로 도와줄 수 있었겠지만, 이교도인 사람에게까지 선의를 베풀 가능성은 낮다. 오히려 무슬림들은 이교도들에게는 반드시 통행세를 받는다.

마지막으로, 천축국의 8대탑을 유람하는 것이 인도 여행의 목적인 혜초가 굳이 수 천 킬로미터나 떨어진 아프간 서쪽 이슬람 나라들을 여행할 이유도 없다. 당시 아랍 사회 왕조였던 우마이야 왕조(661-750)는 정복전쟁을 통해 아라비아 전 지역은 물론이고, 서쪽으로는 이베리아 반도 대부분과 아프리카 북부, 동쪽으로는 사마르칸트와 카불, 그리고 물탄(파키스탄 중동부도시)을 포함하여 인더스강까지 통치하고 있었다. 그러니까 혜초가 그 지역을 여행했을 726-727년경에는 파키스탄을 북에서 남으로 가로지르는 인더스강 서쪽은 이미 이슬람 왕조들이 통치하고 있었다는 의미이다. 불교도인 혜초가 이미 이슬람화된 페르시아까지 굳이 갈 필요가 있었을까?

길거리에서 만나는 사람마다 '친(Chin)'이냐고 물어 본다. 친은 중앙아시아에서 오랫동안 부르는 중국 사람을 말한다. 영어 차이나(China)도 친에서 나온 단어이다. 최근 이란과 중국의 관계가 좋아서 중국 관광객이 많이 오기 때문이다. 터키에서는 '자폰'이냐고 많이 물어본다. 실크로드에 인력 교류가 왕성한 것이다. 요즈음 중앙아시아 노동인력은 동쪽으로 가고, 동쪽의 여행자들은 서쪽으로 간다. (11월 16-17일, 일-월요일, 맑은 날씨다.)

수니파의 도시, 자헤단

아침도 못 먹고 버스터미널로 택시를 타고 갔다. 호텔에서 아침을 먹고 나오려고 했으나 식당이 8시부터 시작한다고 해서 그냥 나온 것이다. 마쉬하드와 자헤단의 중간도시 비르잔드(약 500킬로미터 거리)으로 가는 7시반 버스에 승차했다. 나중에 자헤단과 밤(Bom)을 거쳐 케르만까지 가는 버스라는 걸 알고, 자헤단까지 가기로 했다. 이 코스는 아프간 국경을 동쪽에 두고 북쪽에서 남쪽으로 카비르사막과 루트사막을 종단하여 계속 내려가는 길이다. 처음에는 자헤단이 별 볼거리가 없어 밤까지 가려고 했으나, 자헤단까지도 이미 15시간이나 걸려 어두워지는 바람에 자헤단에서 내리게 된 것이다. 약 1천 킬로미터 거리다. 부산에서 신의주까지 버스로 달린 셈이다.

▶ 마샤드-자헤단 구간에서 농사를 짓고 있는 주민들

말이 안 통해 애를 먹었다. 나는 이란어를 못하고, 현지인들은 영어를 알아듣지 못하고. 첫 번째 휴게소에서 행상들이 버스에 올라와서 과일이나 과자를 팔았다. 바나나 두 개와 밀감 한 봉지, 웨하스 두개를 샀다. 모두 3만리알(1달러) 정도. 물건 값이 정말 싸다.

풍경은 전형적인 사막 지형이다. 자갈 섞인 모래밭과 벌거숭이 민둥산과 구릉들, 약간의 농토, 광활한 초원과 황무지, 어쩌다 나타나는 오아시스, 와디라고 부르는 마른 하천의 흔적. 아프간과 국경을 접하고 있는 이란 동부 지역은 사막과 산악지대가 많고 유목민도 거의 안 보인다. 민둥산 산등성이에 늘어서 있는 벽돌집 마을이 인상적이다.

도로는 상하 2차선씩 분리된 4차선 고속도로 또는 부분적으로 2차선으로 되어 있고, 노면 상태가 아주 좋다. 터키와 비슷하다. 버스도 상태가 좋다. 그런데 한 번 뒤로 재껴진 의자가 다시 올라오지를 않는다. 옆자리에는 비르잔드까지 가는 60대 할아버지가 앉았다. 히잡을 쓴 젊은 여인이 앉기를 바랐으나 알라께서 내 기도를 들어주지를 않는다. 밀감을 권했으나 거절한다. 껍질을 까서 다시 권하자 받아서 드신다. 이 사람들도 우리처럼 한 번은 거절하는 것이 예의인가 보다.

토르밧(Torbat)에서 운전사가 바뀌었다. 중앙아시아의 다른 나라에서는 장거리 버스는 대개 운전사 두 명이 교대로 운전을 하는데, 여기는 먼저 운전사는 완전히 하차하고 다른 운전사가 올라온다. 카엔(Qaen)을 지날 때 지붕이 둥근 토담집을 보았다. 어떤 곳은 토담을 그대로 두고 겉에 벽돌로 리모델링하는 집도 있다. 점심시간도 없이 계속 달리기 때문에 배가 고프다. 이럴 줄 알았으면 점심거리를 사가지고 타는 건데. 커브 내리막 고갯길에서 트롤리 한 대가 완전히 두 동강이 나버렸다. 내 경험상 졸음운전일 가능성이 높다. 사람이나 안 죽었으면 다행인데.

뒤에 앉은 히잡 쓴 두 아가씨가 명랑하다. 무슬림 여인들은 남자들에게 말을 안걸 줄 알았는데, 차장과 쉬고 있는 교대 운전사와 농담도 하고 잡담도 한다. 둘이서도 쫑알거리면서 히히덕거리기도 한다.

사막에 비가 내린다. 상당히 많은 비다. 지난번에 부하라에서 히바 갈 때도 사막에 비가 내렸었는데. 우리로 치면, 시군 경계를 넘어갈 때마다 운전사가 내려서, 경찰초소에 가서 무언가 신고를 한다. 비르잔드에서 다른 버스로 갈아타고 오후 3시에 자헤단으로 출발했다. 마쉬하드에서 비르잔드까지 버스비는 12만 리알, 간식비가 6만 리알이 들었으니까, 오늘은 10달러로 하루를 지내는 셈이다. 이란이 물가가 싸기는 싸다.

비르잔드부터 30-40킬로까지는 작은 마을이 계속된다. 앉아서 오줌 싸는 남자를 처음 보았다. 이 구간은 휴게소가 없기 때문에 승객이 요구하면 적당한 곳에서 내려준다. 한 중년 남자가 도로 옆에 있는 밭으로 가더니, 바지를 주섬주섬 내리고 앉아서 오줌을 싼다.

순간 마쉬하드 하람에서 나를 안내해주던 가이드의 말이 생각난다. 내가 무심코 화장실 문을 열어둔 채, 서서 오줌을 누었다. 가이드가 당황한 모습으로 내게 오더니, “이란에서는 서서 오줌을 싸면 큰 일 난다”면서 손사래를 친다. 서서 오줌을 누면 화장실이 더러워지니까, 아마도 이슬람 율법에 그걸 금하는 모양이다.

집에서 내 아내도 변기에 앉아서 오줌을 싸라고 항상 잔소리를 한다. 서서 싸면 변기가 더러워진다고. 그래서 변기 앞에 ‘안자’라고 적은 경고문을 붙여 놓았다. 그 사내는 내 아내가 좋아할 사람이다.

운전사와 손님들이 길가 밭에서 무언가 사려고 내린다. 사람들이 무우를 사가지고 올라온다. 이러다 언제 가냐? 이건 완전히 마을버스다. 운전사가 가고 싶으면 가고, 서고 싶으면 서는 식이다. 완전히 엿장수 마음대로다. 사막 중간 중간에 유목민 집이 보인다. 한 채, 두서너 채, 혹은 여러 채씩 모여 있다. 버스 운전사가 경찰초소에 신고하려고 차를 세울 때마다, 꼬마들이 버스에 올라와서 구걸을 한다. 뭐라고 뭐라고 말을 잘 하는데, 통 알아들을 수가 없다.

사막에 보름달이 떴다. 동쪽 산등성이 위에 떠있다. 구름이 한 가닥 걸쳐있다. 별들은 보이지 않는다. 사막엔 별들이 잘 보인다고 하던데----. 우즈백 우르겐치 사막 한가운데에 있는 아이야즈 칼라 유르트에서 잘 때는 별들이 참 많았었다. 그저께 기차로 테헤란에서 마쉬하드로 갈 때도 보름달이 떴었다. 그때는 기차라서 제대로 볼 수가 없었는데, 오늘 밤에는 잘 보인다. 이렇게 달을 보면서 여행하는 날은 흔하지 않다.

몇 년 전에 도보여행을 할 때도 달빛 아래서 걸은 적이 있다. 전남 해남에서 레오네 외가 집을 찾아갈 때, 남해안을 따라 길을 걸을 때도 이렇게 밝은 달이 길을 비추고 있었다.

요즘 여행하면서 핸드폰으로 글을 쓰면서 우리 한글이 참 비과학적이라는 생각이 자주 든다. 불필요한 이중 받침이 너무 많다. 차라리 소리 나는 대로 적었던 1900년대 전반의 한글이 IT시대에는 훨씬 쓰기에 편하다. 한글학자들이 불필요하게 한글을 너무 어렵게 만들어 버렸다. 이중받침은 대학교육을 제대로 받은 나 같은 사람들도 사용하기가 어렵다. 그리고 띄어쓰기도 너무 어렵다. 글로 먹고사는 나도 지금까지 띄어쓰기를 잘 모른다.

예를 들어, '이렇게 달이 밝았었다'를 소리 나는 대로 적으면 다음과 같다. '이러케 달이 발가써따.' 타이핑 횟수가 4-5번이나 줄어든다. 얼마나 시간과 노동이 절약되고 효율적인가? 불필요한 경음도 너무 많아졌다. '장마비'라고 하면 될 것을 굳이 '장맛비'라고 한다. 우리나라 사람들 중 얼마나 많은 사람들이 이런 차이를 알 수 있을까? IT시대에는 여기에 걸 맞는 편리하고 간단한 언어가 필요하다고 본다. 사막을 달리는 버스 안에서 이런 엉뚱한 생각이 들었다. (11월 18일, 화요일, 소나기 후 맑음)

지진으로 무너진 토성의 도시, 밤

이란에 와서 음식다운 음식을 처음 먹었다. 에스테그랄(Esteghlal) 호텔은 50달러짜리로 자헤단에서 가장 좋은 호텔이라 그런지, 메뉴가 그런대로 괜찮다. 이번 이란 여행에서 가장 비싼 호텔이다. 이란에서 50달러짜리면 굉장히 좋은 호텔이다. 어제 버스가 밤늦게 도착해서 선택의 여지가 없었다. 비싼 호텔비를 만회하느라 실컷 먹었다. 어제 밥은 한 끼도 못 먹고, 밤 9시까지 과일과 과자만 먹어서 허기졌던 배를 든든하게 채웠다.

아침에 체크아웃 전에 리셉션에서 경찰에 신고를 한다. 외국인은 등록을 하도록 되어있는 모양이다. 우즈벡과 이란 같은 경찰국가는 아무리 볼거리가 많아도 여행하기 힘든 나라다. 나는 여러 가지 여행 요소 중에서 개인의 자유를 제약하는 걸 제일 싫어한다. 여행을 하는 이유 중 하나가 자유를 누리고 싶어서인데, 이렇게 자유를 제약하면 여행 분위기를 망치기 때문이다.

▶ 자헤단-밤 구간에서 만난 성탑

▶ 자헤단-밤 구간에서 옛 마을 유적

거리에는 파키스탄 사람들이 입는 하얀 옷을 입은 청년들이 여기저기 앉아있다. 이란 사람들이 대체로 깔끔한 편인데, 여기 사람들은 좀 지저분하다. 이 지방은 파키스탄 남부지방인 케타에 고향을 둔 발루치인들이 많이 사는 곳이다. 종교도 대부분의 이란인들이 시아파인데 반해, 이 사람들은 수니파다. 이란 사람들이 한 결 같이 이 사람들은 나쁜 사람들이고, 이 지방은 위험한 곳이라고 말한 이유를 이해하게 되었다. 마쉬하드에서 마리얌 부부도 거기는 위험한 곳이라고 가지 말라고 말렸었다. 종교적 편견은 그렇게 무서운 것이다. 16세기에 유럽에서 일어난 신구 기독교 사이의 30년 종교전쟁도 그 한 예이다.

지난 몇 년 동안 이 지방에서 서너 번의 외국관광객 납치 사건이 일어났지만, 지금은 안전한 것 같다. 지금도 자헤단에서 파키스탄 국경으로 넘어가는 외국인들은 경찰이 직접 에스코트를 해준다. 파키스탄 쪽에서 넘어오는 여행자들도 마찬가지다. 이 지역이 아프가니스탄과 파키스탄 남부에서 유럽으로 건너가는 아편의 밀수 루트라서 경찰의 감시가 심한 것도 사실이다.

택시기사가 틀어준 음악이 중국 신장 음악과 매우 비슷해서 깜짝 놀랐다. 미리 알지 않고 들으면 신장 음악이라고 할 정도다. 그 이유는 주요 연주 악기가 비파이기 때문이다. 비파는 일본 사미센에도 영향을 미쳤다. 신장 쿠처나 호탄의 음악이 파키스탄과 아프가니스탄을 거쳐, 페르시아 남부지방으로 흘러든 것이다. 이란 북동쪽은 확실한 자기 종교와 전통문화가 있기 때문에 그 장벽은 뚫지 못하고, 같은 수니파라서 진입이 비교적 쉬운 남동쪽 지방으로 자연스럽게 흘러든 것이다.

이런 음악의 유사성은 이번 실크로드 여행에서 아주 중요한 발견이다. 유리 제품의 원산지가 페르시아라는 사실과 함께. 지금도 아프간과 파키스탄에서 이란의 케르만과 호르무즈해협을 거쳐, 유럽이나 중동으로 가는 물자들이 이 지방을 지나가고 있다. 물론 아편이나 헤시시 같은 마약도 함께. 과거 실크로드의 기능이 아직도 그대로 살아있는 것이다.

황량한 사막에 토담집들이 군데군데 서있다. 마치 유령들이 나올 것 같은 그런 분위기다. 같은 사막지형인데도 마쉬하드-자헤단 노선보다 자헤단-밤 노선이 더 황량해 보인다. 더 가난해 보이고. 이 지방은 검문도 훨씬 더 심하다. 경찰이 여권을 가지고 가서 20분이나 버스를 기다리게 한다. 어떤 곳에서는 배낭까지 샅샅이 뒤진다. 이번 실크로드 답사에서 이렇게 심한 검색은 처음이다.

이란과 중앙아시아에서는 이런 검문을 자주 당하다 보니, 이제는 이골이 나서 그런가보다 한다. 정말 이런 곳은 실크로드만 아니라면 오고 싶지 않은 곳이다. 차가 검문소에서 멈추었다 출발할 때마다, 차장이 뭐라고 선창하면 승객들이 모두 따라한다. 아마도 알라신께 여행의 안전을 비는 기도일 것이다.

산들은 신장의 산들과 비슷하다. 나무 한그루 풀 한포기 자라지 않는 황량한 민둥산. 물 한줄기 나오지 않을 것 같은 깡마른 땅. 그런데 저런 땅에도 생물이 살고, 물이 있고, 사람이 산다. 인간이 자연환경에 대한 적응력이 정말 강하다는 사실은 사막에 사는 사람들을 보면 안다. 그들은 물 한 방울 나오지 않는 사막에 카나츠qanats(신장에서는 카레즈qarez 또는 칼징qalzing이라고 부른다)라는 지하수로를 인공으로 만들어서 농사나 생활용수로 이용하고 있다. 이처럼 인간의 생명력은 질긴 것이다. 실크로드 덕분에 투르판 지역과 발루치 지역이 비슷한 관개시설을 이용하고 있는 것이다.

도로는 2차선으로 노면상태는 좋은 편이다. 양쪽으로 낮은 산들이 이어지고, 그 사이에 폭이 십여 킬로쯤 되는 사막이 펼쳐지고, 그 사이로 도로가 나있다. 자동차가 다니기 전에는 낙타나 나귀에 짐을 싣고 다니거나 사람들이 걸어 다녔던 길이다. 중앙아시아에 흔한 말이나 소는 거의 보이지 않는다. 이 길이 바로 아프간과 파키스탄에서 페르시아만 호르무즈 항구로 가는 중요한 실크로드였던 것이다.

버스가 굴곡이 심한 협곡을 지나간다. 옆으로는 와디(사막 건천)가 흐르고 있다. 멋진 사막 경치다. 사람들은 사막이 뭐가 아름답냐고 말하지만, 사막을 직접 와본 사람들은 그런 말을 하지 않는다. 여기서도 걸인들이 버스 안에까지 들어와서 구걸을 한다. 차장이 뭐라고 해도 막무가내다. 차장이 오렌지 쥬스와 케익을 하나씩 나누어 준다. 멀리 신기루가 보인다. 멀리 사막 표면에 하얀 물이 떠있는 것처럼 보인다. 하얀 소금을 뿌려놓은 것처럼 보이기도 한다. 달빛에 비친 하얀 메밀밭처럼 아름답지는 않다. 옛날에는 사막 여행자들이 저 신기루에 홀려서 많이 죽었다고 한다. 탈진 상태에서는 헛것이 보이니까 당연히 그랬을 것이다.

도로를 따라 작은 돌을 철로처럼 줄지어 놓았는데 뭔지 모르겠다. 무슨 군사시설이 있는지 차장이 양쪽 커튼을 모두 친다. 송전탑 때문인가? 사막에 일정한 간격으로 봉긋이 솟아오른 작은 봉우리는 인공수로인 카나츠다. 모래사막이 나타나기 시작한다. 사막 한가운데라 그런지, 햇빛이 엄청 강하고, 상당히 덥다. 어떤 곳에서는 바다처럼 평평한 사막 수십 킬로를 달린다. 거의 다 흔적이 사라진 집터와 마을의 흔적이 여기저기에 흩어져 있다. 파흐라즈(Fahraz)에 도달하기 전에 큰 마을의 흔적이 남아있는 옛날 유적지를 보았다. 도로변에는 대추 야자나무 숲이 많다.

정말 헤시시를 하는 친구가 있다. 점심을 먹으려고 버스가 멈춘 어떤 작은 마을에서 그는 비닐봉지에 든 녹색가루를 나에게 권하더니, 내가 거절하자 자기 코에 대고 흡입하는 것이었다. 그게 헤시시인지는 모르겠으나, 가이드북에는 이 지역에서는 헤시시가 애용된다고 나와 있다.

오후 2시경에 밤에 도착했다. 약 270킬로미터 거리다. Akbar Guest House에 숙소를 정했다. 아침 포함 20달러. 짐을 풀고 아르게 밤(Arge Bom)에 올라갔다. 이란 사산 왕조부터 2천년 넘게 건재했던 이 성채는 2003년 대지진으로 심각하게 파괴되었다. 흙으로 지은 성곽 도시라서 더 파괴가 심했다고 한다. 지금은 한창 복원 중이었다. 그래도 투르판의 고창고성이나 교하고성보다는 훨씬 상태가 좋았다. 그 안에는 바자르도 있고 카라반사리도 있다. 과거에는 인도에서 페르시아만으로 빠지는 실크로드에서 중요한 역할을 했을 것이다. 13세기에 이 성채를 본 마르코 폴로도 그 아름다움에 놀라움을 금치 못했다고 한다.

게스트 하우스에서 한국 젊은이 두 명을 만났다. 게스트 하우스에 들어가려고 하는데, 남녀 한 쌍이 대문을 걸어 나온다. 나는 중국 청년들인 줄 알고 영어로 인사를 했는데, 한국말로 인사를 한다. 그들은 여행 중에 만났다고 한다. 그런데 한 방을 썼다. 요즘 젊은 친구들은 화끈해서 좋다. 맘에 들면 바로 동거에 들어가고. 서양 친구들처럼.

폴이라는 이태리 친구와 함께 넷이서 저녁을 먹으러 갔다. 너무 말이 많고, 아는 체를 해서 내가 면박을 좀 주었다. 내가 좀 참았어야 하는데. 여행 다니면서 약간씩 보거나 경험한 것을 그 사람들의 모든 것인 양 일반화해서 얘기했다. 아마 나도 그럴지 모른다. 남의 티눈은 보면서 내 들보는 보지 못하는 나부터 반성해야 한다.

역시 여행은 혼자 해야 한다. 다른 사람하고 섞이니까 트러블이 생긴다. 영국 친구들하고는 1주일이나 같이 다녔어도 아무 문제도 없고, 오히려 서로 도움이 되었는데, 이태리 친구는 만난지 1시간 만에 불화가 생겼다. 왜 서유럽 사람들이 이태리 사람들을 예의가 없고 천박하다고 깔보고 얕보는지 이해가 된다. 나는 유럽 자동차 여행기(부부가 함께 떠나는 유럽 자동차 여행)에서 이태리 사람들의 민도가 동유럽 사람들보다 약간 높다고 쓴 적이 있다. 그 민도를 오늘 다시 경험했다. 내가 그 사실을 깜박하고 실수를 저지른 것이다. (11월 19일, 수요일, 맑은 날씨다.)

▶ 지진으로 파괴된 아게르 밤의 이모저모

밤-케르만

아침 9시 버스로 케르만으로 출발했다. 약 240킬로미터. 원래는 오후 4시 버스로 한국 젊은이들을 따라 호르무즈(반다르 압바스)로 가기로 했었다. 그러나 밤차를 타면 주변 풍경을 볼 수 없고 너무 피곤해서, 다음날 투어에 영향을 미치기 때문에 계획을 변경했다.

▶ 자헤단-케르만 구간에서 만난 사막마을 풍경

주변 경치는 자헤단에서 밤 구간과 별로 다르지 않다. 전형적인 척박하고 황량한 사막 지형이다. 지형과 산들도 신장 타클라마칸사막에 있는 산들과 똑같다. 여기에도 역시 사람들은 굳세게 살고 있었다. 군데군데 지붕이 둥근 토담집들과 작은 마을들이 보인다. 약 세 시간 거리다.

발루치 승객들의 행색이 한 결 같이 궁색하고 초라하다. 이 지방 사람들이 홀대받고 있다는 걸 단적으로 증명해준다. 이들이 대개 수니파인데다가 파키스탄 남부에서 이주해온 발루치족 사람들이기 때문에 이란 정부로부터 홀대를 받고 있는 것 같다. 멀리 왼쪽으로 설산이 보인다. 도로는 2차선 또는 4차선으로 노면 상태는 좋다. 케르만 경계에서는 마약견 검사만 하고 사람은 검사하지 않았다.

▶ 케르만에서 먹은 점심 메뉴

이쪽 산들은 깡마른 바위산으로 웅장하고 위엄이 있다. 그 앞에는 모래산들이 바위산들을 가로막듯 서있다. 이란 사막에서는 야생 낙타를 한 마리도 보지 못했다. 신장에서는 자주 볼 수 있었는데. 여기 사막도 쓰레기로 몸살을 앓고 있다. 사람이 지나간 흔적이 있는 곳에는 반드시 쓰레기가 아무렇게나 흩어져 있다.

케르만에 도착해서 아민호텔에 짐을 풀었다. 점심을 먹으러 간 식당에서 히잡을 쓰고 물담배를 피우고 있는 여인을 보고 약간 놀랐다. 물담배를 피우는 남자들은 많이 보았지만, 여자는 처음이다. 손님들이 칸막이 방에 앉아서 식사도 하고, 물담배도 피우고, 잡담도 하는 카페식 레스토랑이다. 알리라는 남자가 피우는 물담배를 피워보았다. 약초 냄새가 난다. 호스로 된 파이프를 통해 숨을 들이쉬면, 유리병에 담긴 물이 뽀골뽀골 하면서 담배 연기가 입안으로 들어온다. 일반 담배보다는 순한 거 같았다.

▶ 사르타사리 바자르

▶ 사르타사리 바자르와 붙어 있는 골샨 카라반사리

▶ 식당에서 물담배를 피우는 알리

▶ 사르타사리 바자르에서 만난 순진한 어린이들

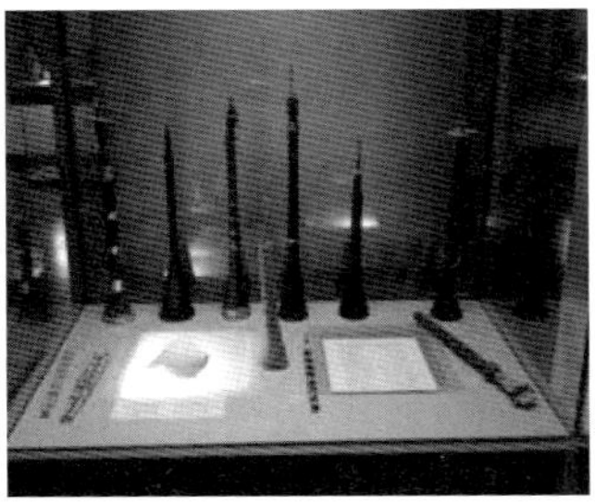

▶ 악기박물관 이모저모(케르만)

사르타사리 바자르와 골샨 카라반사리, 그리고 한 건물에 붙어있는 고고학박물관과 악기박물관에 다녀왔다. 악기박물관에 있는 악기들을 보고 우리 장고와 퉁소, 피리가 어디서 왔는지 금방 알 수 있었다. 그런데 이런 사막 한가운데 도시에 이렇게 멋진 박물관을 만들어 놓은 사람들에게 감탄하지 않을 수 없었다. 단지 도시가 크다고 문화 수준이 높아지는 것이 아니라, 아무리 작은 도시라도 거기 사는 사람들의 문화적 역량이 풍부하면, 그 도시의 문화 수준은 높아진다는 사실을 새삼 케르만에서 깨달았다. (11월 20일, 목요일, 맑음)

마르코 폴로와 이븐 바투타가 방문한 항구, 호르무즈

케르만 버스터미널에서 9살 먹은 파르좆이라는 어린이가 하얀 봉투를 팔고 있다. 나는 봉투가 필요해서 그걸 샀는데, 나중에 보니 그날의 운세를 점치는 종이가 들어있었다. 나는 단순히 편지 봉투인줄 알고 1만 리알을 주고 3장을 집었다. 그런데 그 아이가 한 장을 다시 돌려달라고 한다. 그러니까 한 장에 5천 리알이었나 보다. 다른 청년이 그 봉투 안에 들어있는 메세지를 읽어주었는데, 하나는 아주 좋고 하나는 나빴다.

어린아이가 학교도 안가고 저런 행상을 하는 걸 보니 안쓰러운 마음이 든다. 우리도 60-70년대에는 저런 아이들이 많이 있었지. 바나나를 팔고 있는 그 형과 사진을 한 장 찍어서 보여주니 활짝 웃는다. 나중에 보니 버스에 이런 어린이 행상이 여러 명 올라왔다.

30분 연착해서 9시 반에 버스가 호르무즈(반데르압바스)를 향해 출발했다. 약 500킬로미터 거리다. 케르만에서 쉬르잔(Sirjan) 구간도 전형적인 사막지형이다. 또 비가 내린다. 날마다 이슬람 종교 음악만 나오더니, 처음으로 대중가요가 나온다.

파히메가 말을 걸었다. 히잡을 쓴 여인이 이란에서 나에게 먼저 말을 건 것은 처음이다. 그리고 이건 사건이다. 바로 호구조사에 들어갔다. 그녀는 호르무즈 시내에 살고 있으며, 28살이고, 29살인 남편과 살고 있다. 아직 아이는 없단다. 돈이 없어서 아직 가질 계획이 없단다. 케르만에 사는 부모님을 만나고 돌아가는 길이란다. 기본적인 대화를 할 만큼 영어를 한다. 더구나 집에 초대까지 해주었다. 남편의 허락을 받아야 하지 않느냐고 묻자, 자기가 결정하면 그만이란다. 우리 같으면 어림도 없는 일이다. 도로는 2차선 또는 4차선으로 좋은 편이다. 터키만큼은 아니어도 중앙아시아나 코카서스와는 비교가 안 될 정도로 좋다. 여기도 지붕이 둥근 토담집들이 많다.

점심시간에 파히메가 자기가 뚱뚱하냐고 물어본다. 이럴 때는 어떻게 대답해야 하나? 그냥 보통이라고 대답했다. 그리고 남편은 뭐라고 하느냐고 물어보았다. 남편은 괜찮다고 한다고 말했다. 그럼 신경 쓸 것 없다고 말해주었다. 갈색 차도르로 가려서 그렇지 그녀는 상당히 뚱뚱했다. 이유를 금방 알게 되었다. 그녀는 버스 안에서도 먹을거리를 잔뜩 싸가지고 와서 끊임없이 먹어댔다. 그 칼로리가 다 어디로 가겠는가? 왜 검은 색 챠도르를 입지 않느냐고 물었다. 자기는 검은 색 챠도르는 싫어한다고 말했다. 큰 도시에서는 굳이 안 입어도 된다고. 남편이 허락하면 히잡만 하면 된단다.

▶ 버스터미널에서 하루의 운세를 점쳐보는 종이를 파는 아이와 바나나를 파는 형

점심시간을 30분이나 주었는데도 속이 안 좋아서 먹을 수가 없다. 지금까지 거의 설사를 한 적이 없었는데, 아침을 먹고 나서 두 번이나 화장실에 갔다 왔다. 새로운 음식은 포장 치즈 밖에 없었는데. 싸구려 호텔 음식이라 그런가?

사막에 대추야자나무가 나타나기 시작한다. 여기서는 이 나무가 집과 마을을 둘러싸고 있다. 오아시스인 것이다. 신장에서는 포플러나무가 오아시스를 만들었었는데. 그리고 옥수수 비슷한 밭작물이 그 주변에 펴져있다. 가콤(Gahkom)을 지나서 큰 고개를 넘는다. 산들이 우람하고 상당히 험하다. 우락부락하게 생겼다. 둔황에서 옥문관 갈 때 본 것처럼 정말 험상궂게 생긴 산도 있다. 이렇게 큰 산맥 사이에 있는 협곡을 찾아내어 길을 만든 사람들의 지혜에 감탄할 뿐이다. 고개 너머부터는 사막과 산과 계곡이 어우러져 경치가 꽤나 볼만하다.

호르무즈 항구로 나가고 들어오는 화물차들이 많다. 케르만 쪽으로 들어오는 차가 훨씬 많은 것 같다. 일반 승용차도 상당히 많다. 여기는 실크로드가 여전히 제 구실을 하고 있다. 웬일인지 버스 안에서 석유 냄새가 진동한다.

호르무즈에서 파히메 부부와 저녁을 함께 먹고 헤어졌다. 그 부부는 자기 집으로 가자고 했으나 너무 집착이 심해서 부담이 되었다. 주는 쪽에서 너무 친절이 심하면 받는 쪽에서는 친절이 아니라 부담이 되는 것 말이다. 집에 가면 너무 피곤할 거 같아서 호의를 사양하고 호텔을 잡았다. 내일 일정까지 차질이 생길 것 같아서 거절한 것이다.

다음날 아침, 호텔에서 호르무즈 해변으로 나가다가 작은 재래시장을 모았다. 시장은 지구촌 어디서나 볼거리가 많고 가장 재미난 곳이다. 시장에는 여러 가지 채소나 가축을 팔려고 나온 사람들이 골목길을 따라 여기저기 앉아 있었다. 염소, 개, 고양이, 닭, 오리, 비둘기, 애완용 새 등을 팔고 있었다. 가장 특이한 것은 색깔을 칠한 병아리였다. 병아리에 여러 가지 색깔을 칠해 예쁘게 화장을 시켜서 팔고 있었다. 한쪽에서는 개싸움이 벌어졌는데, 구경꾼들에게 가장 인기가 좋았다. 갑자기 필리핀에서 보았던 닭싸움이 생각났다. 처음에는 손님들이 별로 없었지만, 내가 골목을 나올 때쯤에는 인산인해로 어깨를 부딪치며 걸어야 할 정도가 되었다.

호르무즈 해변에는 검은 모래사장이 백여 미터 정도 펼쳐져 있다. 한비야씨가 여행 중에 이란 청년과 연애를 했다는 바로 그 해변이다. 텐트가 몇 개 있고, 피서객들은 수백 명 정도였다. 햇빛은 강렬한데 그늘 한 점 찾을 수가 없다. 낚시질 하는 사람, 사진 찍는 가족, 바다만 바라보고 있는 사람, 핸드폰으로 누군가와 열심히 통화하고 있는 사람, 아이들과 음식을 먹고 있는 부모들, 바닷물에 발을 담그고 있는 히잡을 두른 여인들.

▶ 호르무즈 재래시장 이모저모. 닭을 팔고 있는 여인의 히잡이 독특하다.

▶ 히잡을 쓴 채, 커누를 배우고 있는 여성들

▶ 낚시를 즐기는 일가족

◀ 물담배를 피우고 있는 청년들과 필자

▶ 호르무즈 해변 도로에서 만난 발루치족 사람들

▶ 아이스크림 가게에서 만난 이란 청년들

히잡을 두른 아가씨 네 명이 웃으면서 지나간다. 남자들이 지나가면서 이것저것 물어본다. 가장 많은 질문은 중국인(친)이냐? 는 것이다. 일본인이냐? 꼬레이냐? 라고는 거의 안 물어본다. 그 다음은 이란이 좋은 나라냐? 나쁜 나라냐? 라고 묻는다. 미국과 서방이 하도 악선전을 해놓아서 이 사람들이 노이로제에 걸린 것이다. 지나친 과잉 친절도 문제다. 왜 그렇게 외국인에게 관심이 많은지 모르겠다.

하기야 나 어릴 때도 우리 동네에 미군 고문관들이 나타나면, 온 동네가 난리가 났었다. 그들은 대개 지프 앞자리에 멋진 선글라스를 낀 한국 누나들을 한 명씩 태우고 다녔다. 나는 그중 한 명의 얼굴을 지금도 기억하고 있다. 정말 공주처럼 예쁜 누나였다. 어린 나에게는 소피마르소보다 더 예뻤던 기억이 난다.

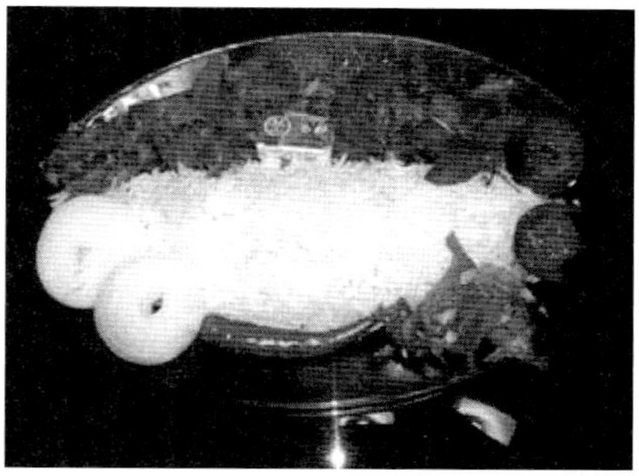

▶ 호르무즈에서 먹은 점심 메뉴

페르시아만(걸프만) 바다 쪽으로는 남북으로 늘어진 긴 섬이 하나 떠있고, 그 북쪽으로는 수많은 유조선과 대형 선박들이 점점이 떠있다. 경비정들은 어디론가 쏜살같이 달리고 있다. 여기 호르므즈해협은 전략적 요충지로 세계 경제의 생명줄을 쥐락펴락 하는 곳이다. 중동 석유의 80퍼센트 이상이 여기를 통해서 나가기 때문이다. 이란이 유사시에 이 해협을 봉쇄하겠다고 위협하는 것도 바로 이 때문이다. 이 바다 바로 건너편이 오만이고, 그 옆이 두바이, 그 옆이 아부다비이다.

내가 케르만에서 여기까지 온 것은 석유 때문이 아니라, 마르코 폴로와 이븐 바투타를 만나기 위해서다. 마르코 폴로(1254?~1324)와 이븐 바투타(1304~1368)가 이 부근 어딘가에 상륙했을 것이다. 폴로는 18년간의 중국 생활을 마치고 베니스로 가는 귀향길에 여기에 들렀다. 여기서 내륙으로 들어와 케르만-야즈드-이스파한-타브리즈-도우베야짓(여기부터 터키)-에르즈룸을 경유하여, 흑해 항구 도시인 트라브존에서 배를 타고 지브로올터 해협을 통과하여, 꿈에 그리던 고향 베니스로 돌아갔던 것이다.

김호동의 〈동방견문록〉에 의하면, 마르코 폴로의 귀향은 다음과 같은 배경에서 성사될 수 있었다. 페르시아 지역을 통치하고 있던 일 한(칸)국(몽골 4개 제국의 하나)의 군주 아르군(Arghun, 재위 1284~1288)은 1286년에 부인이 죽자, 다른 부인을 보내달라고 원나라 대칸인 쿠빌라이에게 요청했다. 쿠빌라이는 코카친이라는 몽골 여인을 선발하여 사신과 함께 중앙아시아를 지나는 육로로 보냈으나, 당시 카이두 측과의 전쟁으로 길이 막혀 다시 돌아오고 말았다. 카이두는 징기스칸의 뒤를 이었던 우구데이의 손자로, 쿠빌라이에게는 조카뻘 되는 인물이다. 그때 마침 인도양을 다녀 온 마르코 폴로의 이야기를 들은 사신들이, 폴로가 귀향길에 왕녀를 아르군에게 데려다주면 어떻겠냐고 제안했고, 폴로가 동의해서 이루어진 것이다. 그때가 대략 1290년 말이나 1291년 초였던 것으로 추정된다.

폴로 일가와 공주를 호송하는 일행을 태운 14척의 선단이 천주(泉州)항을 출발하여, 남지나해와 인도양을 거쳐, 26개월 만인 1293년 상반기(추정)에 마침내 페르시아만에 있는 호르무즈에 도착하게 되는 것이다. 그들이 도착했을 때, 아르군은 이미 사망하여 그의 동생인 게이하투(Geikhatu, 재위 1291~1295)가 군주 자리를 승계하고 있었다. 그는 공주가 아르군의 아들 가잔(Ghazan)과 결혼하도록 명령했다. 왕녀와 폴로 일행은 다시 가잔을 만나러 테헤란 서북방에 있는 카즈빈 부근의 아부하르로 가서 혼례를 치렀다. 폴로는 이별을 슬퍼하며 눈물을 흘리는 공주를 가잔에게 무사히 넘겨주고, 다시 게이하투가 있는 타브리즈(당시 일 칸국의 수도)로 갔다. 그곳에서 9개월 간 머문 뒤, 트라브존으로 가서, 1295년에 베니스로 향했던 것이다.

이븐 바투타는 폴로보다 약 40년 후에 1331년 예멘과 오만을 거쳐 호르무즈에 도착했다. 1304년 모로코 탕헤르에서 태어난 그는 1325년 21세에 홀로 메카 성지순례와 이슬람 동방세계 탐험을 결심하고, 대장정에 나서 30년간 아시아(중국까지)와 유럽(남부 스페인과 볼가강 유역), 그리고 아프리카(서북부 지역) 각지를 여행했다. 애초 성지순례와 이슬람문명 탐구를 목적으로 시작한 여행은 점차 그에게 미지의 세계에 대한 무한한 열정과 탐구심을 불러 일으켰다. 그리하여 온갖 어려움과 죽음을 무릅쓰고 장장 10만km에 이르는 여정을 답파했다. 그는 귀향 후 이를 기록으로 남기고, 1368년 모로코에서 죽었다. 그는 다음과 같이 호르무즈를 서술하고 있다(정수일 역, 이븐 바투타의 〈여행기〉 중에서).

호르무즈는 해안에 있는 도시로서 일명 무그 아쓰탄이라고도 한다. 바다를 사이에 두고 맞은 편에 신 호르무즈가 있다. 바다를 사이에 둔 두 도시는 3 파르싸흐 떨어져 있는데, 우리는 우선 신 호르무즈에 도착했다. 하나의 섬으로서 여기에는 자룬이란 도시가 있다. 아름답고 큰 도시로서 시가지도 꽤 흥성거린다. 인도와 씬드에서 오는 선박의 정박지이며, 여기서 인도의 화물이 이라크나 페르시아, 후라싼으로 운반된다.---- 식료품은 물고기와 바스라나 오만에서 실어오는 말린 대추야자다.

약 700여 년 전에 이븐 바투타가 묘사한 호르무즈와 지금의 호르무즈가 너무도 흡사해서 놀랍다. 호르무즈는 아름다웠고, 인도와 중앙아시아 그리고 아랍과 유럽에서 오는 물자들을 실어 나르는 배들로 분주했다. 당시와 다른 풍경이 있다면, 지금은 원유를 실어 나르는 배가 엄청 많다는 점이다. 수백 년 동안 페르시아만과 호르무즈는 그 풍경과 역할에 변함이 없는 것이다.

요즘도 국경을 넘나드는 일이 힘든 일인데, 옛날에는 이런 여행자들이 얼마나 고생이 심했겠는가? 실크로드를 여행했던 법현 현장 혜초 엔닌 등도 마찬가지다. 길이 험했던 것이 아니라, 비자 세금(통행료) 교통 숙박 음식 환전 강도 등이 더 힘들었던 것이다. 나도 이란 비자를 받으러 아르메니아 예레반에 갔으나, 비자를 못 받아서 터키 트라브존으로 되돌아왔다. 설상가상으로 비행기표도 없어서 테헤란으로 가는 비행기 조차 탈 수 없었다.

내가 이번에 직접 확인한 바에 의하면, 여행자에게 언어는 그리 문제가 되지 않는다. 현지 사람들과 그들이 운용하는 제도가 더 문제였다. 받기 힘든 비자, 느리고 불편한 교통, 더럽고 불편한 숙박, 입에 안 맞는 음식, 엉터리 여행정보, 보장되지 않는 안전, 무자비한 검문검색 등등.

바다에 물 위를 헤엄치는 고기떼가 보인다. 수면 위를 낮게 날아다니거나 자멱질하는 바닷새도 있다. 제방을 따라 남쪽으로 1킬로쯤 떨어진 곳에 수상 보트장이 있다. 거기에는 더 큰 해변과 놀이시설이 있었다. 한 쪽에서는 여러 명의 아가씨들이 히잡을 쓴 채로 카누 타는 레슨을 받고 있었다. 이란이 여성 통제가 심한 종교국가이지만, 실제 당사자들은 원하는 것은 다 즐기고 있었다.

해변에는 사람들이 많이 늘어나 있었다. 그중 신기한 건 바닷가에서 물담배를 피우는 남자들이었다. 어떤 할아버지가 주인이고, 주로 청년들이 고객이었다. 나도 한 모금 빨아보았다. 케르만 한 카페에서 알리의 물담배를 피워 본 이후 두 번째다. 우리 담배보다는 훨씬 약하고, 어떤 향기가 들어 있었다. 담배에 어떤 향초를 섞느냐에 따라 향이 달라지는 것이다. 향초는 고객이 원하는 대로 얹어준다. 나는 사지는 않고, 다른 청년 걸 빌려 피우면서 사진을 부탁했다.

오후 두 시 반 버스로 쉬라즈로 이동했다. 약 580킬로미터 거리다. 10시간이나 걸린다. 버스가 어느 노선으로 달릴지 궁금했었는데, 해안도로로 한 시간쯤 달리다가 라르(Lar)와 자흐롬(Jahrom)을 경유하는 내륙 코스로 빠진다. 지도상으로는 세 노선 중에서 그 노선이 제일 지름길이다.

다른 사막 코스 보다는 키 큰 나무가 더 많고, 날씨가 상당히 후덥지근하다. 지붕이 원추형인 무덤이 여러 개 보인다. 어디인지는 모르지만 투루판 화염산처럼 황량한 큰 산이 도로를 정면으로 가로막고 있다. 이런 지형은 별로 보지 못했다. 산은 그랜드캐년처럼 보인다.

여기는 도로 주변에 호스로 물을 공급하여 농사를 짓고 있다. 버스 창문을 통해서 보이는 새파란 농작물이 무엇인지는 모르겠지만, 사막에 저런 녹색지대가 있다는 것은 사막에 사람이 살고 있다는 증거다. 대추야자나무도 많이 보인다. 대추야자나무와 야자나무는 사촌 간이다. 매우 비슷해서 얼핏 봐서는 잘 모른다. 여기 사막에서 자라는 나무는 타클라마칸에서 볼 수 있는 회양목이 아니다. 이름은 모르겠지만 더 짙푸른 것 같다. 길가에 무너진 카라반사리가 옛날에 지나갔던 길손들을 애타게 기다리는 것처럼 쓸쓸하게 서있다.

이 지역도 검문검색이 심하다. 경찰이나 군인들이 검문소에서 검색을 이유로 차를 잡아 놓고 온갖 행패를 다부리는 것이다. 물론 돈도 엄청 뜯어간다. 무슨 잘못을 했는지 두 청년이 수갑을 찬 채, 초소 땅바닥에 나뒹굴고 있다. 경찰들은 그들의 인권이란 눈꼽만큼도 고려하지 않고, 지나가는 사람들이 다 구경할 수 있도록 길바닥에 방치해 두었다. 위대한 페르시아 문명과 실크로드 유적과는 어울리지 않는 또 다른 이란의 어두운 모습이었다.

버스가 자정이 넘어서 쉬라즈에 도착했다. 운전사가 어느 로터리에 나를 내려주고 이스파한을 향해 떠났다. 내린 손님은 나 하나뿐이었다. 이 버스는 이틀 동안 테헤란까지 가는 장거리 버스다. 예약한 Niayesh Boutigue Hotel을 찾아갈 일이 막막해서 택시를 잡았다. 그런데 택시 운전사가 이 호텔을 찾지 못한다. 가이드북에 나와 있는 지도와 주소를 알려주어도 그 부근에서만 맴맴 돈다. 30분 넘게 해매서 내가 우연히 본 사산(Sasan)호텔로 가자고 했다. 그랬더니 시간을 많이 허비했다고 택시비를 더 내라고 한다. 아니 누구 때문에 그런 것인데----. 내가 오히려 택시비를 주고 싶은 마음이 없었다. 단호하게 거부하고 호텔로 들어가 버렸다.

아침 포함 25달러. 시설은 양호한 편. 호텔 직원이 그런 택시는 정식 택시가 아니라서 봉변을 당하기 쉽다고 말했다. 개인들이 경찰 단속을 피해서 불법 영업을 하는 것이란다. 그나마 호텔이 마음에 들어서 다행이다. (11월 21-22일, 금-토요일, 대체로 맑음, 때때로 비가 내렸다.)

페르시아의 보물, 페르세폴리스

아침에 40달러에 택시를 대절하여 페르세폴리스, 파사르가데, 나크쉐 로스탐, 나크쉐 라잡을 둘러보기로 했다. 사실은 이 코스를 둘러보는 패키지 여행이 있었는데, 어젯밤 내가 너무 늦게 도착하여 예약을 못했던 것이다. 비자 발급 등 온갖 어려움 속에서도 내가 꼭 이란에 오기로 마음먹은 것은 바로 페르세폴리스 때문이다. 그만큼 오랫동안 보고 싶었던 유적이었다. 시리아 팔미라, 요르단 페트라와 더불어 내가 실크로드에서 꼭 보고 싶었던 유적이다. 페르세폴리스만 아니었으면, 이란 비자는 진즉 때려치웠을 것이다.

▶ 하페즈 무덤

페르세폴리스로 출발하기 전에 하페즈 무덤에 들렀다. 운전사가 영어를 전혀 못한다. 의사소통이 되지 않으면 하루 종일 함께 다니기가 힘들 텐데. 이건 내가 중국 신장이나 중앙아시아 다른 국가들에서 이미 경험해서 잘 알고 있다. 10달러 정도 더 주더라도 영어를 할 줄 아는 운전사가 여행에 도움이 된다.

쉬라즈는 하페즈와 사디의 고향이다. 쉬라즈 하면 하페즈와 사디라고 할 정도로 이란 사람들에게는 유명한 곳이다. 하페즈 무덤은 정원과 함께 아담하고 깨끗하게 관리되고 있었다. 하페즈(1325-1389)는 이란 사람이라면, 그의 시 한 구절쯤은 암송할 수 있을 정도로 유명하고, 이란인들의 추앙을 받는 대시인이다. 우리의 김소월이라고 보면 된다. 그래서 이란 사람들은 집에 꾸란과 함께 하페즈의 시집 한 권쯤은 반드시 갖고 있다고 한다. 그리고 일상적인 대화에서도 그의 시를 자주 인용한다고 한다. 시간 때문에 사디 무덤에는 가보지 못했다.

한국 단체 관광객들도 눈에 띈다. 우리 여행 상품이 쉬라즈까지 오다니, 이건 대단한 발전이다. 관광 전공자로서 정말 고무적인 일이다. 우리 여행 범위가 그만큼 넓어졌다는 증거이니까. 제발 우리 관광객들도 이렇게 외진 곳까지 와서 페르시아 문명의 과거 흔적을 감상하는 수준 높은 여행자가 되길 바란다.

페르세폴리스는 쉬라즈에서 동북쪽으로 100킬로미터 쯤 떨어져 있다. 페르세폴리스 바로 앞에 있는 Apadana Hotel에 짐을 풀고, 다른 유적을 둘러보고 다시 돌아오려고 했다. 그런데 가는 날이 장날이라고 11월부터 2월까지는 손님이 적어 영업을 안한단다. 할 수 없이 유적에서 1킬로미터 쯤 떨어져 있는 Tourist Hotel에 짐을 맡기고 길을 나섰다. 지금 가려고 하는 유적들은 모두 택시나 투어버스 없이는 가기 힘든 곳이다.

호텔을 나와 파사르가데(Pasargadae)로 가기 전에 나크쉐 라잡(Naqsh e Rajab)과 나크쉐 로스탐(Naqsh e Rostam)을 먼저 들르기로 했다. 이 유적들은 모두 페르세폴리스에서 오륙 킬로 부근에 있다. 라잡은 페르세폴리스와 같은 산자락 끝에 있고, 로스탐은 라잡에서 이삼 킬로쯤 되는 벌판을 지나, 우뚝 서있는 거대한 바위산 절벽에 자리 잡고 있다.

▶ 샤푸르 1세와 신하들

▶ 아루다쉬르 1세가 샤푸르 1세에게 왕위를 계승하는 장면

▶ 조로아스터교의 신인 아후라 마즈다(오른쪽)로부터 하늘의 링(신권)을 받는 아르다쉬르 1세

라잡에는 삼면이 둘러싸인 나즈막한 바위 절벽에 3개의 부조가 새겨져 있다. 이 부조들은 사산 왕조(226~651)의 샤푸르 왕(재위 기간 240~270)과 아드라시 1세인 것으로 추측되고 있다. 라잡을 보는 순간 서산마애불이나 경주 남산에 있는 바위에 새긴 불상들이 연상되었다. 그림을 새긴 그 조각 기법이 매우 비슷하다. 사산 왕조는 당시 인도 카쉬미르와 간다라 왕국에서도 조공 사신들이 다녀갔기 때문에 충분히 기술 교류가 가능했을 것이다. 간다라 왕국은 바로 중국 한국 일본에도 유행한 불상을 처음 만들어낸 중요한 나라이다. 어쨌거나 이란에서 눈에 익은 바위에 새긴 부조를 볼 수 있다는 것은 행복한 일이다.

로스탐은 높이 오륙십 미터 되는 거대한 암벽에 만든 바위굴 무덤이다. 여기에는 4개의 무덤이 있다. 3개는 나란히 있고, 1개는 200미터 쯤 오른쪽으로 떨어져 있다. 왼쪽부터 아케메네스 왕조(기원전 525년~기원전 330년)의 다리우스 2세(재위 기간 기원전 424~404), 아르타크세르크세스 1세(재위기간 기원전 466~424), 다리우스 1세(재위 기간 기원전 522~ 486), 크세르크세스 1세(재위 기간 기원전 486~466)의 무덤으로 추측된다.

로스탐에는 이 무덤 외에도 미완성으로 남아 있는 무덤도 있다. 또한 이 절벽 앞에는 조로아스터교에서 숭배하는 불의 탑으로 추정되는 탑도 서있다. 왼쪽에서 세 번째로 조성된 다리우스 1세의 무덤 위에 있는 부조에는 조로아스터교의 최고신인 아흐라 마즈다가 새겨져 있다. 이 부조는 페르세폴리스에 있는 다리우스 1세의 부조상 머리 위에 새겨져 있는 아흐라 마즈다 부조상과 그 모습이 똑같아, 이 무덤을 다리우스 1세의 것으로 추정하는 것이다. 여기 로스탐이나 라잡 또는 페르세폴리스에 새겨진 부조에 페르시아 왕조들인 아르케메니아조와 사산조 왕들의 모습과 아흐라 마즈다의 모습이 함께 나타나는 것을 보면, 조로아스터교가 페르시아에서 크게 흥성했음을 짐작할 수 있다.

▶ 나크쉐 로스탐(왼쪽부터 다리우스 2세, 아르타크세르크세스 1세, 다리우스 1세의 무덤으로 추정된다)

▶ 크세르크세스 1세의 무덤

▶ 나크쉐 로스탐 앞에 서있는 조로아스터교 불의 탑

▶ 다리우스 2세의 무덤(세번째).

▶ 무덤 오른쪽 아래부분 부조(확대). 로마군과 전투를 벌이고 있는 사산왕조의 기마병들.

▶ 아르타크세르크세스 1세의 무덤(두번째)

▶ 무덤 아래부분 부조(확대). 로마군과 전투를 벌이고 있는 사산왕조의 기마병들.

▶ 다리우스 1세의 무덤(세번째) 아래 확대사진 참조.

▶ 서기 260년 에데사 전투에서 사로잡은 로마 황제 발레리아누스의 알현을 받고 있는 샤푸르 1세

▶ 로마군과 전투를 벌이고 있는 사산왕조의 기마병들

이 암굴 무덤은 불교(기원전 500년 경 탄생)가 여기까지는 전파되지 않았다는 확실한 증거가 된다. 이 암굴묘 오른쪽으로도 평면 수직으로 깎인 바위산이 계속되는데, 그 바위 절벽에 부조(양각이나 음각)를 시도한 어떤 흔적도 찾아볼 수 없다. 불교도의 손길이 미치지 않았다는 증거다. 바위산의 규모는 용문 석굴이 있는 낙양 용문산보다도 더 높고 더 긴 거 같다. 암벽 단면이 맥적산 석굴이나 마티스 석굴은 말할 것도 없고, 병령사 석굴을 새긴 암벽보다 훨씬 높고 넓다. 불교가 여기까지 전파되었다면, 저렇게 평평한 바위산 절벽을 신앙심 깊은 불교도들이 그냥 놓아두었을 리 없다. 분명히 그 평평한 수직 절벽에 거대한 불상을 조각했을 것이다. 바미얀 대석불처럼.

과거 위대한 군주들은 한결같이 사후를 두려워했다. 진시황도 그렇고, 알렉산더 대왕과 징기스칸도 무덤의 위치도 모르는 걸 보면. 죽을 때가 되면 잘한 업적보다는 생전에 잘못한 일들이 더 마음에 걸리는가보다. 후세 사람들이 훼손이나 도굴하지 못하도록 저렇게 높은 바위산에 인공으로 굴을 파서 시신을 안치한 걸 보면, 진시황제는 외부인이 접근하지 못하도록 수은 호수를 만들고, 침입자가 무덤에 들어오는 순간 자동으로 발사되는 화살 장치까지 만들어 놓았을 정도니까. 저런 무덤을 보면, 영토 확장이나 제국 건설에 대한 야망도 다 부질 없는, 우리 인간의 욕심이라는 생각이 든다.

페르세폴리스에서 파사르가데로 가는 도로 주변의 벌판은 중국 신장에서 이란까지의 이번 여행길에서 가장 비옥한 땅이다. 사막이 아니다. 너른 옥토와 마을이 점점이 널려있다. 그러니까 저렇게 엄청난 신전을 지었겠지. 어느 도시가 됐든 경제적으로 풍족한 배후지가 없으면, 대규모 토목 공사를 벌일 수가 없다. 신전 주위의 지형과 비옥한 농토가 이태리 아씨지에 있는 성 프란체스코 수도원과 매우 비슷하다. 옛날 우리나라에서도 큰 사찰들이 절 주위에 대규모 사하촌(寺下村)을 거느렸던 것과 비슷한 이치다.

▶ 시루스왕의 무덤

▶ 모자파리안 카라반사리

▶ 파세르가데의 이모저모

파사르가데는 고고학이나 문명사에 관심 있는 사람이 아니면, 굳이 보지 않아도 되는 그런 곳이다. 쉬라즈에서 동북쪽으로 130킬로. 페르세폴리스에서 80킬로나 떨어져 있다. 아케메니아 왕 시루스의 무덤(돌탑)과 카라반사리 외에는, 제대로 남아있는 유적이 거의 없다. 나는 카라반사리 때문에 가지 않을 수 없었다. 시루스의 무덤은 웅장하면서도 품위가 있어 보였다.

카라반사리는 거의 무너지고 형체만 일부 남아 있었다. 그 옛날 대상들은 여기에 와서 어떻게 쉬어 갔을까? 무엇을 먹었을까? 무슨 물건을 가지고 다녔을까? 카라반사리 앞에 서니, 이런 저런 생각이 다 든다. 그 도시를 둘러쌓고 있는 벌판과 낮은 산들은 아주 비옥하고 아늑하고 평화로워 보였다. 사방으로 십여 킬로미터는 족히 되어보였다. 페르세폴리스와 마찬가지로 도시가 들어설 곳에 도시가 들어섰다. 뒤 쪽으로는 높이 이삼 백 미터쯤 되는 산이 왕궁 터를 둘러싸고 있고, 좌우와 정면으로는 비옥한 광대한 평야가 자리 잡고 있다.

위 유적지를 다 둘러보고 되돌아와서 택시기사는 나를 페르세폴리스 앞에 내려 주었다. 영어가 통하지 않아 좀 불편했지만, 그래도 친절하게 나를 데리고 다녔다. 페르세폴리스를 보는 순간 그 장엄함에 내 몸은 전율했다. 펠리오도 장경동에서 고문서를 발견했을 때, 이렇게 흥분했을 것이다. 이 세상에서 파괴된 건물 중에서 이렇게 위용 있고, 품위 있는 건축물을 본 적이 없다. 폐허가 된 건물임에도 불구하고 그 당당함을 생생하게 느낄 수 있었다. 페르세폴리스는 이 세상 모든 건물의 왕이라도 되는 것처럼, 우아한 자태로 당시 거기에 살았던 사람들의 숨결을 아직도 그대로 나에게 전해 주고 있었다. 이란 비자 때문에 받았던 온갖 짜증과 불편함을 한꺼번에 모두 보상받았다.

페르세폴리스는 페르시아 제국(아케메네스 왕조)의 다리우스 1세와 크세르크세스 1세, 아르타크세르크세스 1세와 다리우스 2세, 그리고 아르타크세르크세스 2세(재위기간 기원전 404-358)에 의해, 150년간(기원전 520부터 기원전 370년경까지)에 걸쳐서 건축된 장엄한 신전이다. 이렇게 정성을 들여 완공한 건축물이 불과 40여년 뒤에 알렉산더대왕(재위기간 기원전 336-323)에 의해 철저하게 파괴된 것이다.

▶ 페르세폴리스 전경

▶ 페르세폴리스 이모저모

▶ 조공 행렬

▶ 조로아스터교 최고의 신인 아후라 마즈다

▶ 조공행렬

▶ 신경질 내는 낙타

▶ 조공 행렬

▶ 조공 사신의 품에 안긴 어린 양

나는 페르세폴리스 유적을 보는 순간, 이곳이 쉽게 약탈당한 이유를 짐작하게 되었다. 다른 도시의 신전들은 대개 높은 곳에 위치한 성 안에 건설하는 것이 상식이다. 자신의 힘을 지나치게 과신해서인지 페르시아 왕들은 낮은 산 아래 평지에 거대한 바위로 축대를 쌓고 건물을 지었다. 그리고 자신들이 그리스 도시국가 아테네를 약탈한 사실을 잊어 버리고 있었다. 또한 그리스 세계를 통합한 북방의 신흥 세력 마케도니아의 알렉산더가 기원전 330년에 침공하리라고는 꿈에도 모르고 있었다. 이때는 마침 아케메네스 왕조가 내부 혼란에 빠져 있던 시기였다.

알렉산더는 정복 전쟁 후에 페르시아 제국을 계승하고자 페르시아 왕의 딸인 스타테일러와 결혼했을 뿐 아니라, 80명의 고위 관리와 1만여 명의 장병을 페르시아 여성과 결혼시키기도 했다.

그럼에도 불구하고, 알렉산더대왕이 아케메네스 측의 우호적인 협상조건을 무시하고, 그렇게 위대한 건축물을 철저하게 파괴한 이유는 바로 복수심에서다. 다리우스 1세와 그 아들인 크세르크세스 1세에게 자신의 조상인 그리스인들이 당한 굴욕과 수치를 완전히 되갚은 것이다. 이 두 사람은 바로 페르시아 전쟁(1차 원정 - 기원전 492년, 2차 원정 - 기원전 490년, 3차 원정 - 기원전 480년)을 벌인 왕들이다. 특히 크세르크세스 1세는 기원전 480년 9월 21일에 아테네를 점령하고, 아크로폴리스를 불태워 완전히 잿더미로 만들어버렸다. 지금도 아테네 아크로폴리스는 거의 폐허 상태로 관광객을 맞이하고 있다.

그는 9월 27일 벌어진 살라미스 해전에서 패하고 철수하게 된다. 영화 〈300〉에 등장하는 우락부락한 페르시아 왕이 바로 크세르크세스 1세다. 영화와 달리 그는 위대한 군주였다. 헐리우드 영화는 비기독교 문명권의 영웅들을 대개 악당으로 묘사하는 경향이 많다.

또 다른 이유는 질투심 때문이었을 것이다. 당시 세계 최고의 문명을 자랑하던 마케도니아문명(그리스 헬레니즘)보다 더 위대한 문명이 존재하는 것을 목격하고 자존심이 상했을 것이다. 인간은 자기보다 더 잘난 사람을 경계하고 질투하는 심성이 있다. 자기 나라보다 더 찬란한 신전을 가진 나라를 용서하기 힘들었을 것이다.

그런 면에서 알렉산더는 징기스칸보다 더 소인배다. 징기스칸은 어떤 도시든 항복만하면 파괴하거나 학살을 자행하지는 않았다. 알렉산더는 무조건적인 항복에도 불구하고 이 도시를 철저하게 파괴해버렸다. 그의 최대 과오는 이 도시를 파괴한 것이다. 파괴된 거대한 석주(돌기둥)들의 파편을 자세히 살펴보면, 그의 군사들이 얼마나 고의적으로 이 신전을 부셔버렸는지 알 수 있다. 건물이 불에 탈 때 무너진 것이 아니고, 어떤 쇠망치로 파괴한 흔적들이 잘 남아있다.

이 신전의 위대한 유산 중 하나는 돌계단마다 새겨놓은 수 백 가지의 양각 부조상이다. 그중에서도 가장 인상 깊은 장면은 27개 속국의 조공 사신들이 페르시아 왕에게 바치러 가져온 공물들이다. 그중에서도 나는 두 가지 공물을 보고 픽 웃음이 나왔다. 하나는 신경질 내는 낙타다. 무슨 심사가 틀어졌는지 낙타가 신경질 내는 표정을 짓고 있다(사진참조). 아마 낙타가 신전 안에 똥을 못 싸게 하려고, 밥을 안주어서 배가 엄청 고팠을지도 모를 일이다. 또는 당시 조각가가 일정한 배열의 사신 행렬의 단순함이나 이 부조를 보는 사람들의 무료함을 달래주려고, 일부러 포인트를 주었을 가능성도 있다. 서산마애불에 살짝 웃는 미소라는 포인트를 줌으로서 후세에 남는 명작이 된 것처럼.

다른 하나는 사신의 품에 안겨 가는 어린 양의 표정이다(사진참조). 우리 강아지 파피보다 더 순수하고 편안하고 평화로운 표정이다. 아마도 저렇게 순수한 어린 양을 식용으로 사용했을 리는 없고, 왕족이나 귀족 어린이들의 애완동물로 사랑받았을 것이다. 유목민들은 어린 양이나 염소 새끼를 어린이들 애완용으로 기르는 습관이 있다. 나는 몽골 어린이들이 어린 새끼 양하고 장난치면서 노는 장면을 본 적이 있다. 그러다가 더 자라게 되면 식용으로 사용되거나, 좋은 주인을 만나면 천수를 다하고 하늘나라로 갔을 것이다. 여행 중에도 계속 그 어린 양들이 눈에 어른거렸다.

한나절의 시간으로는 발길을 돌리기가 너무도 아쉬워 아르타크세르크세스 2세와 3세(재위기간 기원전 358-338)의 무덤이 있는 산 위로 올라갔다. 2,300년 된 유적에 석양의 태양빛이 비추고 있다. 이 전율할 만한 장엄한 정경은 직접 보지 않은 사람은 느낄 수 없는 지상 최고의 쇼 중의 하나다. 나는 거기에 주저앉아 해가 어스름하게 질 때까지 유적과 거기에 살았던 사람들과 대화를 나눴다. 관리인들이 방송으로 모두 나가라고 몇 번이나 다그칠 때까지 그대로 머물렀다. 이번 실크로드 여행 중에서 가장 행복한 시간 중 한 때였다.

어둠 속에서 1km 쯤 떨어진 페르세폴리스 투어리스트 호텔로 발길을 돌렸다. 바로 앞에 있는 아파가나 호텔은 휴업이다. 비수기 보다는 미국의 경제 제재로 서방 관광객이 거의 오지 않기 때문에 정상 영업이 힘든 것이다. 어제 뉴스에서 이란과 미국의 핵협상이 타결됐다는 소식을 들었다. 이란이 다시 옛날의 영광을 재현해서 페르세폴리스를 하루라도 빨리 완전히 복원했으면 좋겠다.

그런데 기대도 안했던 23달러짜리 호텔 시설이 장난이 아니다. 오전에 프런트에 짐을 맡길 때, 객실 가격이 23달러라고 해서 싸다고만 생각했었다. 그런데 들어와서 보니 200달러짜리도 넘는다. 숲속에 팬션 식으로 한 동씩 지어져 있고, 실내 시설은 오래 되었지만 5성급 호텔 수준이다. 음식도 조리할 수 있도록 주방시설까지 갖추어져 있었다. 이런 호텔이 어떻게 23달러가 될 수 있을까? 나는 횡재를 한 기분으로 하루를 더 묵기로 했다. 그래서 페르세폴리스를 두 번 방문하게 되는 것이다.

내가 어릴 때 기억하는 이란은 팔레비 국왕의 방문과 그의 방문을 기념하여 만든 서울 강남의 테헤란로다. 그는 1971년에 이 페르세폴리스를 이용하여 전 세계에 페르시아 제국의 2,500주년을 선전할 목적으로 국제 행사를 기획했다. 미국의 꼭두각시로 국민들의 원성을 사고 있었던 그 독재자는 이란의 국제적 위상을 높이고, 자신의 독재 정치를 호도할 목적으로 60개국의 수반과 왕들을 초청하여 호화로운 행사를 치렀던 것이다. 그러나 이 행사를 기점으로 그의 독재 정권은 기울어지기 시작했다.

마침내 그는 1979년 이슬람 혁명에 의해 권좌에서 쫓겨나 1980년 미국에서 사망했다. 2001년에는 막내딸이 약물과다 복용으로 미국의 한 호텔에서 죽었고, 2011년에는 막내아들이 권총으로 미국에서 자살했다. 자신과 가족을 보호해주었던 나라에서 불행한 일생을 마쳤다는 점이 아이러니하다. 어느 나라를 막론하고 독재자의 말로는 항상 이처럼 비참하다는 것이 역사의 가르침이다. 우리나라가 다시 독재국가로 돌아가고 있어서 걱정이다. (11월 23-24일, 일-월요일, 맑은 날씨다.)

조로아스터교의 고향, 야즈드

아침 9시에 택시로 도로변에 있는 간이 버스정류장으로 이동했다. 요금은 5달러. 그러니까 쉬라즈로 다시 돌아가지 않고 중간에서 버스를 탄 것이다. 마침 야즈드 가는 버스가 바로 와서 기다리는 시간을 절약할 수 있었다. 야즈드까지는 약 440킬로미터 거리다. 택시기사가 영어도 잘하고 정확한 정보를 제공해주었다. 저렇게 영어를 잘하면 훨씬 경쟁력이 높아 질텐데. 그는 어제 저녁에 페르세폴리스를 관람하고 나오는 나에게 다가오더니, 택시를 타라고 했었다. 내가 호텔이 가까워서 걸으면 된다고 말하고, 대신 내일 아침 호텔로 오라고 말했던 것이다. 파사르가데까지는 어제 지나간 길을 다시 지나간다. 페르세폴리스와 파사르가데는 쉬라즈에서 야즈드로 가는 길목에 있는 것이다.

기름진 옥토를 지나자, 다시 사막이 계속 된다. 날씨도 덥다. 엄청나게 높은 눈 덮인 설산(Mt Sir 해발 4,074미터)을 넘는다. 산이 웅장하고 멋있다. 아래쪽은 황폐한 흙색 바위산인데, 위쪽은 설산이다. 버스가 기어서 꾸역꾸역 올라간다. 사막에서 황량한 산의 아름다움을 보는 것은 색다른 기분이다. 검은 산, 갈색 산, 누런 산, 붉은 산, 하얀 산, 희멀건 산, 바위 산, 모래 산, 황토 산, 자갈 산, 검푸른 산. 사막의 산들은 정말 가지각색이다. 사막에서 자라는 저 풀들은 어떻게 살아가나? 저 건천에는 언제 물이 흐를까? 사막을 바라보면 여러 가지 호기심과 생각이 많아진다.

버스터미널에서 택시기사에게 실크로드 호텔로 데려다 달라고 부탁했다. 여행자들에게 너무 유명한 호텔이라서 그런지 바로 데려다 주었다. 미국과 친하다는 이유로 한국인에게는 불친절하다는 여행기를 읽은 적이 있는데, 나는 그런 느낌을 받지 못했다. 샤워 있는 싱글룸이 아침 불포함 22달러. 방은 자연 환기 시스템인 벗기르(budgirs)로 되어 있었다.

이 장치는 무더운 날씨를 피하기 위해 천장에 있는 통풍구를 통해 바람을 끌어들여, 집 안에서 순환시키면서 냉각시키는 방식이다. 주로 사막 지역에 많이 사용된다. 여기는 백패커들이 애용하는 호텔이다. 대낮인데도 정원에 있는 테이블과 방에 많은 여행자들이 책을 읽거나, 인터넷을 검색하거나, 담소를 나누고 있어서 깜짝 놀랐다. 이란에서 여기처럼 많은 여행자들이 모여 있는 곳은 처음 보았다. 이게 바로 로운리 플래닛의 위력인가? 저녁으로 12달러를 주고, 인도 카레밥과 야채 샐러드를 시켜 먹었다. 카레는 맛이 좋았지만, 샐러드는 그저 그랬다.

야즈드는 흙의 도시다. 첫 인상이 그랬다. 도시의 모든 건물이 흙벽돌로 지은 것처럼 옅은 황토색으로 보였다. 우즈백 부하라나 히바와 느낌이 비슷하다. 그래서 그런지 온 거리에 먼지가 폴폴 날린다. 야즈드는 13세기에 마르코 폴로가 다녀가기 전부터, 이미 비단과 직물의 도시로 이름을 날렸다. 야즈드는 서쪽 페르시아만 쪽의 쉬라즈와 부셰르, 그리고 이란 한가운데를 가로지르는 카비르 사막 중간에 있는 타바스와 동쪽에 있는 마쉬하드와 헤라트(아프간)를 잇는 중계도시로서, 실크로드에서 큰 역할을 했다. 지금도 4천 명의 조로아스터 교인이 살고 있어, 테헤란(1만 명) 다음으로 조로아스터 교인이 많이 사는 곳으로도 유명하다.

호텔에 짐을 풀고 조로아스터 사원인 아테쉬카데흐(Ateshkadeh)를 찾아 갔다. 오후 입장 시간이 아직 일러, 맞은 편 건물 2층에 있는 환전소에 가서 100유로를 환전했다. 여기는 조로아스터교의 성소로서 전 세계에서 교인들이 순례를 한다. 유리로 된 벽 안에는 조로아스터교의 숭배 대상인 불이 타오르고 있다. 이 불은 서기 470년 이래로 한 번도 꺼지지 않았다고 한다. 1174년에는 아르다칸으로, 1474년에는 야즈드로, 그리고 1940년에 현재의 장소로 옮겨졌다고 한다. 옆 건물에는 조로아스터의 일생과 예배 의식을 소개하는 간소한 박물관이 있다.

▶ 세계 조로아스터교 총본부인 아테쉬카데흐(중앙 상단에 아후라 마즈다상이 있다)

▶ 영원히 꺼지지 않는 불(아테쉬카데흐)

▶ 조로아스터교 최고신인 아후라 마즈다

▶ 조로아스터 초상(아테쉬카데흐)

사원을 나와 택시를 잡아 타고 조로아스터교의 천장터(산 위에서 지내는 장례)인 다크메흐 예 자르토쉬튠(Dakhmeh-ye-Zartoshtiun)으로 갔다. 택시기사는 그냥 '타크메'라고 불렀다. 시내에서 얼마 떨어져 있지 않은 곳에 두 개의 산봉우리 위에 흙벽돌로 쌓은 둥근 탑(그들은 '침묵의 탑' - Tower of Silence라고 부른다)이 서있다. 우즈벡 우르겐치에서 누쿠스로 가는 길에 본 조로아스터교 유적인 실픽(Chilpik) 칼라와 비슷하다. 앞에 있는 봉우리에 올라갔더니, 뒤에 또 하나의 봉우리에 침묵의 탑이 서있었다. 과거에는 야즈드에 사는 교인들의 장례를 여기서 치렀던 것이다.

조로아스터 교인들은 시체가 땅이나 대기를 오염시키면 안된다고 믿었기 때문에, 사람이 죽으면 이 봉우리 탑에 시체를 갖다 놓았다. 그러면 독수리들이 와서 살을 다 파먹고 뼈만 남게 된다. 티벳 지역에서 하는 조장(鳥葬 또는 천장天葬)과 비슷하다. 아마도 티벳 같은 추운 지방과 마찬가지로 사막지역도 건조한 기후 탓으로 시체가 잘 썩지 않기 때문에 이런 장례식이 생긴 것 같다. 그런데 침묵의 탑 아래에 평평한 단층 건물처럼 생긴 어마어마한 콘크리트 무덤이 있었다. 크기가 축구장만하다. 이런 장례식이 비위생적이고 주변을 오염시키기 때문에, 1950년대부터 금지되어 지금은 시체를 거기에 안치한다고 한다. 시체가 썩지 않으면 더 보관이 곤란하지 않을까? 두 봉우리 앞에는 조로아스터 교인들이 살았던 집과 사원들이 옛 모습 그대로 복원되어 있었다.

기원전 6세기부터 서기 7세기까지 조로아스터교는 어떻게 신앙이 되었으며, 왜 사라졌을까? 미야자키 마사카츠의 〈하룻밤에 읽는 중동사〉와 로운리 플래닛의 〈Iran〉에 의하면, 그 배경은 다음과 같다. 교주인 조로아스터(고대 페르시아어로 짜라투스트라)는 기원전 1000년과 1500년 사이에 중앙아시아 북쪽에서 태어났다. 현재 아프간 북부 발흐(크)가 유력하다. 그러나 확실한 사실은 아무것도 없다. 독일 철학자 니체가 쓴 〈짜라투스트라는 이렇게 말했다〉에서 나오는 짜라투스트라가 바로 조로아스터이다. 조로아스터는 낮(선)과 밤(악)의 순환에서 힌트를 얻어, 이원론에 기초한 교리를 만들었다. 조로아스터교는 페르시아에서 아케메네스 왕조의 국교가 되었고, 이슬람교가 등장할 때까지 약 1000년 동안 중동의 중심 종교가 되었다.

▶ 조로아스터 침묵의 탑. 다크메흐 예 자르토쉬튠(야즈드)

▶ 뒤쪽에서 바라본 모습

▶ 침묵의 탑 아래쪽에 있는 조로아스터교인들의 현대식 콘크리트 공동묘지

교인들이 불을 숭배하는 이유는 지혜의 신이며, 최고의 창조신인, 아후라 마즈다가 신도들에게 빛 안에 존재하는 자신을 향해 기도하라고 명령하기 때문이다. 빛을 조정하는 것은 불이 유일하므로 신자들은 불을 숭배하는 것이다. 그래서 중국에서는 배화교(拜火教) 또는 현교(祆教)라고도 하며, 서기 3세기에는 아시아에서 가장 커다란 종교가 되었다.

조로아스터는 새 날개 모양을 한 아후라 마즈다가 모든 선을 창조하고, 인간도 창조했다고 주장한다(사진참조). 창조신 아후라 마즈다에게는 쌍둥이 아들이 있었는데, 그중에 스펜타 마이뉴(성스러운 혼)는 선, 정의, 불사(不死), 겸허한 신앙을 지키는 길을 택하고, 앙그라 마이뉴는 아흐라만(악의 영혼)이 되어, 모든 악의 근원이 되었다고 설파했다. 쌍둥이 아들은 싸움을 계속하고, 그로 인해 세상은 선과 악이 뒤섞이게 되었으며, 사람들은 추종하는 신을 따라 편을 나누어 끊임없는 투쟁을 계속했다. 낮과 밤의 순환도 투쟁의 결과로 설명한다. 인간이 '성스러운 혼'의 편에 서느냐, '악의 혼'에 편에 서느냐의 판단은 각자에게 맡겨지며, 개개인은 자신의 선택에 책임을 지도록 요구받는다.

인간의 영혼은 사후에 '심판자의 다리'에서 심판을 받고, 선을 따른 자는 천국에, 악을 따른 자는 지옥에 떨어지며, 인간이 저지른 악은 작열지옥에서 전부 소멸된다고 설파했다. 마침내 조로아스터교는 모든 악이 심판받고, 소멸하는 '최후의 심판'을 설파하게 된다. 이 최후의 심판과 천사와 악마라는 관념은 유대교, 기독교, 이슬람교 등 중동의 여러 종교로 전승되었다. 불을 소중히 하는 풍습은 전기나 석유를 사용하기 전까지는 한반도에도 남아 있었다.

아케메네스 왕조를 멸망시킨 알렉산더 제국이 분열되자, 이란에서 흥기한 파르티아 왕조(기원전 300년경-서기 226)에서는 조로아스터교가 태양신 미트라로 숭배되었다. 서쪽으로 로마제국에서는 민중 사이에 미트라스 신앙이 확산되어, 기독교와 으뜸을 다투는 큰 종교가 되었다. 동쪽으로는 대승불교와 융합되어 미트라는 미래불 미륵으로 나타나, 실크로드를 거쳐 당나라와 한반도(삼국시대)와 일본(아스카 시대)에도 전파되었다.

이란인의 조로아스터교는 최고신 아후라 마즈다를 상징하는 불과 빛과 태양을 숭배하고, 산꼭대기에서 신에게 희생을 바치는 소박한 신앙이었다. 아케메네스 왕조가 되자, 왕은 아후다 마즈다의 대리인으로서 제국을 통치한다고 여겨져 장대한 신전이 세워졌다. 그래서 페리스폴리스 같은 신전이 세워진 것이다. 실제로 페르세폴리스에는 아후라 마즈다의 상징이 여러 개나 돌에 새겨져 있다(사진참조).

그러나 8세기에 이슬람을 믿는 아랍인들(압바스 왕조)이 중동을 정복하자, 이란인들도 강제로 이슬람교를 믿게 되었고, 조로아스터교를 지키고자 하는 교인들은 인도 서안으로 도피했다. 조로아스터교는 신앙 의례 등에서 이슬람교와 유사성이 많았으므로, 마침내 이슬람교에 흡수되는 형태로 소멸했다. 지금은 전 세계에 약 15만 명의 신도가 있으며, 이란에는 불과 2만 명만이 살고 있다. 영원불멸을 내세우고 등장하는 종교도 영생하지는 못한다. 하물며 우리 인간의 부귀영화는 더 말해서 무엇하랴. 조로아스터고 사원인 아테쉬카데흐에서 타오르고 있는 불을 보면서 느낀 소감이다. (11월 25일, 화요일, 맑음)

사막의 생명수, 카나트

야즈드에서 오전에 물(카나트)박물관에 갔다. 유물 전시와 영어 해설이 잘 되어 있다. 중국 투르판의 칼징(카레즈) 박물관들보다 훨씬 전시품이 많고, 품질도 우수했다. 이란에 이런 훌륭한 박물관이 있다는 사실에 놀랐다. 테헤란 유리박물관에 이어 두 번째 감동이다. 이 박물관은 인간들에게 물은 생명과도 같으며, 목숨을 걸고 얻어내는 소중한 물질이라는 새삼스러운 사실을 일깨워준다.

특히 인상적이었던 전시품은 하얀 면으로 만든 작업복과 둥근 모자였다. 색이 하얀 면포를 옷감으로 사용한 것은 지하 터널의 어둠 속에서 잘 보이게 하기 위해서고, 다른 이유는 사고로 갱 안에서 죽게 되었을 때, 수의를 입고 매장 되도록 그런 것이다. 그러니까 카나트 기술자들은 죽음의 수의를 입고 작업하는 셈이다. 얼마나 거룩하고 엄숙한 작업인가?

또 다른 하나는 물 배급 장부다. 물을 받아 간 사람의 이름과 물의 양이 적혀 있다. 손으로 직접 쓴 글씨라서 다른 유물보다 더 정이 간다. 수 백 년 동안 내려온 장부를 보면서 물을 받아 가는 사람과 배급하는 사람의 대화 내용을 머리속에 상상해 본다. 아마도 이런 대화가 오갔을 것이다.

"물 좀 주세요."

"너희 식구가 몇이지?"

"다섯 명입니다."

"그럼 두 동이면 되겠구나."

"조금 더 주세요."

"다른 사람도 먹어야지."

"멀리서 귀한 손님이 와서 그래요."

"그래, 내가 인심 썼다. 반 동이 더 주께."

야즈드에서 이스파한으로 가는 길가 사막에도 카나트의 흔적이 보인다. 이란 사막지역의 카나트는 입구 주위를 빙 둘러서 흙을 돋우기 때문에 사막 위로 볼록 솟아 보인다. 이 모습을 하늘에서 항공사진으로 찍으면, 신장 투루판의 카레즈가 그런 것처럼, 달의 분화구처럼 보인다. 정말 수 천 년에 걸친 인고의 노력 없이는 이룰 수 없는 인류의 위대한 유산이다. 나는 이런 것들이 세계 7대 불가사의에 포함되어야 한다고 생각한다.

카나트는 물이 귀한 사막 지역에서 주로 개발되었다. 그래서 실크로드를 대표하는 유적 중 하나다. 카나트는 이름만 달리할 뿐, 많은 나라에서 지금도 사용되고 있다. 이란, 이라크, 중국, 아프가니스탄, 파키스탄, 이집트, 튀니지아, 알제리아, 모로코, 오만, 아제르바이젠 등에 많이 있다. 이슬람의 통치와 영향을 받은 스페인(안달루시아 지방)과 이태리(시칠리아)에도 있다. 실크로드를 따라 전해진 인류 문명의 최대 걸작 중 하나이다. 대상들의 숙소인 카라반 사라이는 이제 그 역할이 사라져버렸지만, 그들에게 물을 공급 했던 카나트는 지금도 귀중한 수자원으로 사용되고 있다.

▶ 야즈드 물(카나트)박물관

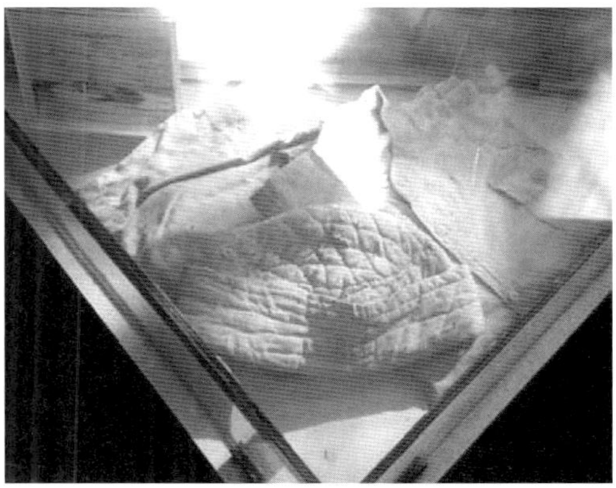

▶ 작업복 겸 수의

▶ 사르답-피서공간 및 음식 저장고

▶ 전시실

▶ 물 배급장부

▶ 버스를 기다리고 있는 무슬림 여인들(야즈드)

▶ 무슬림 할아버지들 (야즈드)

카나트의 원리는 지하에 수로 터널을 뚫어 물이 부족한 곳으로 흐르게 하여, 생활용수나 농업용수 또는 가축용수로 사용하는 시스템이다. 중국 신장 투르판에서는 카레즈(칼징)라고 부른다. 그 길이는 수 킬로미터에서 수 십 킬로미터에 이른다. 이 수로 터널 공사를 하는 데 많은 노동력과 시간 및 자금이 소요되었다. 그래서 일부 지역에서는 소유권에 따라 물을 사고팔기도 했으며, 세금 또는 사용료를 내기도 했다. 농업용수는 관개 시간을 배정해서, 공평하게 물을 배분하여 농사를 지었다. 그래서 물 공급 시간을 재기 위해 물시계 등이 개발되었다.

시골 우리 집에는 우리 동네에서 제일 좋은 샘물이 있다. 이 샘물은 일제시대 때, 양조장에서 술을 빚을 때 쓰던 곳이기 때문에 수량이 풍부하고 수질도 좋은 것이다. 지금은 수도가 들어와 자동 펌프를 이용하여 물을 생활용수로 사용하지만, 내가 어릴 때는 매일 두레박으로 물을 끌어 올려 식수로 사용했다. 일 년에 한 번씩은 샘물을 퍼내고 깊이가 10여 미터 정도 되는 우물 바닥으로 내려가서 청소를 했다. 그러면 어디선가 금방 물이 흘러나와 다시 2미터 정도 고이곤 했다. 어릴 때는 그 깊은 우물이 너무 무서워서 내려다보기가 두려웠었다. 그 샘물이 동네 사람들에게는 생명수, 즉 카나트였던 셈이다.

오후에 버스로 이스파한으로 이동했다. 약 330킬로미터 거리다. 야즈드에서 이스파한으로 가는 길도 완전 사막이다. 이 구간은 산도 거의 없는 바다 같은 사막만 계속된다. 이스파한이 가까워지자 작은 산들이 나타나기 시작한다. 경치도 밋밋하다. 눈에 띄는 특별한 풍경도 보이지 않는다.

버스터미널에서 택시를 타고 TOTIA HOTEL에 가서 짐을 풀었다. 타고 온 택시를 내일 하루 동안 20달러에 대절하기로 하고, 택시기사인 마흐메드에게 아침 9시에 호텔 앞으로 오라고 부탁 했다. 마흐메드는 눈이 참 선하게 생긴 사람이다. 두 딸을 대학에 보내려면 자기가 열심히 일해야 한다고 선하게 웃으며 말하는 착한 가장이다.

호텔 주인에게 중국 식당이나 일본 식당 아니면 아시안 식당이 있냐고 물었더니, 아무개 호텔에 가면 일식이 있다고 했다. 물어물어 찾아갔더니 일식이 아니고 지하에서 피자와 파스타를 파는 이태리 식당이다. 1층은 이란식 뷔페식당이다. 할 수 없이 거기서 요기를 했다. 거의 보름동안 이란식으로만 먹어서 그런지, 정말 아시아 음식을 먹고 싶었다. 그런데 또 허탕이라니----.

세계 거의 모든 나라에 진출한 중국인들이 중앙아시아와 중동 등 이슬람 사회에 진출하지 못한 것도 역시 세계 7대 불가사의에 들어가지 않을까? 바다로 가로막힌 것도 아니고, 육로로 인접한 국가들인데, 왜 이쪽에는 중국음식점이 없을까? 지구 서쪽 끝 스페인 세비야에도 있는 중국 음식점이 가까운 이란에는 왜 없을까? 인구가 160만이 넘는 이스파한에 중국음식점 하나가 없다는 것이 말이 되는가? 키르기즈스탄과 우즈베키스탄 이란 아르메니아 그루지아에서도 한 번도 중국 음식을 먹어보지 못했다. 간판도 보지 못했다. 터키 이스탄불에서만 몇 번 먹어 보았을 뿐이다. 쓸데없이 그 이유를 곰곰이 생각해 보았다

우선 중국 한족들이 이슬람이라는 종교 자체를 별로 좋아하지 않는다는 점이다. 불교와 도교, 그리고 유교가 서민신앙으로 워낙 오랫동안 광범위하게 뿌리를 내리고 있기 때문이다. 이슬람교가 중국에 들어온 지 1천 3백년이 넘었는데도, 신장과 감숙 화북 등 일부 지역을 제외한 지역으로는 거의 확산되지 않았다. 즉 한족이 많이 거주하는 인구 밀집지역에는 무슬림들이 별로 없다는 사실이 이를 뒷받침한다. 그래서 세계 도처로 이민갔던 한족들이 이슬람 사회로는 이민을 많이 가지 않았을 수 있다.

둘째, 이슬람 사회가 중국인들을 좋아하지 않을 수 있다. 그 이유는 명확하다. 무슬림들은 전 세계 모든 이슬람교도들을 한 형제라고 여긴다. 그래서 신장지역에서 자기 형제들인 위구르족을 탄압하고 억압하는 중국 한족들을 좋아할 리가 없다. 이런 보복의 두려움 때문에 한족들이 이슬람 사회로 진출하기를 꺼려할 수도 있다.

셋째, 무슬림들이 자기들 고유 음식에 집착하고 외부 음식을 좋아하지 않을 수 있다. 나

는 그런 사람을 케르만에서 반데르 압바스(호르무즈)로 가는 버스 안에서 만난 적이 있다. 그녀는 이란 음식이 이 세상에서 그 종류가 제일 많다고 말했다. 나는 중국에 가면 음식 종류가 너무 많아서, 우리가 죽을 때까지 하루에 한 가지씩 먹어도 다 못 먹는다고 말했다. 그러자 그녀는 이란에는 케밥도 있고, 치킨도 있고, 난도 있고, 피자도 있고, 핫도그도 있다고 응수했다. 이럴 때 어떻게 대응을 해야 하나? 너무 어이가 없어서 그냥 웃고 말았다. 내가 보기에 이란 음식은 종교적인 율법 때문에 그런지는 몰라도, 거친 중앙아시아 음식 중에서도 최악에 속한다. 이건 내가 20일 동안 이란을 일주하고 내린 결론이다.

나는 개인적으로 중국 음식, 일본 음식, 태국 음식, 이태리 음식이 세계 최고 음식에 속한다고 생각한다. 중국 음식은 다양한 종류와 맛으로, 일본 음식은 미학의 개념으로까지 승화되었고, 태국 음식은 오묘한 향신료로 입맛을 사로잡고, 이태리 음식은 서양 음식의 대표주자로서 손색이 없다. 사람들이 흔히 말하는 프랑스 음식은 맛있게 먹어본 적이 거의 없다. 딱 한번 보르도에서 그 도시 명물인 소고기 요리 앙뜨레꼬뜨를 맛있게 먹은 적이 있다. 그것도 아내가 주문한 요리는 너무 익혀버려 퍽퍽해서 맛이 없었다. 오히려 보르도에 있는 태국 음식점에서 먹은 똠양꿍 맛이 더 환상적이었다. (11월 26일, 수요일, 맑음)

이 세상의 반, 이스파한

아침을 먹고 9시부터 이스파한을 둘러보기로 했다. 마흐메드는 제 시간에 와서 나를 기다리고 있었다. '세계의 반'이라는 이스파한은 내가 오래 전부터 보고 싶었던 도시다. 1937년에 발간된 〈중앙아시아로 가는 길 - The Road to Oxiana〉이라는 여행기에서 영국의 시인 바이런은 "이스파한은 아테네나 로마처럼 우리 인류에게 기쁨을 주는 아주 보기 드문 도시다." 라고 격찬하고 있다.

▶ 조로아스터교의 침묵의 탑인 아테스카데 전경. 정상에 있는 성탑(아래 왼쪽)과 천장 터(아래 오른쪽)

▶ 아테스카데 아래에 건설된 현대식
조로아스터교인의 원형 공동묘지 (이스파한)

▶ 비둘기집 (이스파한)

먼저 조로아스터교의 성지인 불의 사원(Ateskadeh-ye-Esfahan Fire Temple)으로 달렸다. 나는 그만큼 실크로드에서 조로아스터교의 흔적에 대해서 관심이 많다. 그런데 지금까지 보아왔던 조로아스터교 침묵의 탑과는 외관이 달랐다. 히바나 야즈드에서 본 것은 산봉우리에 둥그런 탑처럼 생겼는데, 이건 일반 성곽처럼 사각형으로 생겼다. 그러니까 여기는 장례터와 도시 방어를 위한 성곽의 기능을 동시에 하기 위해 만든 것 같다.

20분 정도 낑낑거리면서 정상에 올라가보니, 그 안에 별도로 원형의 침묵의 탑이 서 있다. 외벽은 많이 허물어졌는데, 이 침묵의 탑은 최근에 복원했는지 성성하다. 사방으로 이스파한 시내와 자얀데 강이 내려다보인다. 정상에 있는 성 바로 옆에 거대한 원형 콘크리트 무덤을 만들어 놓아서 조망을 해치고 있었다. 야즈드에서는 콘크리트 무덤이 산 아래에 있었는데.

불의 사원을 내려와 인근 마을에 있는 비둘기 타워를 찾으러 갔다. 마흐메드가 한참이나 이리저리 헤맨다. 여러 명의 마을 사람들에게 물어보고 나서야 겨우 찾았다. 높이가 10미터 정도 되는 둥근 탑이 서 있고, 상단에는 비둘기들이 드나들 수 있도록 구멍이 나 있다. 비둘기는 한 마리도 보이지 않았다. 과거에는 수박 밭에 필요한 비료로 비둘기 똥을 사용하기 위해, 이런 비둘기 집을 만들었다고 한다. 화학 비료의 등장으로 많이 사라졌으나, 아직도 700개 이상이 남아 있다고 한다. 너무 외진 곳에 있어서 일부러 올 필요는 없는 곳이다.

시내로 돌아오는 길에 아르메니아 교회인 성 조셉 아르메니아 교회에 들렀다. 골수 무슬림 사회 안에 기독교도가 살고 있다니. 거기에 반듯한 교회까지. 언뜻 보면 이해가 잘 되지 않는다. 그러나 예루살렘을 보면 금방 이해가 된다. 예루살렘에는 유대인, 기독교인, 무슬림이 세 쿼터로 지역을 나누어서 사이좋게 지내고 있다. 그리고 탈레반 같은 근본 원리주의자를 제외하곤, 무슬림들은 세금만 내면 다른 종교도 얼마든지 허용한다. 십자군 전쟁 때, 예루살렘을 탈환한 살라딘도 통행세만 받고 기독교도들의 성지 순례를 허용했다.

교회 내벽을 장식한 성화가 대단했다. 둔황 석굴의 불화처럼 천정과 벽면을 성서 이야기로 가득 채우고 있다. 이 교회의 성화에서는 성모보다 예수를 더 중시하는 것 같았다. 박물관에는 그림 성경이 많이 전시되어 있다. 과거에는 글을 모르는 사람들이 많아서 그림으로 성경을 설명해야 했기 때문에 저런 그림 성경이 개발되었으리라. 저 그림 성경이 동서교회를 분리시키는 결정적인 역할을 한다. 기독교에서는 조각이나 그림 등 모든 우상을 금지하고 있기 때문에 그 기준을 놓고 동서교회가 격론을 벌이다, 서로마교회(로마 카톨릭)와 동로마교회(그리스 정교)로 분열되는 것이다. 초기에는 서로마교회가 그림을 허용하고 동로마교회는 반대했는데, 나중에는 그 반대가 되어, 그리스 정교 쪽에서 이콘(성화)이 엄청 발달하게 된다. 내가 보기에 아르메니아 교회는 내부 장식이 그리스 정교에 가까운 것 같다.

교회 밖에서 불교 부조와 비슷한 부조를 발견했다. 예수와 제자들의 모습을 양각으로 형상화시킨 것인데, 이런 유물은 불교의 영향을 추측케 한다. 아마도 실크로드를 왕래하는 사람들을 통해, 인도 불교에서 사용하는 조각 기법이 도입 되었을 것이다. 예수님과 제자들을 유치원생이 그린 것처럼, 천진하게 그려 놓아서 웃음이 절로 나왔다. 저렇게 순수해야 천당에 갈 수 있다는 메시지를 전하는 것 같다.

▶ 성 요셉 아르메니아 교회(이스파한)

▶ 교회 제단

▶ 성경 인쇄기(성 요셉교회 박물관)

▶그림성경(성 요셉교회 빅물관)

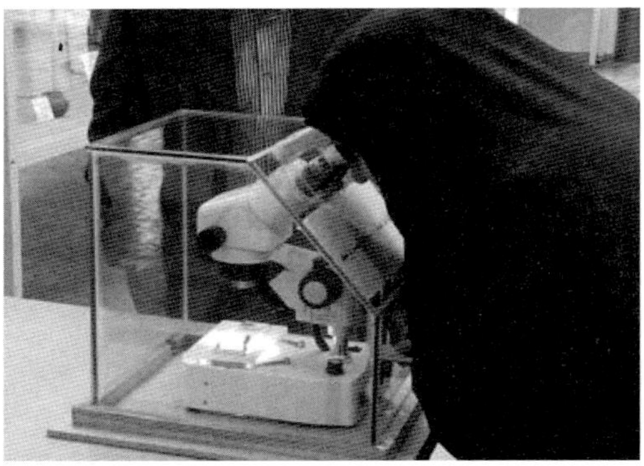

▶ 머리카락에 새긴 성경을 들여다 보고 있는 여인(성 요셉교회 박물관)

▶ 돌에 새긴 예수 부조(성 요셉교회 박물관)

점심시간이 되어 식당을 찾다가 햄버거집 간판이 눈에 확 띄었다. 모든 시스템이 맥도널드와 비슷한데, 브랜드만 다르다. 음식 질도 우수하다. 얼마나 반갑던지. 마흐메드에게 함께 들어가자고 했더니, 자기는 채식주의자라고 하면서 차에서 따로 먹겠다고 한다. 양이 많아서 치킨과 칩스가 많이 남았는데, 옆 자리에서 바라보고 있던 노인 걸인이 그걸 달라고 해서 주었다. 우리 같으면 걸인들은 가게 안으로 못 들어오게 제지할 텐데, 여기선 아무런 제지가 없었다. 이슬람 사회에서 중요한 가난한 사람에 대한 기부문화 때문인가?

자얀데흐 강가에 있는 다리를 구경하러 가는데, 뽕나무 가로수가 멋지다. 거리는 무질서의 극치를 모여주고 있다. 도대체 질서라는 것을 모르는 사람들처럼 차를 몬다. 이스파한 같이 멋진 도시에서 시민들의 교통 의식은 빵점이다. 외국인에 대한 배려도 눈꼽만큼도 없다. 아라비아 숫자도 이란어로 쓰는 나라니까. 가게에서 물건을 살 때도, 차표를 끊을 때도, 무슨 말인지 하나도 모른다. 숫자도 모두 이란어로 되어 있어서. 외국인에겐 교통이나 숫자나 혼란스럽기는 마찬가지다.

▶ 시오세 다리 (이스파한)

▶ 카주 다리 (이스파한)

네 개의 다리 중에서 카주 다리가 가장 아름답고, 그 다음엔 시오세 다리가 멋있었다. 다른 나라에서는 볼 수 없는 특이한 모습을 보여준다. 물이 통과하는 곳은 이슬람 사원의 지붕처럼 둥근 아치형으로 만들고, 사람들이 다니는 교각은 난간을 높게 만들어서, 양쪽에서 보면 터널을 지나는 것처럼 보인다. 멀리서 보면 기다란 2층 건물처럼 보인다. 특히 카주 다리는 강물이 말랐는데도 불구하고, 1650년에 만들었다는 게 믿기지 않을 정도로 아름다웠다. 21세기에 수많은 다리를 만들고 있는 우리 관계자들에게 이 다리를 꼭 보여주고 싶다.

▶ 남편이 사고로 죽었는지, 사람들이 시체 옆에 웅성거리고, 한 여인이 슬피 울고 있다. (이스파한)

마스제대 자메흐(Masjed-e-Jameh: 자메흐 모스크)를 찾아 갔다. 중앙에 분수대가 자리 잡고 있고, 사방으로 여러 공간들이 둘러 쌓고 있다. 마쉬하드에 있는 이맘 레자만큼 화려하지는 않지만, 수수한 사원 그대로의 모습을 볼 수 있어서 좋았다. 위엄 있는 노인의 오래된 관록을 보는 듯하다.

보조르그 바자르 (이스파한)

화려한 타일보다 퇴색된 갈색의 모자이크 문양이 오히려 더 아름다웠다. 건축 자제 색깔 그대로가 오히려 자연스러워서 좋았다. 또 어떤 건물들은 이와 대조적으로 화려한 타일로 마감한 것도 있었다. 타일에 그려진 문양이나 꽃들이 얼마나 정교하고 아름다운지 감탄에 감탄을 거듭했다. 페르시아 세밀화가 어떻게 탄생했는지 짐작이 간다. 얼마나 신앙심이 깊으면 저렇게 정교한 아라베스크를 그릴 수 있을까? 불교의 치밀한 만다라를 보는 느낌이다.

기도실에서는 서너 명이 앉아서 또는 서서 진지하게 기도를 드리고 있다. 사원을 거니는 여인들도 모두 검은 색 차도르를 입고 머리에는 히잡을 쓰고 있다. 이란은 팔레비 국왕 때는 중동에서 가장 개방적인 나라였는데, 호메이니의 회교혁명을 거치면서 가장 근본적인 회교국가(주로 시아파)가 되었다.

▶ 마스제대 자메흐 (이스파한) 이모저모

▶ 마스제대 이맘 광장이모저모 (이스파한)

마스제대 이맘 광장(Masjed-e-Imam)으로 이동했다. 자메흐 사원과 달리 이 광장은 사람들로 북새통이다. 여기는 마쉬하드 하람 모스크처럼 화려하다. 분수가 나오는 야경이 참 멋있다. 중앙아시아에서 가장 넓은 광장이라고 한다. 광장도 이렇게 아름다울 수가 있구나 하고 감탄했다. 여기도 중앙에 분수가 자리 잡고 있고, 사방을 사원 건물들이 둘러싸고 있다. 이슬람 사원들이 대개 그렇듯이, 안에 서 있으면, 사방이 건물로 막혀있는 광장 한 복판에 내가 서있는 느낌이다.

여기는 사원이 아니고, 기존 공간들을 모두 상가로 개조해서 관광객을 상대로 물건을 팔고 있었다. 주로 이란 도자기나 유리제품이나 보석 등 고급 상품을 팔고 있었다. 나는 특히 이란 세밀화에 매료되었다. 접시에 그린 문양들이 얼마나 정교한지 진열장 안을 한참이나 들여다보았다. 단기 여행이면 하나 사가고 싶지만 갈 길이 구만리라서 방법이 없다.

목이 말라 아이스크림 가게에 들어가서 줄을 서서 기다리고 있는데, 앞에 있던 어떤 여자 손님이 나에게 하나를 건낸다. 정말 맛이 좋았다. 그래서 그런지 손님이 바글바글하다. 아무튼 이란 사람들의 친절은 알아주어야 한다. 국가의 시스템은 상당히 경직되어 있는데, 일반 서민들은 참 밝고 친절하다. 오히려 너무 친절해서 탈이다.

꽈배기 비슷한 음식을 사다가 광장 분수대에 앉아서 마흐메드와 함께 저녁을 때웠다. 너무 늦으면 마흐메드가 늦게 집으로 돌아갈 거 같아서, 8시쯤 호텔로 돌아갔다. 내일 아침 9시에 버스터미널에 데려다 달라고 부탁하고 헤어졌다. 마흐메드는 정말 선한 눈을 가지고 있다. 또 얼마나 착한 지 하루 종일 같이 다녀도 불평 한마디가 없다. 꼭 손님을 대할 때 집사가 주인 섬기듯 한다. 그렇다고 비굴한 것도 아니고. 오후에도 내가 자메흐에 들어가기 전에, 안경점에 가서 돋보기 안경 좀 고쳐달라고 부탁했을 때도, 한마디 군소리 없이 차를 몰고 갔다 왔다. 안경 알 하나가 어디론가 사라져버린 것이다. 내가 배울점이 참 많은 사람이다.(11월 27일, 목요일, 맑음)

이스파한 - 테헤란 - 이스탄불

아침 9시에 테헤란으로 가는 버스를 타기 위해 버스터미널로 이동했다. 마흐메드가 데려다 주었다. 다시 만날 날을 기약하고 그와 헤어졌다. 고마운 마음에 5유로를 팁으로 주었다. 어제도 일부러 택시비 20달러를 유로로 주었다. 여기는 환율이 좋아서 암시장에 가서 바꾸면 큰 차익이 남는다.

테헤란으로 가는 버스는 일반 버스와 VIP버스가 있다. VIP는 우리 고급 고속버스처럼 좌석이 3개다. 주행 시간도 덜 걸리고. 나는 그걸 모르고 버스를 탈 때서야 알아차리고, 티켓을 바꾸려고 했으나 빈 좌석이 없단다. 이스파한에서 테헤란으로 가는 길도 사막이다. 카나트 구덩이 입구가 약 5미터 간격으로 끝없이 이어져 있다. 눈길을 끌만한 것이 별로 없고, 경치는 평범하다.

오후 6시경에 테헤란 버스터미널에 도착했다. 약 450킬로미터 거리다. 타브리즈로 가는 버스표를 끊고 한참이나 기다렸다. 그런데 버스를 기다리면서 가만히 생각해보니, 야간버스라서 경치도 구경할 수 없고, 이미 타브리즈에서 테헤란으로 올 때 지나온 길이라서, 다시 같은 길을 따라 갈 필요도 없었다. 그래서 표를 환불하고 택시를 타고 호메이니 국제공항으로 달렸다.

이럴 줄 알았으면, 이스파한에서 테헤란 이맘 호메이니 국제공항으로 바로 가는 버스를 탔으면 훨씬 편리했을 텐데. 소요시간도 두 시간이나 짧게 걸리고. 결과적으로 버스를 잘못 타서 시간과 돈은 더 들고, 하지 않아도 될 고생을 했다. 공항에 있는 어떤 에이전시에서 이스탄불 행 터키항공 티켓을 겨우 구해 이란을 떠날 수 있었다. 이란은 신용카드가 안 되는 나라이기 때문에 티켓 값을 모두 현금인출기에서 달러와 유로로 인출하느라 한바탕 난리를 치르고 끝난 일이다.

사실은 어제 오후에 이스파한에서 터키로 가는 비행기 티켓을 사기 위해 여행사에 들렀다. 그런데 커넥션 티켓을 요구해서 비행기로 앙카라로 가는 걸 포기했다. 여행사에서는 티켓이 있다고 해서 현금으로 환전까지 해서 지불했는데, 정작 항공사 직원은 커넥션 티켓이 없으면 안 된다고 한다. 왜 그러느냐고 항의했더니, 아무튼 이란항공은 규정상 그렇단다. 그러니까 외국인은 테헤란에서 앙카라까지 가는 티켓을 사려면, 앙카라에서 다른 나라의 도시로 떠나는 티켓이 있어야 가능한 것이다. 그런 티켓이 없는 나는 돈을 다시 환불받았다. 우즈백이나 이란 등 중앙아시아 경찰국가들은 이와 같은 규정 때문에 항공 여행이 정말 불편하다.

이란은 이런 점에서 통제사회다. 국경 이동이 자유롭지 못하니까. 국경 하나 사이인데도 터키와는 사회 분위기가 천지 차이다. 아무튼 중앙아시아의 나라들은 빨리 사회체제를 경찰국가에서 개방사회로 바꾸어야 한다. 그래야 국민들의 삶의 질이 좋아지고, 외국인들도 입출국이 편리해진다. 키르기즈스탄이 좋은 예이다. 이 나라는 어디를 가든지 자유롭다. 한국인은 비자도 요구하지 않고.

이란을 떠나게 되어 후련하기도 하고 서운하기도 하다. 20일 동안 주요 도시만 주마간산격으로 이란을 한 바퀴 돈 걸 가지고 이 나라가 어떻다고 말하기는 조심스럽다. 그러나 분명한 사실은 몇 가지 말할 수 있다. 첫째, 이란 사람들은 대개 친절하다. 둘째, 이란은 이슬람국가이면서 경찰국가다. 셋째, 이란 국민들은 미국의 경제제재로 큰 고통을 받고 있다. 넷째, 이란은 지구상 그 어떤 나라보다도 위대한 문명을 가지고 있다. 다섯째, 이란을 다 둘러보려면 20일은 너무도 짧다. 그래도 나는 내 소원 중의 하나는 풀었다. 페르세폴리스를 보았으니까. (11월 28일, 금요일, 맑음)

세상에서 가장 매력적인 도시, 이스탄불

이스탄불은 이번 여행에서 이상하게도 네 번이나 인연이 닿았다. 그만큼 실크로드에서 교통의 요충지라는 뜻이다. 첫번째는 투르크메니스탄 비자를 받지 못해 타쉬켄트에서 비행기로 이스탄불로 올 때, 두번째는 이란 여행을 마치고 테헤란에서 비행기로 이스탄불로 올 때, 세번째는 카파도키아-파묵칼레-에페스 여행을 마치고 비행기로 이스탄불로 돌아올 때, 마지막으로는 로마-이집트-요르단-이스라엘 여행을 마치고 인천으로 돌아갈 때, 비행기로 이스탄불에 들렀었다. 아무튼 이번 실크로드 여행에서 가장 중요한 교통 중심지였다.

▶ 블루 모스크 (이 세상에서 가장 아름다운 건물 중 하나이다)

이번 여행 중에 확인한 사실인데, 이스탄불은 서유럽, 동유럽, 북유럽, 남유럽, 지중해 연안, 중동, 아프리카로 여행하는 사람들에게는 최적의 중간 경유지다. 항공 교통편이 그만큼 많아서 이동하기에 편리하다. 다른 곳에 갈 때마다 2-3일씩 체류하면 이스탄불은 언제라도 여행할 수 있는 목적지가 되는 것이다. 과거에도 실크로드의 최종 목적지는 이태리 로마가 아니라, 동로마제국의 수도였던 콘스탄티노플(현재 이스탄불)이었던 것이다.

내가 여행한 도시 중에서 가장 좋은 도시를 추천하라면, 이스탄불을 추천하겠다. 우선 교통이 편리하고, 다양한 숙박 시설이 많으며, 맛있는 동서양의 음식이 많다. 다양한 문화예술의 보고이고, 역사 유적과 유물이 많으며, 사람들이 밝고 친절하다. 또한 자연 풍광이 뛰어나고, 서유럽에 비해 물가가 싼 편이다. 1554년 세계 최초의 커피하우스 출현한 곳도 여기다. 일주일 정도는 신나게 구경하면서 정말 정신없이 돌아다닐 수 있는 도시가 바로 이곳이다. 파리나 여기에 견줄 수 있을까, 다른 도시는 견줄만한 도시가 거의 없다.

▶ 보스포러스해협 크루즈에 놀러온 이슬람학교 어린이들

▶ 보스포러스해협 쪽에서 바라본 자미 모스크

▶ 이스탄불의 명물, 고등어 햄버거식당

▶ 쉴레이마니예 자미의 야경

▶ 석양의 블루모스크 정경

▶ 블루 모스크 내부모습

▶ 아야 소피아 사원

▶ 아야 소피아 내부 모습

▶ 아야 소피아 프레스코화

▶ 오딜리스크(히포드롬)와 청동주

▶ 남녀 양성신인 헤르마프로디투스(BC 3세기, 국립고고학박물관)

▶알렉산더대왕석관묘(BC 4세기, 국립고고학박물관)

내가 이스탄불에서 가장 관심을 가졌던 유적은 아야 소피아와 블루 모스크(술탄 아흐메드 자미)다. 이 두 명작은 술탄 아흐메드 지구에 서로 마주보고 있다. 그 사이에는 공원과 분수 광장이 있어서 많은 관광객들과 시민들로 항상 붐빈다. 아야 소피아 외관은 퇴색되었지만 그 웅장함과 위용은 여전하다.

비잔틴 건축의 최고 걸작으로 평가받고 있는 소피아는 지금은 박물관으로 개방되고 있다. 이 교회는 서기 330년에 로마제국의 수도를 로마에서 콘스탄티노플로 옮긴 콘스탄티누스 황제가 서기 325년에 건축하기 시작하여, 그 아들인 콘스탄티누스 2세가 360년에 완성했다. 이 교회의 폐허가 아야 소피아에 지금도 남아 있다. 현재 우리가 보는 건물은 서기 537년 유스티아누스 황제(483~565)가 6년 만에 완공했다. 황제는 자신의 명예를 걸고, 당대 최고의 기술과 건축 자재를 이용하여, 최대 규모의 교회를 지은 것이다. 그 후로는 그리스 정교의 총본산이 되었다.

1453년에 콘스탄티노플을 함락한 오스만 터키 제국의 술탄 마흐메드 2세(1432~1481)는, 이 교회가 너무 웅장하고 아름다워 파괴하지 않고, 이슬람 사원(자미)으로 바꾸었다. 안으로 들어가면 그 흔적이 지금도 많이 남아 있다. 중앙 제대 위에는 아기 예수를 안고 있는 성모의 금빛 모자이크가 있고, 거대한 기둥 위에는 검은 바탕에 금색으로 쓰인 알라, 마호메트와 4명의 칼리프 이름을 새긴 컬리그래피가 눈에 띈다. 2층 남쪽 회랑에서는 성모와 요한과 함께 그려진 그리스도의 모자이크 벽화가 볼만하다(사진참조). 지진의 흔적으로 바닥과 기둥이 뒤틀린 곳도 서너 군데 보인다. 얼마나 견고하고 단단하게 지었으면, 거의 천오백 년 동안 수도 없이 많이 일어난 지진을 견뎌냈을까? 정말 대단한 터키 사람들의 건축 기술이다.

블루 모스크라는 별명을 갖고 있는 술탄 아흐메드 자미는 오스만 터키 제국의 힘과 권위를 뽐내는 이슬람 사원이다. 1616년 술탄 아흐메드 1세가 당대 최고의 건축가였던 미말 시난의 제자인 마흐메드 아흐를 시켜 지었다. 옆에 있는 아야 소피아보다 더 크고 멋진 건물을 지으려고 했는데, 소피아는 이기지 못했다는 게 건축가들의 중평이다.

그러나 전 세계에서 가장 멋진 건물 중에 하나임에 틀림없다. 나는 아직까지 저렇게 크면서도 아름다운 건축물은 전 세계 어디에서도 보지 못했다.

모스크 안으로 들어서자, 창문을 통해서 들어오는 햇빛이 파란색을 띠는 이즈닉 타일에 반사되어, 정말 신비로운 분위기를 연출하고 있었다. 아하, 저래서 블루 모스크라는 별명이 생겼구나! 저절로 그 이유를 깨달았다. 천정이 얼마나 높은지 고개가 아플 지경이다. 파르스름한 기운이 도는 우아한 돔과 아름다운 스테인드 글라스, 붉은 색 카펫이 어울려 정말 장엄한 분위기를 풍기고 있었다. 좀 더 오랫동안 이런 분위기를 음미하고 싶었으나, 다음 예배시간 때문에 아쉽게도 나를 포함한 관광객들은 모두 나가야만 했다.

블루 모스크의 장엄하면서도 아름다운 모습을 보면서 모스크의 건축양식이 궁금해졌다. 한스 큉의 〈이슬람: 역사·현재·미래〉와 미야자키 마사카츠의 〈하룻밤에 읽는 중동사〉, 인더스 코리아라는 인터넷 블로거가 쓴 이슬람 사원(모스크)의 건축양식을 주로 참고하여 설명하고자 한다.

이슬람 세계를 여행해본 사람들이라면, 누구나 도시의 건축물 사이에 또는 지평선 위에 그려진 둥근 선과 직선의 신비로운 조화를 한번쯤은 넋을 잃고 바라본 경험이 있을 것이다. 나도 그런 경험을 했다. 이스탄불의 보스포러스 해협에서 배를 타고 유럽쪽 이스탄불을 바라보면, 여러 모스크들이 바다를 내려다보며, 다가오는 길손들을 반갑게 맞아주는 것 같은 느낌을 받는다. 특히 갈라타 다리 위에서 바라본 쉴레이마니에 자미의 야경은 정말 얼마나 신비롭고 아름다운지 황홀할 지경이었다. 유럽에 있는 어떤 교회에서도 그런 감동을 받아 본 적이 없다.

또 한 번은 우즈백 하미의 이찬 칼라 위에 올라가서 조망한 마을의 스카이라인에서, 둥근 선과 직선의 어우러짐, 그리고 황토색과 푸른색의 조화가 만들어내는 신비로우면서 자연스러운 아름다움을 보았다. 그건 수 백 년의 세월과 인간의 건축술이 만들어내는 그런 오묘한 멋이자 창조물이었다.

이슬람교도의 예배장소를 모스크라고 한다. 모스크는 영어 'Mosque' 음역이며, 아라비아어 '마스지드'에서 변한 이름이다. 이슬람 세계에서는 각 지역의 전통적인 건축양식에 따라 수많은 모스크가 지어졌다. 그래서 중국 시안에 있는 대청진사는 불교 사찰과 외양이 비슷하다. 물론 미나레트(아라비아어로는 미나라), 즉 첨탑도 없다. 모스크는 예배 공간, 미나레트, 세정소(예배 전에 손과 발 그리고 얼굴을 씻는 곳)로 구분된다. 모스크의 기원은 야스브리(메디나)에 있다. 메디나로 이주한 마호메트는 즉시 집을 짓고, 한 변이 약 5미터 쯤 되는 좁은 안뜰에 간소한 지붕을 올린 모스크를 지었다. 그것이 현재 세계 각지에 퍼져 있는 모스크의 원형이 되었다.

돔과 첨탑은 이슬람 사원인 모스크의 대표적 건축양식이다. 모스크 중앙의 둥근 지붕은 영어로는 돔, 아랍어로는 '꿉바'라고 하며, 뾰족하게 솟은 첨탑은 미나레트라고 부른다. 사실 돔이나 첨탑과 같은 건축양식이 이슬람 초창기부터 존재했던 것은 아니다. 이슬람공동체가 점차 확산되고 정복을 통해 제국으로 발전하면서, 주변의 비잔틴이나 페르시아문화의 영향을 받은 이슬람 특유의 모스크 건축양식이 탄생한 것이다.

모스크는 기독교의 교회와 마찬가지로 기도의 장소로서의 역할도 하지만, 그 범위는 훨씬 더 넓다. 모든 모스크의 모체가 되었던 건물, 즉 예언자 마호메트가 메디나에서 살던 집은 다목적 건물이었다. 그곳은 기도와 예배를 위한 장소, 정치적 회합을 위한 장소, 협상과 재판을 위한 장소였으며, 종교적 가르침과 연구를 위한 장소이기도 했다. 모스크는 예나 지금이나 정치적 의견을 형성하여, 선전선동의 센터 역할을 할 때가 많이 있다. 그래서 최근 유럽과 미국에서 자국 내 모스크를 경계하기 시작했다. 지배 세력에 대한 다양한 불만을 다양한 방식으로 표출할 수 있는 곳은 모스크뿐이다. 모스크는 또한 이슬람 내부의 갈등과 분열이 일어나는 곳이기도 하다. 한마디로 모스크는 이슬람 사회의 커뮤니케이션의 중심지 역할을 한다.

모스크 건축의 가장 큰 특징인 돔은 대부분 학자들이 비잔틴 건축양식의 영향이라고 주장하지만, 아랍 민속학자들은 이미 이슬람 출현 이전에, 아랍 유목민들이 낙타의 등 위에 신고 다니던 조그만 가죽 천막에서 유래되었다고 주장한다. 내가 보기에는 이슬람이 유목민에서 유래했기 때문에 자기들이 사용하던 집으로 사용하던 유르트나 파오의 둥근 지붕을 모방한 것이 아닌가 한다. 완만한 선이 의미하듯, 모스크의 돔은 평화를 상징한다. 돔의 끝은 보통 초승달로 장식하는데, 초승달은 샛별과 함께 이슬람의 대표적 상징이며 '진리의 시작'을 의미한다. 즉, 마호메트가 최초로 계시를 받을 때, 초승달과 샛별이 한데 어울려 떠 있었다고 전해지며, 그때부터 하나님의 진리가 인간에게 내려지기 시작했기 때문이다.

모스크 건축양식의 또 다른 특징인 미나레트(첨탑)는 기능면에서 두 가지 역할을 한다. 하나는 하루 다섯 차례의 예배 시간을 알리기 위해 '무에진(무에찐 muezzin)'이라고 불리는 사람이 이 첨탑 위에 올라가 '에잔(아잔 ezan)'을 외치는 곳이다. 높은 데 올라가 소리칠수록 멀리까지 잘 들리기 때문이다. 나는 중국 신장부터 중앙아시아와 이란을 거쳐 터키까지 오면서 여러 모스크에서 아진이 예배시간을 알리는 목소리를 들었다. 그런데 그 목소리가 정말 낭랑하고 맑아서 그 목소리만으로도 사람들을 끌어들이는 묘한 매력이 있었다. 거기에 또 얼마나 구성지고 리드미컬한지, 음악성 또한 풍부했다. 이번에 이슬람 사회를 여행하는 동안 가장 인상에 남는 매력물 중 하나이다. 또 하나의 기능은 이방인들에게 그 지방의 모스크 위치를 쉽게 알려주기 위함이다. 높은 첨탑은 쉽게 눈에 띄기 때문에 길을 모르는 외지인이라도 이 첨탑을 보고 모스크를 쉽게 찾을 수 있는 것이다.

이 첨탑 양식은 역사적으로 지역에 따라 조금씩 달랐다. 시리아·북아프리카·안달루시아(스페인·포르투갈 남부 지역) 지방은 기독교의 영향으로 사각형이었고, 이라크 지역은 고대 메소포타미아 건축양식을 모방해 나선형이었으며, 이란·터키 지방은 원통형이었다. 모스크에 따라 첨탑의 수도 다양하지만 일정한 규정도 없다. 1개나 2개가 보통이었지만, 오스만터키 제국 시대에 들어오면서 첨탑의 수가 권력의 상징이 되기도 했다. 그 한 예로, 술탄 아흐마드 1세는 이스탄불에 자신의 이름으로 블루 모스크를 건립할 때, 6개의 첨탑을 세우게 했다. 그러나 이슬람의 성지인 사우디아라비아 메카의 모스크 첨탑이 6개 인 것을 알고, 자신이 경비를 지원하여 메카의 모스크에 하나의 첨탑을 더 세우게 하여 이 문제를 해결했다.

미나레트를 세우는 것은 정치적 · 사회적 · 미학적 의미가 있다. 이 첨탑을 세움으로서 정치적인 입지를 확인하고, 사회적인 결속을 도모하며, 모스크의 아름다움과 위용을 과시한다. 모스크에 미나레트를 세워야 한다는 의무조항은 없다. 꾸란에도 미나레트에 대한 언급이 전혀 나오지 않는다. 이슬람 왕조 초기에는 모스크에 탑이 없었다. 우마이야 시대(661~750)에 들어서야 미나레트는 대개 과거 기독교의 영토였던 곳에서 모스크의 일부가 되었다. 지금도 전 세계에는 미나레트가 없는 모스크도 아주 많다.

돔과 첨탑 등 화려한 외부구조와 달리 모스크 내부구조는 극히 단순하다. 돔이 받치는 내부구조는 기둥이 필요 없기 때문에 운동장과 같은 넓은 공간이 펼쳐지며, 바닥에는 카펫이 깔려 있을 뿐이다. 그러나 모든 모스크들은 단순하나마 일정한 구조물을 갖추고 있다. 사방의 벽면 중 한쪽 벽면에는 아치형으로 움푹 패인 벽감이 있다. 이를 '미흐랍(마흐라브)'이라고 부르는데, 예배를 보는 방향, 다시말해 사우디아라비아의 메카 방향(키브라)을 나타낼 뿐, 별다른 의미는 없다. 따라서 전 세계의 모든 모스크들은 메카 방향을 향해 미흐랍을 만든다.

미흐랍의 바로 오른쪽에는 계단 형식의 설교대가 있어 '민바르'라고 부른다. 금요일 합동예배 전에 '카팁'이라고 불리는 설교자가 이 설교대에 올라가 설교한다. 한편 여성들을 위한 공간은 모스크의 양 측면이나 뒷면 혹은 2층에 마련되어 있는데, 보통은 커튼이나 칸막이가 설치되어 있다.

모스크 내부 장식 중 특이한 것은 인물이나 동물상이 전혀 보이지 않는다는 점이다. 즉, 인물이나 동물의 조각은 물론이요, 인물이나 동물을 묘사한 모자이크나 프레스코 벽화도 발견할 수 없다. 그것은 꾸란 59장 24절의 "하나님만이 진정한 '창조주'로서 인간이나 동물을 만들 수 있다"는 데 근거한 것이다. 인간에 의해 만들어진 조각이나 그림은 자칫 잘못하면 우상숭배로 흐를 수 있다는 것이다.

사마르칸트 레기스탄에 있는 시르 도르(Sher Dor 시르 도르는 '용맹한 사자'라는 뜻이다)

메드레사는 이슬람 건축에서 금기시하는 사람과 동물을 표현했다. 정면 아치 위에는 사슴을 쫓는 사자가 양쪽에 그려져 있고, 사자 등에는 태양처럼 빛나는 사람 얼굴이 그려져 있다. 이 그림은 그 이단성 때문에 격렬한 논쟁을 일으켜, 결국 건축가가 자살했다고 전해진다.

이슬람에서는 우상숭배를 경계하기 때문에 모스크 내부 장식에서는 인물상 및 동물상은 전혀 보이지 않지만, 아름다운 문양의 아랍어 꾸란 장식이 그 자리를 차지하고 있다. 뿐만 아니라 소위 '아라베스크'라고 불리는 꽃문양에 기초한 복잡한 기하학적 문양이 모스크 벽면을 화려하게 수놓고 있다. 스페인 그라나다에 있는 알함브라 궁전이나 마쉬하드의 하람모스크에 가면, 이 세상에서 가장 아름다운 아라베스크를 감상할 수 있다.

▶ 토프카프궁전 이모저모

▶ 토프카프 궁전 이모저모

토프카프 궁전은 이스탄불에서 최고의 전망을 자랑하는 언덕에 우뚝 서있다. 양쪽으로는 금각만과 마르마르해를 마주보고, 정면으로는 보스포러스 해협이 내려다보이는 명당에 자리 잡고 있다. 15세기 중반부터 20세기 초까지 오스만 제국을 호령하던 술탄들이 거주하던 궁전이다 보니, 당연히 좋은 곳에 자리를 잡았을 것이다. 1453년에 비잔틴을 함락시킨 메흐메트 2세가 1460년에 현재의 위치에 토프카프 궁전을 세우기 시작하여, 그후 여러 술탄들이 증축을 거듭하여, 현재의 모습을 갖추게 되었다. 70만 평방미터의 이 궁전은 1856년 도르마바흐체 궁전이 완공될 때까지 오스만 제국의 중심지로 발전했다.

이 궁전에서 바라보는 경치가 일품이다. 궁전을 거닐면서 곰곰이 생각해보니, 유럽 기독교 문명에서는 파리 말고는 이렇게 멋지고 웅장한 도시가 없는 거 같다. 이슬람 문명이 얼마나 위대한 지는 이스탄불에 와보면 금방 알 수 있다. 그들이 지은 건축물과 소장했던 보물, 그들이 누렸던 문화와 예술, 그들이 즐겼던 음식, 그들의 행정 시스템을 찬찬히 들여다보면, 약 1300년 동안 기독교 문명과 자웅을 겨뤘던 그들의 힘을 느낄 수 있다.

이 궁전은 오스만 제국의 정치, 군사, 행정의 중심지이기도 했지만, 온갖 음모와 인간의 욕망이 난무하는 비극의 장소이기도 했다. 대표적인 사례가 하렘 제도이다. 마사카츠에 의하면, 토프카프에도 약 300개의 하렘 방이 있다. 하렘은 아라비아어로 '출입금지 장소'를 뜻하는 '하림'의 터키어이며, 본래는 여성 전용 장소를 가리켰다. 하렘에서 태어난 아들들만 술탄 지위를 계승할 자격이 있었기 때문에 자기 아들을 술탄으로 만들려는 여성들의 세력 다툼이 상상을 초월할 정도로 격렬했다. 술탄이 되지 못한 나머지 아들들은 모두 몰살당하거나, 눈알을 뽑히거나, 죽을 때까지 유폐되기도 했다. 그러니 목숨을 걸고 자기 아들을 술탄으로 만들려는 경쟁과 음모가 치열했던 것이다.

또 술탄이 바뀔 때마다 하렘의 여성들을 신하에게 오달리스크(여성 노예)로 하사하는 등의 방법으로 전부 교체하였다. 20년 넘게 유폐생활을 하다가 우연히 술탄이 된 어떤 술탄은 미치광이가 되어, 자기 궁녀들을 모두 보스포러스 해협에 수장시키기도 했다. 이런 여인들이 물속에서 너울너울 춤을 추는 모습으로 이리저리 흘러 다니다, 어부들의 그물에 걸리기도 했다고 전해진다. 이런 지배자의 비정상적인 관습이 19세기 유럽에서 널리 알려져, '오리엔탈리즘'이라는 편견을 조장하기도 했다.

▶ 수피춤

수피 댄스를 보러 갔다. 숙소인 동양호텔에서 가까운 공연장으로 갔다. 내가 도착했을 때는 이미 공연장이 관람객으로 가득 차있었다. 공연자들은 선무를 추는 세마젠과 음악을 연주하는 연주자들로 나뉘어 있다. 춤은 단순하다. 신비로운 음악에 따라 계속해서 한쪽 방향으로 빙빙 돈다. 자기가 스스로 돌면서 큰 원을 따라 여러 명이 함께 돈다. 그러니까 선무자는 엄청 어지러울 것이다. 원래는 선무자가 정신을 잃고 쓰러져, 신과 접선할 때까지 계속 돈다고 한다. 공연은 약 40분 정도 진행되었다. 이 수피 댄스는 원래 선무교단으로 알려진 이슬람 신비주의의 한 종파인 메비레비 교단의 발상지인 꼰야에서 크게 성행했다.

이슬람 신비주의는 허름한 옷을 걸치고 청빈한 삶을 살아가는 수피를 중심으로, 신에 대한 사랑, 신에 대한 신비적 탐구를 목적으로 하는 이슬람 신앙의 한 형태를 의미한다. 7세기경에 시작되었으며, 12세기에는 다양한 교단이 조직되어, 그 후 이슬람 세계 곳곳으로 퍼져나갔다. 세미(선무)로 알려진 메비레비 교단도 그 중 하나다. 창시자는 메비라나 제라르딘 레미(1204?~1273). 메비레비 교단은 오스만 왕조 시대에는 술탄과 궁정의 엘리트층까지 신자가 많았지만, 1925년 아타튀르크의 정치와 종교 분리정책에 의해 이들이 운영하는 신학교와 테케라 불리는 수행장이 모두 폐쇄되었다.

지금도 꼰야에서는 매년 12월 10~17일까지 메비라나를 기리는 선무대회가 개최된다. 나는 카파도키아에서 파묵칼레로 이동할 때 꼰야를 경유했는데, 일주일 차이로 이 대회를 놓치고 그냥 지나쳤다.

세마 무용수(세마젠)는 고깔모자를 쓰고, 재킷과 하얀 치마를 입고 있다. 고깔모자는 묘비, 재킷은 묘를 나타내며, 치마는 장식용 덮개를 상징한다. 세마젠은 오른팔을 위(하늘)로, 왼팔을 아래(땅)로 향하는 것은 알라에게서 받은 은혜를 사람들에게 나누어주는 것을 의미한다. 나는 그 춤의 의미는 잘 이해하지 못했으나, 네이(퉁소 같은 피리)와 쿠둠(북 같은 타악기)이 연주하는 신비로운 반주 음악은 참 좋았다. 세마는 7개 부분으로 나뉘어 진행된다. 첫 부분 - 예언자 마호메트에 대한 찬미, 두번째 부분 - 쿠둠 연주, 세번째 부분 - 네이 연주, 네번째 부분 - 세마젠의 세 번 인사, 다섯번째 부분 - 세마젠이 검은 자켓을 벗어 던지고, 여섯번째 부분 - 쿠르앙의 바라카 장을 노래하고, 마지막으로 기도를 올리며 세마를 종료한다. 쿠둠과 네이의 연주, 3번의 절을 하는 선무, 쿠르앙 영창까지가 세마의 클라이막스다.

▶ 과거의 밸리댄스(위 4개, 국립고고학박물관 자료사진)와 현재의 밸리댄스(아래 3개)

벨리 댄스도 내가 가장 보고 싶어 했던 공연이다. 댄스 공연장은 호텔 부근에 있었다. 실제로 벨리 댄스 공연을 본 것은 1992년 호주 캔버라에서 유학생활을 하던 때이다. 호주 수도인 켄버라에서는 매년 다민족 축제가 열린다. 거기어 레바논 사람들이 벨리 댄스를 가지고 나왔던 것이다. 축제는 밤에 열렸는데, 나는 그 댄스를 처음 보고 너무 흥분해서 소리를 고래고래 질러댔다. 아내와 우리 아이들이 창피하다고, 조용히 하라고 말릴 정도였다. 풍만한 여체로 섹시한 춤을 추는 아가씨들의 리드미컬한 몸동작도 좋았지만, 더 좋았던 것은 반주음악이었다. 그 아라비아 음악이 우리 사물놀이처럼 사람 피를 거꾸로 흐르게 하는 힘이 있었다. 얼마나 흥분되었던지----. 그때부터 아랍 음악을 좋아하게 되었다.

이슬람 사회에서 벨리 댄스가 발달되었다는 것은 아이러니다. 거리에서는 히잡을 두르고 다니는 여인들이 많은 나라에서, 이렇게 야하고 섹시한 옷을 입고, 매혹적인 율동으로 춤을 춘다는 것 자체가 너무도 이질적인 양면성이다. 여러 명의 댄서들이 번갈아 가면서 연주에 맞추어 무대에서 춤을 추고, 손님들은 디너를 먹으면서 테이블에 앉아서 춤을 감상하는 레스토랑이었다. 사회자가 각국에서 온 손님들을 소개했다. 한국에서 온 사람은 나 혼자 뿐이었다. 코스로 나오는 음식은 맛이 좋았다.

한 달 후에 이집트 카이로에서 본 나일강 크루즈 밸리 댄스와 비교가 되었다. 댄서들의 춤 솜씨와 몸매는 터키가 더 뛰어났고, 주변 분위기와 음식은 나일강 크루즈가 더 우수했다. 어떤 우열을 가리는 것이 아니라, 각자 서로 개성이 다르다는 것을 염두에 두고 즐기면 될 거 같다.

옛날부터 지금까지 실크로드를 따라 이스탄불에 오는 사람들이 가장 좋아하는 장소는 아마도 시장(바자르)일 것이다. 동쪽에서 오는 동양 사람이나 서쪽에서 오는 서양 사람이나 그건 마찬가지다. 이스탄불 바자르는 그만큼 동서양의 고든 물건들이 모이는 국제시장이었다.

지금도 마찬가지다. 그랜드 바자르와 이집트 바자르에 갔다. 그랜드 바자르는 터키어로

'지붕이 있는 시장'이란 뜻으로 '카파르 차르스'라고 불린다. 관광객들에게 아주 잘 알려진 명물이다. 정말 이 세상의 모든 물건은 다 모여 있는 것처럼 물건과 가게가 많다. 가게의 수가 4,400개에 이른다고 한다. 하도 넓어서 어떤 기준점을 정해 놓고 다니는 것이 좋다. 주요 취급 품목은 카펫, 귀금속, 가죽제품, 의류, 천, 기념품 등이 많고, 환전소와 식수장도 있다. 바자르 안에는 시민들과 세계 각국에서 몰려온 여행자들로 발 디딜 틈이 없었다. 물건을 사지 않고 그냥 구경만 하고 다녀도 재미가 있다. 하루 종일 아이쇼핑만 해도 질리지 않는다.

이집트 바자르는 갈라타 다리 앞에 있는 예미 자미와 붙어있어서, 일부러 찾아가지 않아도 자연스럽게 들르는 곳이다. 규모는 작지만 시장 풍경은 그랜드 바자르와 비슷하다. 과거에는 향신료를 주로 거래했으며, 이집트에서 바친 공물을 처리하는 시장이었다고 한다. 나는 향신료를 집중적으로 찍었다.

▶ 이집트 바자르 이모저모

▶ 형형색색의 이스탄불 과자들

내가 묵었던 동양호텔은 아야 소피아에서 귀르하네역 사이에 있다. 한국인이 사장인 곳으로 터키인 직원들이 영어와 한국말을 잘한다. 도미토리가 1인당 15유로. 싱글룸은 40유로. 특히 아침 식사가 아주 깔끔하고 맛이 좋다. 한국 여행자들이 많다.

여행사를 겸하고 있어서 이스탄불 시내와 터키 내 다른 지역으로의 여행을 알선해준다. 나는 카파도키아와 파묵칼레 그리고 에페소스를 거쳐 이스탄불로 돌아오는 3박 4일짜리 패키지 프로그램을 이용했다. 현지 이동 교통편이나 숙소나 음식, 관광 가이드에 거의 불편함을 느끼지 못할 정도로 서비스 수준이 높았다. 이 패키지 시스템은 오히려 유럽의 선진국 여행사들보다 더 뛰어났다.

이런 시스템은 우리도 본받아야 한다. 중앙의 여행사와 지방에 있는 여행관련 업계들(현지 여행사, 교통, 숙박, 음식점, 쇼핑센터, 관광지 등)이 긴밀한 업무 협조 체계를 갖추어 여행자들이 불편하지 않도록 최선의 서비스를 제공하는 것이다. 그러면 중앙과 지방의 여행업계가 서로 상생할 수 있다. 현지 가이드들도 열심히 일하고, 과도한 쇼핑은 강요하지 않는다.

5일 동안 다음과 같은 곳을 주로 다니면서 시간을 보냈다. 블루모스크, 아야소피아, 토카체프 궁전, 국립 고고학 박물관, 갈라타 다리, 갈라타 탑, 금각만, 에미뇌뉘 부두, 지하 궁전, 보스포러스 크루즈, 탁심 광장, 보스포러스 지하터널 메트로, 하렘 가라즈, 쉴레이마니예 자미, 예니 자미, 야간 투어, 시르케지 역, 도르마바흐체 궁전 등. 그런데도 못 가본 곳이 훨씬 더 많다.

무엇보다 갈라타 다리의 명물, 고등어 샌드위치를 못 먹어본 것이 아쉽다. 몇 번이나 먹으려고 시도했지만, 이상하게도 그때마다 다른 일이 생겨 끝내 못 먹고 말았다. 이스탄불은 볼거리가 너무도 많아서, 적어도 일주일은 체류해야 주마간산 격으로나마 대강 훑어볼 수 있다. 내가 보기에는 이스탄불은 파리와 더불어 이 세상에서 가장 매력적인 도시다. 40대 중반의 요염하고 매력적인 여인과 같은 분위기를 풍기는 신비한 도시다. 역사가 오래되었으면서도 늙어 보이지 않는 그런 도시다. (11월 29일-12월 1일, 토-월요일, 맑음)

초기 기독교 암굴교회의 메카, 카파도키아

카파도키아는 실크로드에서 둔황과 더불어 멋진 볼거리를 가진 곳이다. 터키 중앙부에 펼쳐져 있는 아나톨리아 고원지대에 있는 기암 지대다. 카파도키아 지방은 히타이트 시대부터 교역로의 요충지로 번영했으며, 4세기부터는 기독교 수도사들이 응회암에 동굴을 파고 살기 시작했다. 그들은 외부의 적으로부터 신앙을 지켜내며, 동굴 내의 천장과 벽에 귀중한 프레스코화를 많이 남겨 놓았다.

카파도키아 유적은 네우세히르, 괴레메, 위르깁, 카이미크르, 우흐라라 계곡 등에 널리 퍼져 있어, 이틀 동안 가이드 투어를 했다. 혼자 다니려면 시간과 돈이 많이 들기 때문이다. 단점은 내가 보고 싶은 곳을 다 볼 수 없다는 것. 내 주요 관심은 동굴 교회에 그려진 기독교 성화에 있었다.

동굴교회의 프레스코화를 많이 볼 수 있는 괴뢰메 야외박물관이 볼만했다. 전체적으로 트라브존에 있는 쉐멜라수도원의 성화와 분위기가 비슷했지만, 종류는 훨씬 더 방대했다. 괴레메 계곡에는 30개가 넘는 암굴 교회가 있으며, 대부분 12~13세기에 만들어 졌다고 한다. 가이드는 우리에게 4개만 보여주었다. 암굴 교회를 다 보려면 개인적으로 따로 와서 1주일 이상 시간을 내야 한다.

▶ 필자가 묵었던 암굴 호텔

▶ 카파도키아 이모저모

▶ 카파도키아 도자기 이모저모

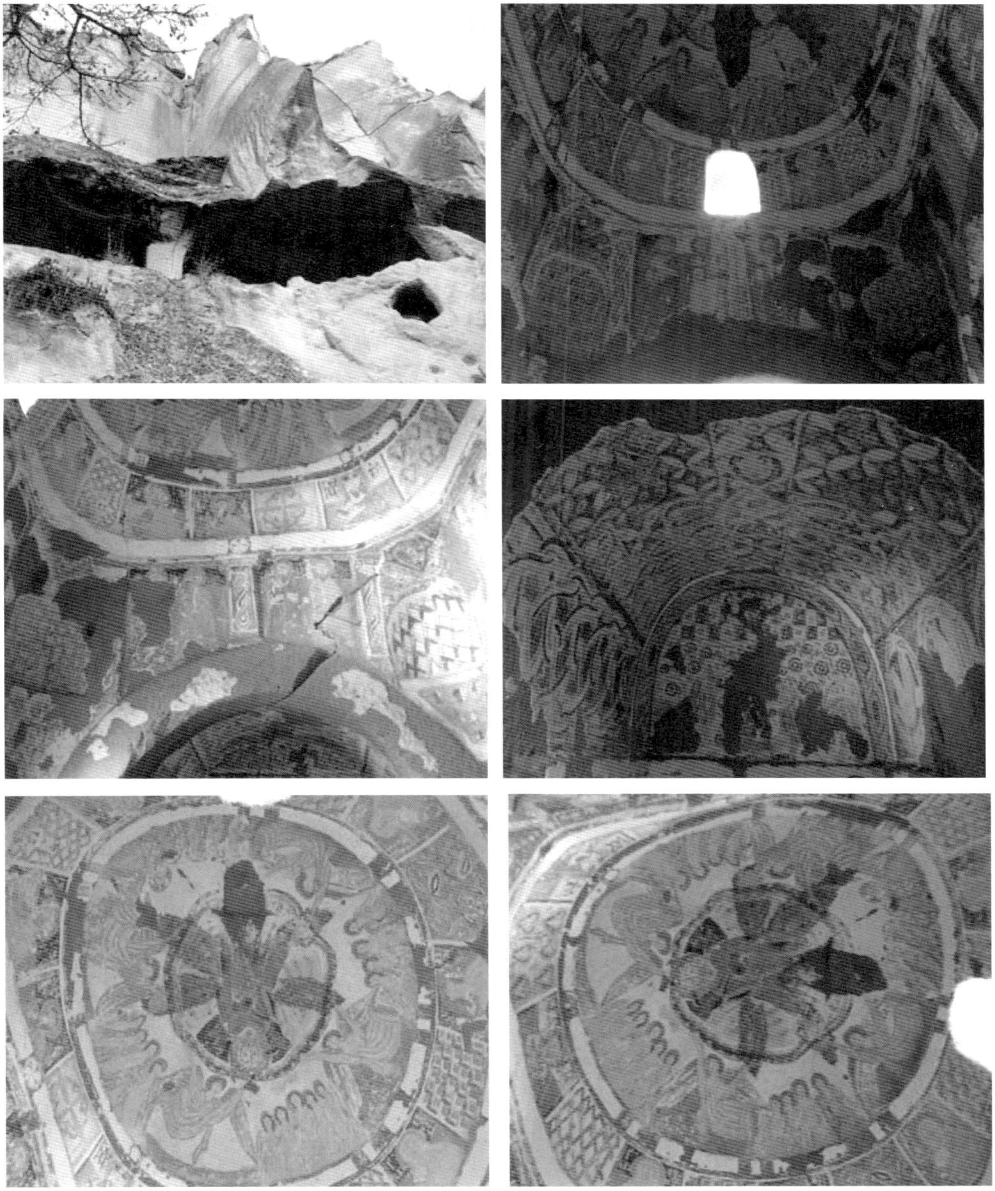

▶ 아가칼티 쳐치가 자리잡은 석굴(맨 위 왼 쪽)과 프레스코화

▶ 암굴교회들이 자리 잡은 우흐라라 계곡. 불교 석굴 주변과 매우 비슷하다.

▶ 카파도키아 암굴교회 이모저모

▲ 카파도키아 암굴교회와 프레스코화 이모저모

인상적인 교회는 원시적인 기독교 성화가 그려진 엘마르 키리세(애플쳐치)였다. 여러 가지 물감을 사용하여 성서 내용을 그린 정교한 성화보다 갈색 단선으로 그린 초등학생이 그린 것 같은 성화에 더 마음이 갔다. 장욱진 화백의 그림처럼 천진하고 순수한 그림들이다. 카란르크 키리세(어둠의 교회)는 특히 보존 상태가 좋아서 그리스도상과 수태고지, 세례식, 최후의 만찬 등 선명한 색상의 프레스코화가 인상적이었다. 유란르 키리세(뱀의 교회)에는 성 그레고리가 뱀을 물리치는 벽화가 그려져 있다. 그러나 대부분의 교회 성화는 사진 촬영이 금지되어 있어서 아쉬웠다. 몰래 몰래 주위를 살피면서 사진을 찍을 수밖에 없어서 답답했다.

우흐라라 계곡에 절벽을 파서 만든 암굴 교회는 신장지역의 불교 석굴이 조성된 주변 자연환경과 놀랄 정도로 비슷했다. 첫째, 사람들의 눈에 잘 띄지 않는, 마을에서 멀리 떨어진 계곡에 지은 점. 둘째, 깎아지른 절벽에 암굴을 만든 점. 셋째, 절벽 앞에 수량이 풍부한 하천이나 강이 흐르는 점. 넷째, 자연굴 보다는 사람의 힘으로 바위굴을 파들어 간 점. 다섯째, 한두 개의 굴이 아니라, 수백 개의 굴을 수백 미터 내지는 수 킬로에 이르는 바위 절벽에 만든 점. 여섯째, 지역사회 공동체가 만든 것과 더불어 개인이 자금을 기부하여 만든 것도 많다는 점. 일곱번째, 누군가에 의해 의도적으로 훼손된 부분이 많다는 점. 여덟번째, 벽화에 사용한 물감이 자연에서 추출한 안료가 많다는 점. 아홉번째, 공간 구성 기법이 비슷하다는 점. 공간 구성 방법은 크게 두 가지로 나눌 수 있다. 하나는 빈 공간을 그대로 두고 벽과 천정에 벽화를 그리는 방법이다. 다른 하나는 빈 공간에 교회를 짓고, 거기에 벽화를 그리는 방법이다. 전자는 굴이 작은 곳에서 주로 나타나고, 후자는 굴이 큰 곳에서 주로 볼 수 있다. 열번째, 생활공간이 함께 만들어졌다는 점. 교회에는 부엌과 식당, 식품과 음식 저장고, 채플, 수도사 숙소, 병원, 실내 묘지 등이 조성되었다. 열한번째, 사람이 비교적 파기 쉬운 석회암이나 쉽게 부서지는 사암 지역을 선택했다는 점. 열두번째, 지고지선의 신앙심을 가진 사람들이 목숨을 바치는 열정과 희생으로 만들었다는 점. 열세번째, 사람들의 기억 속에서 오랜 기간 동안 잊혀 졌다가 나중에 발견되었다는 점. 열네번째, 지금은 모두 인류문화유산으로 인정받아 보호되고 있다는 점 등이다.

이런 유사성으로 살펴볼 때, 불교 석굴이나 교회를 만들 당시에 실크로드를 따라 오가던 사신들이나 상인들, 종교인들, 일반 여행자들에 의해 상대방의 신앙생활이나 종교시설의 건축 기법, 벽화 기법 등이 전달되었을 가능성은 충분히 있다. 특히 불교와 기독교 사회의 중간에 자리 잡은 터키와 아르메니아, 그루지아(조지아)나 이란에 있는 수도원이나 기독교 교회에서 그런 흔적을 자주 볼 수 있다.

가장 대표적인 것이 아시아인을 닮은 예수와 성모 마리아를 들 수 있다. 카파도키아에 있는 한 동굴교회에서는 간다라 지역의 부처 얼굴을 닮은 예수 얼굴도 보았다. 그러나 사진 촬영을 할 수가 없어서 증거를 확보하지는 못했다. 이란 이스파한에 있는 아르마니아교회에 가면, 아시아인의 얼굴을 한 예수와 제자들을 묘사한 비슷한 부조 조각을 볼 수 있다. 그림 수준이 초등학생이 그린 것처럼 순수해서 더 정이 간다.

그러나 우후라라계곡에서는 불교가 여기까지는 전달되었다는 확실한 증거를 찾아 볼 수 없었다. 이 계곡도 페리세폴리스 부근에 있는 로스탐 공중 무덤 유적처럼, 수 십 미터가 넘는 평평한 자연 절벽이 즐비한데도 불구하고, 불상을 새기거나 불화를 그린 흔적을 전혀 찾을 수 없었다. 만일 불교가 들어왔다면, 저렇게 좋은 평평한 자연 절벽을 불교도들이 그대로 놓아둘 리가 없기 때문이다. 내가 돈만 충분히 있으면, 지금이라도 멋진 부처님이나 예수님 또는 마리아를 새기고 싶은 충동이 일어날 정도로 바위 절벽이 좋으니까.

더구나 불교 석굴을 만들 때 가장 중요시하는, 수량이 풍부하고 깨끗한 계곡물까지 있다. 둔황석굴과 베제클릭석굴, 키질석굴, 용문석굴, 병령사석굴, 낙산대불도 모두 앞에 강이나 하천이 흐르는 바위 절벽에 조성되었다. 폭이 좁은 계곡 절벽에 조성된 병령사석굴이나 베제클릭석굴과 자연환경이 가장 비슷했다. 다른 불교 석굴들은 강이나 하천이 앞에 흐르는 절벽에 만들었지만, 전방이 시원하게 트인 점이 다르다.

실제로는 보지 못했지만, 카파도키아에서 산 동굴벽화 그림엽서를 자세히 살펴보다가 몇 가지 중요한 사실을 발견했다. 어둠의 교회(Dark Church)에는 부처가 마귀를 밟고 있듯이, 예수가 사탄을 발로 밟고 있는 벽화가 있었다. 이건 불교 벽화가 기독교 벽화에 영향을 미쳤다는 명백한 증거다. 이 그림들은 12-14세기에 그려졌다. 그러니까 이 시기는 몽골제국(징기스칸의 아들과 손자들의 왕국)의 일한(칸)국이 이 지역을 지배했던 때로, 당나라(618-907) 이래로 동서양의 교류가 가장 왕성했던 시기에 해당한다. 마르코 폴로(1254-1324)도 바로 이 시기에 이 지역을 통과했다.

또한 벽화의 얼굴들이 서양인이 아니라 아나톨리아 터키인의 얼굴이다. 이건 로마 카톨릭과 동방 정교를 구분하는 중요한 요소가 된다. 이 두 기독교가 분열된 근본적인 이유는 지리적 요인과 교리 해석의 차이, 교회 장식에 관한 견해 차이 등 여러 가지가 많지만, 이런 사람 얼굴의 차이 등 외면적인 차이도 동서교회의 분열에 일정 부분 작용을 했을 것이다.

성화를 보면 마리아를 비롯해서 당시 여인들이 모두 히잡을 쓰고 있다는 점이다. 그러니까 오랜 세월을 거치는 동안 서구 기독교 사회의 여인들의 복장이 변한 것이지, 이슬람 사회의 여인들의 복장은 지금도 전통을 고수하고 있는 것이다. 우리 사회도 마찬가지고. 백 년 전의 우리 여인들의 복장과 이슬람 여인들의 복장은 얼굴과 몸을 가리는 그 폐쇄성에서는 거의 차이가 없었다. 쓰개치마와 히잡은 여인의 얼굴을 가리는 기능이 똑같았다. 내가 히바에서 본 무슬림 여성의 사진은 우리 쓰개치마와 놀랄 만큼 거의 모습이 비슷했다. 실크로드의 영향이 얼마나 컸는지 짐작할 수 있는 대목이다.

다른 벽화에서는 〈최후의 만찬〉 그림에 물고기 한 마리를 크게 그려 놓음으로서, 물고기를 먹지 않는 무슬림과의 차별성을 강조하고 있다. 이 지역은 대부분의 시기에 이슬람이 지배하는 지역이었다. 말을 타고 오는 예수님에 대한 묘사는 이 지역의 말이 유명했기 때문일 것이다.

여기 동굴교회 벽화에서는 대부분 마리아보다는 예수를 강조하고 있다. 그래서 대부분의 그림 중심에는 마리아가 아니라 예수가 그려져 있다. 초기 기독교의 벽화들이 성모 마리아를 강조하는 반면, 12세기 이후의 벽화들은 예수를 강조하고 있다. 초기 성화를 보면 거의 모든 성화에서 예수보다는 마리아를 중심에 놓고, 예수는 마리아가 안고 있는 아기로 표현하고 있다.

성모 중심 사상은 오스만제국의 술탄의 어머니들이 막강한 권력을 행사한 역사에도 영향을 미친 것으로 보인다. 성모가 기독교 정신세계의 중심이듯, 이슬람 황모도 속세의 중심이라는 생각은 얼마든지 가능하다. 술탄의 여인들이 거주하는 하렘을 관리하는 사람이 바로 술탄의 어머니였다. 왕이 아무리 좋아하는 여인이 있더라도, 어머니의 허락이 없이는 마음대로 만날 수 없었다.

또 어머니들은 많은 자리와 이권에 개입했기 때문에 엄청난 재력가였다. 그 돈으로 많은 모스크와 신학교, 병원, 요양원 등을 지어 자선사업을 했다. 그래서 하렘에서는 왕의 어머니가 되기 위해서 온갖 권모술수가 난무했다. 왕의 부인은 별 볼일 없었다. 따라서 황후에게는 남편보다는 아들이 중요했고, 그것도 첫 번째 아들을 낳아야 했다. 그러니까 황제와 잠자리를 같이 하기 위해 얼마나 경쟁이 치열했겠는가?

오스만제국에서는 한 아들이 왕위에 오르면, 다른 아들은 모두 죽이거나, 불구로 만들거나, 연금시키는 전통이 있었다. 불화와 반란의 씨앗을 아예 근본적으로 잘라버린 것이다. 왕의 형제들에 대한 견제가 우리 왕조들보다 훨씬 심했다. 그래서 황모가 되기 위해서 우호세력과 손잡고, 자기 남편을 살해하는 짓도 서슴지 않았다. 황후보다는 황모의 권력과 재력이 훨씬 더 컸고 매력적이었기 때문이다.

지금 한국에서도 남편보다는 자식을 더 좋아하는 엄마들이 많다. 이런 현상은 어떻게 해석해야 할까? 유전적으로는 자기 자식을 치열한 생존경쟁에서 살아남게 만들어주는 것이 우선이고, 씨를 준 남편은 생물학적으로는 더 이상 필요가 없게 된다. 그러나 남편과 계속 같이 사는 이유는 자신과 자기 자식을 먹여 살릴 부양자가 필요하기 때문이다. 조류를 제외한 포유동물 세계에서는 수컷의 역할은 생식에서 그치고, 자식 부양(육아 부담)은 하지 않는 것이 일반적이다.

인간은 이 원칙에서 벗어나는 몇 안 되는 포유동물이다. 예를 들면, 내 아내는 나를 사랑해서 나와 함께 사는 것이 아니라, 자신과 아이들을 부양해줄 남자(수컷)가 필요하기 때문에 같이 사는 것이다. 생물학적으로 그렇다는 것이다. 유전이 우리 인간에게 그렇게 하도록 명령을 내리기 때문이다. 물론 인간들은 이런 생물학적으로 숨겨진 유전적인 사실을 인식하지 못하고 행동하는 것이다.

▶ 카파도키아 지하도시 이모저모

▶ 지하도시 인근의 선물가게(카파도키아)

▶ 성모마리아의 집(에페스)

카파도키아에는 지금까지 36개의 암굴도시가 발견되었다. 그중에서 관광객들에게 개방되는 곳이 데린쿠유, 카이마크리, 웨즈코나크, 무쿠르, 웨렌테페, 궤뮈스켄트, 게르베리, 타크라린, 아시겔 등이다. 데린쿠유와 카이마크리가 가장 인기가 좋다. 가장 인기가 좋은 데린쿠유와 카이마크리에는 약 4,000명이 거주할 수 있을 정도로 깊고 넓다. 암굴도시는 7세기 말까지 초기 기독교인들에게 은신처, 거주지, 예배 장소를 제공했다. 그러나 기원전 400년경의 기록에도 나올 정도로 그 역사가 오래되었다.

이런 지하도시가 가능했던 것은 바위가 부드러운 성분으로 되어 있기 때문이다. 간단한 도구로도 파기 쉽기 때문에 사람들이 굳이 지상에 집을 짓기보다는 동굴을 파서 거주지로 사용했을 것이다. 그러다가 전쟁을 피해 달아난 피난민들이나 이단 기독교 박해를 피해 동쪽으로 달아나던 기독교인들이 거주지와 교회로 사용했을 것이다. 아무튼 카파도키아가 자랑하는 경이로운 문화유산이다.

이번 실크로드 여행의 주목적 중 하나가 카라반사리를 답사하는 것이다. 그런데 정작 카파도키아에서는 패키지 그룹을 따라다니다 보니까 카라반사리는 모두 놓쳤다. 여행자가 가고 싶은 곳을 마음대로 못가는 것이 패키지여행의 단점이다. 카파도키아에는 무역로로 번성했던 아나톨리아 고원 중간에 위치하고 있기 때문에 많은 카라반사리가 있었다. 그중에서 술탄한과 아우즈카라한이 유명하다. 가이드에게 들르자고 부탁했지만, 나중에 개인적으로 가라는 대답만 돌아왔다. 둘 다 보존상태가 좋은 것으로 알려져 있는데, 보지 못해 아쉽다.

어제 밤에는 암굴 호텔에서 잤다. 이런 암굴 호텔에서 자보는 것은 처음이다. 이스탄불에서 동방호텔 여행사에서 예약을 할 때, 암굴 호텔로 해달라고 부탁을 했었다. 카파도키아 지역의 도시들은 바위를 파내고 지은 암굴 호텔이 유명하니까, 나도 한번 자보고 싶었던 것이다. 응회암 바위를 통째로 깎아 내고 만들어서 방은 좁지만, 깨끗한 샤워실도 갖추고 있다. 벽과 천장을 온통 하얀 색으로 칠해서 요술의 방 같은 느낌이 든다. 밤에 잘 때는 좀 추웠다. 마을을 내려다보는 전망이 좋고, 수영장도 있어서 여름에는 더 좋을 것 같다. 겨울 비수

기철이라 나 말고 손님은 거의 없었다. (12월 2-3일, 화-수요일, 맑음)

클레오파트라도 온천을 즐긴 고대 로마 도시 파묵칼레

밤 7시에 카파도키아 귀레메를 출발하여, 새벽 5시에 파묵칼레에 도착했다. 약 620킬로미터의 먼 거리다. 정류장에는 나를 픽업할 코우치가 마중 나와 있었다. 터키 관광시스템은 참 감탄할만하다. 관광 전공자로서 부러워할만한 제도다.

작은 호텔에서 두 시간 정도 눈을 붙이고 데이 투어에 나섰다. 석회암 온천으로 유명한 하이에라폴리스를 방문했다. 이곳은 로마보다 더 로마의 흔적을 잘 볼 수 있는 온천 치유 도시다. 요즘으로 본다면 의료관광 휴양도시 쯤 되겠다. 클레오파트라도 여기까지 와서 온천을 즐겼다는 기록이 있다. 그 탕에서 목욕을 못해 본 것이 좀 아쉽다. 그룹투어는 내 마음대로 할 수 있는 것이 아니라서.

산 중턱에 도시가 있고, 도시 앞으로 넓고 풍요로운 벌판이 자라잡고 있다. 도시와 벌판 사이에 석회암 온천이 흘러내리고 있다. 옛 도시는 로마시대 유적으로 지금은 관광지가 되었고, 현재의 도시는 온천 아래에 따로 개발되었다. 옛 도시는 한눈에도 온천을 중심으로 발달한 휴양도시임을 알 수 있다. 그래서 자연스럽게 목욕과 파티 등 여가문화가 발달했을 것이다.

그 증거로 원형극장이 두 개나 있다. 하나는 지진으로 완전히 파괴되어 버렸고, 나머지 하나는 거의 온전한 형태로 복원되어 지금도 사용되고 있다. 원형극장에서는 여기에 사는 시민들과 휴양 온 여행자들을 위한 여러 가지 스포츠나 쇼 또는 흥미 있는 공연이 열렸을 것이다. 물론 글레디에이터들의 목숨을 건 검투시합도 열렸을 것이다. 원형극장에 한참이나 앉아 있었는데, 무대도 정말 잘 보이고, 멀리 펼쳐진 전경도 아주 훌륭했다.

▶ 하이에라폴리스 이모저모

▶ 온천수 이모저모(파묵칼레)

공동묘지에는 석관을 사용해서 만든 묘들이 볼만했다. 부서진 것들이 대부분이고 온전한 것들은 별로 없었다. 대부분 지진으로 부서졌다고 한다. 부장품을 노린 도굴도 많았을 것이다. 석관묘들이 상당히 규모가 크고 멋진 것들이 많기 때문이다. 그래서 많은 돈을 들여 묘지를 만드는 우리 풍습도 죽은 사람을 기리기보다는, 살아있는 후손들이 마음의 평안을 얻기 위해 하는 행사가 아닌가 하는 생각이 든다. 저렇게 무참하게 부서지고 쓸쓸하게 나뒹구는 석관들을 바라보고 있노라니, 문득 그런 생각이 든다.

여기서도 폐허가 된 유적도 아름다울 수 있다는 사실을 다시 한 번 확인한다. 천년이 넘는 긴 세월동안 저렇게 외로이 서있는 거대한 돌기둥을 바라보고 있으면, 저 석주를 세웠던 석공들의 노고가 연상된다. 이란 페르세폴리스에서도 그랬다. 저걸 어떤 방법으로 세웠을까? 몇 명이나 동원되었을까? 동물의 힘을 빌렸을까? 아니면 노예나 전쟁포로를 이용한 강제노동이었을까? 얼마 만에 세웠을까? 일을 제대로 못한다고 감독관에게 얼마나 혼이 났을까? 밥은 무엇을 먹었을까? 밥은 제대로 주었을까? 휴식시간은? 잠자리는? 임금은 얼마를 받았을까? 폐허가 된 저런 유적을 보고 있자니, 오만가지 상념이 다 생긴다. 당시 유적을 건설했던 노동자들도 저 온천에서 목욕을 즐길 수 있었을까?

파묵칼레는 로마 유적보다는 석회암 온천수로 더 유명하다. 층층 계단으로 되어있는 하얀 석회암에 흘러내리는 맑은 온천수가 장관이다. 중국 구이린의 석회암 온천수만큼 유명하다. 그러나 최근에 온천수가 고갈되어 일부는 물이 말라가고 있다. 근처 호텔들이 온천수 고갈의 주범이라고 한다. 내가 보기에는 우리 외부 관광객들이 온천수를 너무 많이 사용하는 것이다.

또한 관광객들이 온천수에 출입하는 것도 큰 문제다. 나도 맨발로 들어가 보니, 물은 따뜻하고 석회는 굳지 않아서 부드럽게 발바닥을 자극했다. 석회가 굳기 전에 사람들이 밟으면 석호가 물에 휩쓸려가게 된다. 관광객들의 과도한 자원 이용은 관광지의 자연환경을 훼손하거나 파괴하게 된다. 결국에는 관광객이 관광자원을 파괴하는 잘못을 저지르고 있는 것이다. 여기도 일본, 한국, 중국 관광객이 대세다. 아래 마을 식당에서 늦은 점심을 먹었다. (12월 4일, 목요일, 때때로 비)

네스토리우스를 파문한 도시, 에페스

점심을 먹고 셀주크로 이동했다. 약 180킬로미터 거리다. 셀주크에서 이사베이 자미를 방문했다. 1375년에 건축된 이 이슬람 사원은 셀주크터키 왕조에서 오스만터키 왕조로 넘어가는 과도기의 건축물로 높이 평가된다고 한다. 가이드는 예수가 죽은 후, 예루살렘을 떠나 성모 마리아와 함께 만년을 보냈다고 전해지는 성 요한교회는 들어가지 않았다.

셀주크에서 10여분 거리에 있는 에페스(에페소스, 에베소)로 이동했다. 바로 바울이 3차 전도여행 때(53~58년경) 오랫동안 전도한 도시이다. 〈성경〉에 바울의 여행 기록이 잘 나타나 있다. 사도행전 18장 19절; 21절; 24절; 19장 1절; 17절; 26절; 20장 16절; 17절; 고린도1서 15장 32절; 16장 8절; 에페소서 1장 1절; 디모데1서 1장 3절; 디모데2서 1장 18절; 4장 12절; 묵시록 1장 11절; 2장 1절 ; 등이다.

바울의 발자취를 기록한 정양모 신부의 〈위대한 여행〉에 따르면, 에페스의 역사는 다음과 같다. 에페스는 페르시아의 지배를 받다가, 기원전 334년에 알렉산더대왕에 의해 해방되었다. 기원전 133년 페르가몬 왕국의 마지막 왕 앗틸로스 3세가 왕국을 로마에 바칠 때, 에페스도 함께 바쳤다. 기원전 129년 로마는 에페스를 아시아 속주의 수도로 삼았다. 당시 시민은 약 20만 명. 기원전 88년 시민들이 로마의 압제에 반기를 들어 라틴어를 사용하는 사람들을 모조리 죽이자, 로마 장군 실라(Sylla)가 이 도시를 초토화시켰다. 아우구스투스황제(기원전 27년 ~ 서기 14년 재위) 때부터 재건되기 시작하여, 아시아 속주의 정치, 상업, 문화의 중심지가 되어 번영을 누렸다.

매표소를 지나 아래쪽으로 내려가면서 바리우스 목욕탕, 위쪽 아고라, 오데온, 시공회당, 도미티아누스 신전, 메미우스의 비, 헤라클레스 문, 트리아누스의 우물, 스콜라스티카 목욕탕, 하드리아누스 신전, 공중 화장실, 유곽, 언덕 위의 주택가, 크레테스 거리, 케르스스 도서관, 아래쪽 아고라, 마블 거리, 대극장, 아르카디안 거리, 원형경기장, 성모마리아 교회 등을 살펴보았다. 유적은 위아래 양쪽에 매표소가 있고, 그 사이에 모든 건물과 거리가 밀집되어 있다. 그래서 방문자들은 길을 따라 양쪽으로 늘어선 건축물 유적과 폐허를 자연스럽게 감상하면서 지나가게 된다. 거리 폭이 별로 넓지 않아 과거에는 시민들로 가득 찼을 것으로 짐작된다.

▶ 원형극장

▶ 상수도 흔적

▶ 나이키 여신

▲ 에페스 고대 로마 유적 이모저모

▶ 공중화장실

▶ 도서관

▶ 아고라 정문

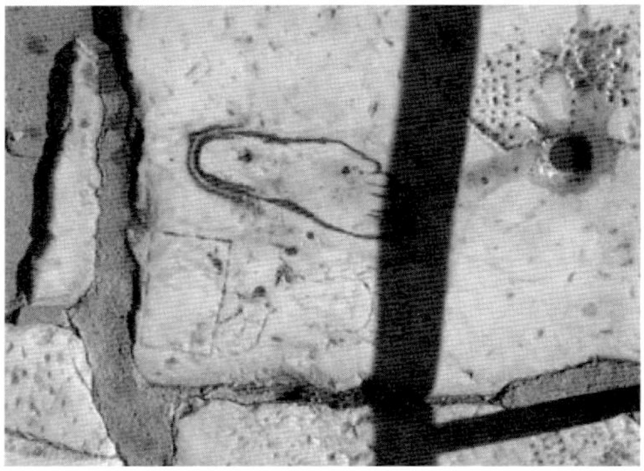

▶ 유곽 표식판

▶ 아고라 전경

▶ 성모마리아 교회

▶ 대 원형극장

그중에서도 케르스스 도서관, 공중 화장실, 유곽 광고, 성모 마리아 교회 등이 인상에 남았다. 케르스스 도서관은 로마 제국의 아시아 집정관이었던 케르스스를 위하여 그의 아들이 아버지 묘 위에 세운 기념물이다. 이 도서관에는 1간 2천권의 서적이 소장되어 있었다고 하니, 당시 로마의 문화 수준이 지중해 세계에서 최고였음을 알 수 있다. 바로 옆에는 시장이었던 아고라가 있다. 규모가 엄청나다. 수많은 상인들과 시민들이 모여서 떠드는 소리가 지금도 들리는 듯하다.

재미있는 유적은 공중 화장실이었다. 대리석에 나란히 구멍을 파고, 아래로는 물이 흐르게 하여 오물을 치우는 수세식이었다. 그 때는 지금 중국 시골 화장실처럼 앞 칸과 옆 칸이 없었나 보다. 또 다른 재미있는 유적은 유곽 광고였다. 유곽에서 일하는 창녀들이 손님들을 유혹하는 내용이 길바닥 돌에 음각으로 새겨져 있다. 오른쪽의 여성 그림은 '여성이 기다리고 있다',

발 그림은 '그 발 사이즈보다 발이 작은 사람들은 출입을 금지한다'는 믿거나 말거나 하는 얘기들이 전한다. 사람이 많이 모이는 곳에는 예나 지금이나 유곽도 인기를 누리게 마련이다.

성모 마리아 교회는 기독교 역사에서 의미가 깊은 곳이다. 431년과 449년에 예수의 신성(神性)과 성모의 성성(聖性)에 대한 교리 논쟁이 격렬하게 벌어진 곳이다. 이런 폐허가 그렇게 격렬한 교리 논쟁이 벌어진 곳이라 생각하니, 세월의 무상함이 느껴진다. 이 교리 논쟁은 동쪽 끝 신라까지 영향을 미쳤기 때문에 매우 중요한 사건이다. 정양모의 〈위대한 여행〉에 소개된 에페스 공의회를 요약하면 다음과 같다(120-123페이지 참조).

테오도시우스 2세 황제(401~450)는 콘스탄티노플 대주교 네스토리우스와 알렉산드리아 총대주교 치릴루스 간의 그리스도론에 대한 논쟁을 종식시키려고, 431년 6월 7일 에페스 성모성당에서 공의회를 열기로 했다. 그런데 네스토리우스에 동조해온 시리아 주교단이 도착하기도 전에, 치릴루스와 에페스 주교 멤논이 6월 22일 서둘러 공의회를 열었다. 이들은 네스토리우스를 파직하고, 성모에게 '하느님의 어머니(테오토코스 Theotocos: 즉, 하느님을 낳으신 분)'라는 존칭을 드리기로 결의했다. 당시는 성모에 대한 신앙이 고조되던 때라, 교우들이 성모를 '하느님의 어머니'라고 부르곤 했다. 사실 이 존칭은 신조어가 아니고, 오리게네스(185~254년경 생존) 때부터 그리스 교부들이 자주 사용해 오던 관용어였다.

네스토리우스는 다음과 같은 논리로 그 존칭을 사용하지 말고, '그리스도의 어머니(크리스토코스 Christotokos, 즉 그리스도를 낳으신 분)'라고 부르라고 했다. 예수는 신격과 인격을 갖추신 분인데, 성모는 인간 예수를 낳은 어머니이지, 신 예수의 어머니는 될 수 없다는 것이었다. 이에 반해, 치릴리스는 예수의 신성과 인성은 하나로 합치되었기 때문에 '하느님의 어머니'가 맞다는 것이었다. 지금도 천주교에서는 성모를 '하느님의 어머니'라고 부른다. 이런 용어 논쟁은 기독교가 공인된 지 100여년 밖에 안 되었기 때문에 충분히 일어날 수 있는 사건이었다. 어느 종교를 막론하고, 이런 교리 논쟁으로 분파가 갈라지고, 로마제국처럼 나라가 분열되기도 한다.

한편 네스토리우스 편을 들던 안티오키아 총대주교 요한과 시리아 주교단이 뒤늦게 에페스에 도착하여, 6월 26일 따로 회의를 열고, 치릴루스와 멤논을 파직했다. 그러자 황제는 6월 말경 모든 주교들이 참석하는 공의회를 다시 열도록 했다. 그러나 양쪽이 싸움을 계속하자, 황제는 9월에 양편을 황궁 건너편에 있는 칼케돈으로 불러 화해를 종용했다. 이 모임이 성과가 없자 황제는 공의회를 폐회시키고 네스토리우스를 면직시켰다. 이에 네스토리우스는 안티오키아 수도원으로 돌아가 한동안 지내다가, 436년 이집트 상부(현재 리비아?)로 유배 가서, 451년 거기서 죽었다.

네스토리우스 지지자들은 한동안 에데싸(현재 터키 동남부 산르 우르파)를 중심으로 네스토리우스파를 이루고 살았다가, 다시 제노 황제에게 쫓겨나 동로마제국과 적대관계에 있던 페르시아로 피신하였다. 페르시아 사산조(사산왕조: 221~651)는 쇠퇴기에 접어든 로마를 괴롭혀 3세기 후반에 카파도키아까지 영토를 확장했다. 그러니까 이 과정에서 네스토리우스파 교인들이 5세기 말경 카파도키아로 피신해서 지하도시에 거주하면서 암굴교회를 만들었을 가능성이 높다. 이때 페르시아인 마니가 조로아스터교와 네스토리우스교와 불교를 융합하여 마니교를 만들었다. 6~7세기부터는 아라비아, 인도, 당나라에까지 선교사들을 보내 활발히 전도 활동을 펼쳤다.

635년에는 페르시아인 네스토리우스교 선교사 알로펜(중국명 아라본阿羅本)이 당나라 수도인 장안에 와서 당 태종의 환영을 받고, 네스토리우스교를 전파하였다. 알로펜은 네스토리우스교를 '빛나는 종교', '위대한 종교'라는 뜻으로 경교(景教)라고 한역했다. 그 교회는 파사사(波斯寺)라 불렀다. 당 현종(玄宗) 때에는 대진사(大秦寺)라 개칭하고, 각지에 이를 건립하여 교세를 제법 떨쳤다. 그 후 200년간 명맥을 유지하였으나, 무종(武宗, 840~846 재위)과 희종(僖宗, 873~888 재위) 때 박해를 받아 쇠퇴하였다. 그러나 몽골의 원나라 치하(治下)에서는 그 신앙이 허락되어 신자와 교회가 증가하였고, 그때는 예르게운(야리가온)이라 불리었다.

한반도에서는 당(唐)과 빈번한 문화적 교류를 가졌던 8~9세기 경 발해와 신라에 경교가 전래되었을 가능성이 제기되었다. 이러한 주장은 '돌십자가', '십자무늬장식' 등 경교와 관련된 것으로 추정되는 유물의 발견에 근거하고 있다.(1권 한국편 참조).

그러나 이슬람이 득세하면서 교세가 현저히 약화되어, 오늘날에는 2천만 쿠르드족 사이에서 그 명맥을 유지하고 있다. 이들을 아시리아 그리스도라고 부르며, 신도 수는 약 40만 명 남짓하다. 인도 남부 케릴라 지방에도 네스토리아즘의 영향을 받은 말라바르 그리스도인, 즉 토마스 그리스도인들이 수백만 명이나 있다. 1662년 이 지역을 식민지로 만들었던 포르투갈의 강요로 이들 중 3분의 2가량이 로마 가톨릭으로 개종했다.

1994년 11월 11일에는 교황 요한 바오로 2세와 아시리아 교회 총대주교 마르 딘카 4세가 만나, '그리스도론에 관한 공동 선언문'에 합의 서명했다. 실로 약 1600년 만에 두 교회가 화해를 한 것이다. 두 종파를 화해시키려던 황제의 권위보다 세월이 더 효과가 있음이 증명된 것이다.

마지막으로 성모 마리아의 집에 들렀다. 1967년에는 바오로 6세가, 1979년에는 요한 바오로 2세가 방문한 곳이다. 이 집은 에페스 유적에서 7킬로미터쯤 떨어진 부르부르산에 있다. 예수가 죽은 후부터 기독교 사회에서는 성모 마리아가 마지막으로 살았던 집을 찾는 사람들이 있었다. 그러다가 18세기 말에 안나 카트리나라는 수녀가 이 집을 본 적이 있다고 말했다. 그 후 마리아의 집 찾기가 시작되어 에페스에 있는 이 집을 찾아냈다고 한다.

성모 마리아가 안치된 집은 사진이 철저히 금지되어 있어서 사진은 찍지 못했다. 별다른 장식은 없었고, 성모마리아의 작은 초상이 안치 된 것으로 기억된다.

집의 규모는 아주 작았다. 사실 여부는 모르지만 이쪽이 초기 기독교가 전파된 길목에 있기 때문에 상당히 흥미를 끄는 유적이었을 것이다.

마리아의 집을 나와 비단으로 제작하는 카펫공장에 들렀다. 카펫의 품질은 정말 우수했으나 가격이 너무 비쌌다. 아직도 실크로드에서는 비단과 카펫이 중요한 교역상품인 것이다.

모든 일정을 마치고, 셀주크로 돌아가 이스탄불로 가는 비행기에 몸을 실었다. (2013년 12월 5일, 금요일, 맑음)

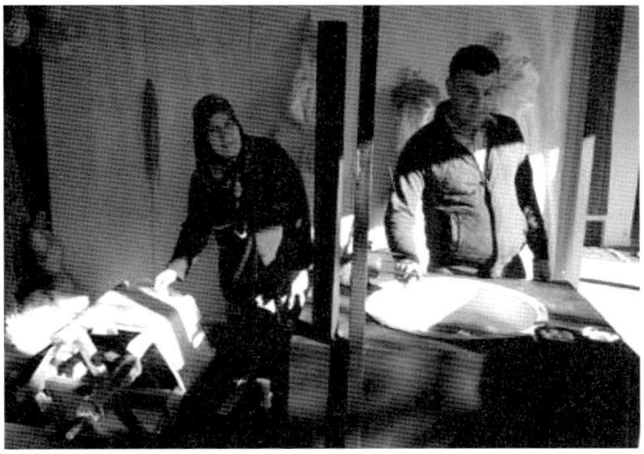

▶ 누에고추에서 비단실을 뽑는 모습(에페스)

▶ 비단실로 카펫을 짜는 모습(에페스)

▶ 비단 카펫 가게(에페스)

이스탄불 - 아테네 - 산토리니 - 파트라스 - 바리

아침 10시쯤 이스탄불에서 국제버스를 타고 그리스 테살로니카를 경유하여 아테네로 이동했다. 약 1,100킬로미터의 먼 거리다. 이스탄불부터는 동유럽의 지형이 그렇듯이, 사막은 전혀 없고 목초지나 밭, 과수원 등 너른 벌판이 많다. 또한 유럽과 아시아를 연결해주는 중간지대이다. 이런 유리한 지형적 위치 때문에 역사적으로 이 지역을 차지하기 위한 경쟁이 치열해서 자연히 전쟁도 많았다.

이스탄불에서 데살로니카로 가는 길은 실크로드에서 교역과 전쟁의 길로 사용되었고, 기독교 신앙의 전파에도 큰 역할을 했다. 이스탄불까지 전해진 물자들이 바로 이 육로를 통해서 그리스나 발칸반도, 유럽으로 전달되었다. 페르시아 사라센제국의 그리스 원정, 알렉산더대왕의 동방원정, 십자군전쟁, 오스만터키의 정복전쟁, 제1차 세계대전과 같은 전쟁 때는 군인과 군수물자의 이동로가 되었다. 바울이 로마에 기독교를 전할 때도 바로 이 길을 이용했다. 바울이 이 여정에 있는 도시에서 쓴 편지가 바로 에베소서(터키 에페스), 고린도서(그리스 코린트), 데살로니가서(그리스 테살로니카), 로마서(이태리 로마) 등이다. 역사의 흔적이 듬뿍 묻어있는 길이다. 이제 나는 아시아에서 유럽으로 넘어가고 있다.

▶ 잘생긴 행상 할아버지와 이스탄불에서 그리스 데살로니카로 가는 국제버스

예상 밖으로, 지나는 도시들이 서유럽의 도시들처럼 세련되어 있다. 아시아로 가는 길과 유럽으로 가는 길이 이렇게 다른가? 중앙아시아 국가와 중국이 빨리 문호를 개방해서 자유민주 체제를 도입하고 경제발전에 성공해서 생활 수준을 높이는 방법밖에 없다. 생활수준이 낮은 나라들은 한결같이 구소련 체제하에 있었던 나라들이다.

중국도 국가는 경제개발로 강력해졌지만, 서민들의 자유와 생활수준은 서구사회에 비하면 한참 낮은 편이다. 특히 대도시와 지방 소도시나 농어촌은 큰 차이가 난다. 경제적인 문제와 더불어 사상과 행동의 자유가 상당히 제약받고 있다. 중국 신장과 우즈백, 이란에서는 국내외인을 막론하고 여행 중인 사람들에 대한 검문 검색이 심했다. 이란에서는 거의 모든 대도시에서 한번도 외국 음식점을 본 적이 없다. 그 흔한 중국 음식점도 없다. 이런 폐쇄성이 개선되지 않으면, 개인의 자유와 생활수준이 향상될 수 없다.

이런 점에서 터키는 쿠르드족 문제만 빼고는 완전히 선진국이다. 특히 관광시스템은 잘 되어 있어서 전 세계에서 가장 효율적이고 생산적인 구조를 가지고 있는 것 같다. 대도시와 지방도시의 관광 사업자들이 유기적으로 잘 연결되어 있어서 서로 상생하는 시스템이다. 우리처럼 서울에 있는 여행사들이 거의 모든 관광서비스를 핸들링하고 이익을 독점하는 구조가 아니다.

버스는 멋진 해안을 따라서 계속 달린다. 왼쪽으로는 햇빛을 받아 반짝이는 지중해가 넘실거리고 있다. 터키와 그리스의 국경 검문초소를 지나자 푸른 채소와 밀이 자라는 밭이 보인다. 도로 곳곳에 작은 교회 모형과 성상이 보인다. 여러 마을에 이슬람 모스크도 보인다. 감나무에는 감이 주렁주렁 매달려 있다. 버스는 지나가는 시골 도시마다 다 정차한다. 데살로니카 버스 터미널 주변에 호텔이 없어, 밤 9시 10분차로 갈아타고 바로 아테네로 직행했다. 약 510킬로미터 거리다. 새벽 3시에 아테네에 도착해서 택시기사가 안내하는 호텔에 투숙했다.

▶ 뉴아크로폴리스박물관 (아테네)

▶ 아그리파

▶ 에렉테이온

▶ 파르테논 신전 이모저모

▶ 아고라에 있는 헤파에스투스 사원

다음날 아침, 홉엔홉(Hop-on and Hop-off) 버스를 타고 시내 투어를 했다. 파르테논 신전, 아크로폴리스, 아고라, 아테네 학당, 뉴아크로폴리스 박물관, 국립고고학 박물관이 인상적이었다. 이슬람 문명에서 이제 헬레니즘 문명 즉 그리스 문명으로 들어온 것이다. 파르테논 신전과 아크로폴리스는 사라센 제국의 다리우스 1세와 크세르크세스 1세가 파괴한 상태 그대로 방치되어 있다. 파르테논 신전은 수십 년째 복구 중이다. 뉴아크로폴리스 박물관과 국립고고학 박물관에는 고대 그리스 문명의 흔적을 엿볼 수 있는 명작들이 즐비했다.

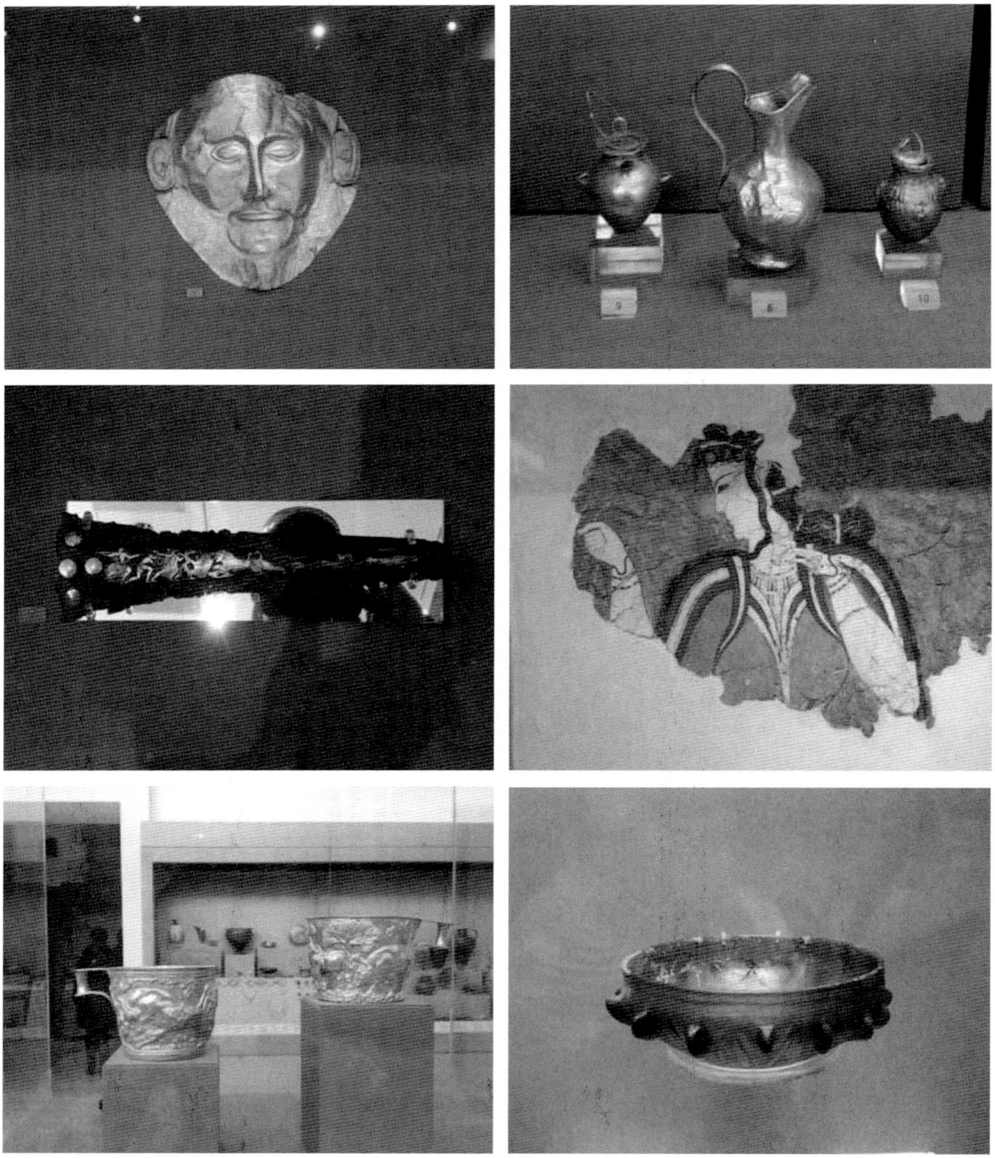

▶ 국립고고학박물관 전시유물 이모저모

유럽 사람들이 왜 유럽 문명의 기원을 그리스에서 찾으려고 하는지 이해가 된다. 규모나 예술성 면에서 이집트 룩소르 신전들과 비교도 안 되는 파르테논 신전을 이 세상에서 제일 가는 인류문화유산으로 떠받드는 것도 그렇고, 영화 〈300〉에서처럼 그리스인들은 문명국으로 묘사하면서, 당시 세계 제일의 문명국이었던 페르시아(이란) 제국을 야만국으로 그리는 것도 그런 역사관의 일부일 뿐이다. 지금도 유럽과 미국은 이슬람 국가들을 못 잡아먹어서 안달이다.

피로스에서 페리를 타고 8시간 만에 산토리니에 도착했다. 객실을 잘못 알고 이코노미석으로 2등실에 앉아서 왔다. 늦은 점심을 먹으려고 식당에 갔더니, 표를 보자고 한다. 내 표를 보더니 이코노미라면서 다른 식당으로 가라고 한다. 내 돈 주고 먹는데도 식당을 차별하나? 인터넷이 5유로다. 핸드폰과 노트북 중 하나만 된다고 해서 좀 따졌다. 성질 좀 죽이고 살아야지.

▶ 산토리니와 그리스 정교회 이모저모

렌트카를 이틀 사용에 75유로에 빌려 마을마다 돌아 다녔다. 산토리니는 정말 오래전부터 와보고 싶었던 곳이다. 영화나 드라마에서 수없이 보아왔던 곳. 하얀색과 파란색만으로도 이렇게 아름다운 마을을 만들 수 있다는 게 신기할 정도다. 겨울철이라 그런지 여행객들이 별로 없었다. 나 말고 일본 아가씨 두 명과 두 커플을 보았을 뿐이다. 어제 배를 타고 들어올 때는 백여 명 정도는 되었었는데, 다 어디로 갔지? 레스토랑과 카페 호텔도 거의 문을 닫았다.

관광객들이 주로 가는 마을은 우리가 그동안 사진이나 영상으로 많이 보아왔던 이아 마을이다. 여기서는 아무데나 찍어도 그림이 된다. 어제 렌트한 차를 타고 거의 온 마을들을 돌아다녔다. 이아와 피라 마을을 제외하고는 그리 예쁜 건 아니다. 주로 하얀 집들이다.

그런데 집의 형태는 사막지역에서 흔히 볼 수 있는 흙토담집과 매우 비슷하다. 나는 이런 집을 이란 사막지역에서 많이 보았다. 토담으로 벽을 쌓고, 나무 가지로 얼기설기 지붕을 얹은, 신장의 사막 토담집과는 다르다. 외부 장식은 거의 없고, 정사각형 또는 직시각형이나 원형으로 되어 있다. 아마도 바람이 강하게 부는 섬이기 때문에 그럴지도 모른다. 외부가 단단해야 집이 안전하기 때문에. 피라 마을이 산토리니의 중심지다. 버스터미널이 거기에 있다.

이틀 후 아침 10시에 공항에 갔다. 강풍에 비까지 내려서 이륙을 걱정했으나 교차풍이 아니라서 괜찮단다. 바람에도 종류가 있다는 말이 실감난다. 그런데 비행기 날짜를 착각해서 12일로 예약을 했다. 취소하고 변경하는데 65유로를 추가로 지불했다. 사전예약을 하면 꼭 사고가 발생한다. 중국 신장에서도 똑같이 예약사고가 있었는데. 설상가상으로 배낭 화물비용으로 25유로를 또 지불했다. 내 티켓에는 수화물 비용이 포함이 안 된 가격이란다. 인터넷 최저가 가격에 그런 함정이 있는지 처음 알았다. 비행기 타고 일찍 가려는 대가를 톡톡히 치렀다.

땅에서는 비바람이 몰아치는데, 먹구름을 뚫고 하늘 높이 올라가면 저렇게 평화로운 풍경이 펼쳐진다. 우리 인생도 저런 것이 아닐까? 고난을 극복한 사람만이 평화와 안정된 생활을 맛볼 수 있는 것이다.

아테네에 도착하여 이태리로 넘어가기 위해 버스를 타고 코린트를 경유하여 파트라스로 이동했다. 약 220킬로미터의 거리다. 파트라스에서 마침 저녁 6시 반배가 있어, 바로 이태리 바리로 가기로 했다. 신항구에는 호텔 같은 부대시설이 전혀 없어 잠을 잘 수가 없었다. 또 버스기사가 내가 오늘 밤 바리로 가는 줄 알고, 페리 사무실 앞에 내려 주었다. 달리 선택의 여지가 없었던 것이다. 막 떠나려는 배를 죽어라고 달려서 잡아탔다. 오늘도 제일 싼 데크 티켓으로 다른 등급의 좌석에 가서 편히 잤다. 승객이 별로 없어 좌석 3개를 혼자 차지하고 누워서 잤다. 와이파이는 5유로. 이렇게 밤새 아드리아해를 페리로 건너 아침 9시 바리에 도착했다. 페리는 숙소, 식당, 화장실 등 부대시설이 한 공간에 있어서 생활하기에 편리하다. 조금은 낭만적이고 시설도 쾌적하다. 가격도 비교적 싸다. 진동도 심하지 않다. 다양한 국적의 사람도 만날 수 있다. 입출국 수속도 비교적 간단하다. 지난 유럽자동차여행 때 페리를 타고 국경을 건넌 경우가 몇 번 있어서, 이제는 페리 여행이 참 편해졌다. 다음날 아침, 바리에서 스피드 열차를 타고 로마로 이동했다. 약 460킬로미터 거리다. (12월 6-12일, 토-금요일, 대체로 맑음)

마침내 로마에 다시 입성하다

드디어 로마에 입성했다. 로마에 다시 왔다. 내가 그토록 증오하던 도시를 말이다. 지난 4월 초에 로마에 왔다가 자동차 강도를 당하고 로마를 탈출한(?) 지 8개월 만이다. 부모가 밉다고 부모가 아닌 것이 아니듯이, 로마가 싫다고 로마를 가지 않고서 실크로드 여행을 마무리 했다고 할 수 없다. 다른 곳은 다 빼먹어도 로마는 가봐야 하는 도시다. 미켈란젤로의 작품(씨스티나 예배당의 〈천지창조〉와 〈최후의 심판〉, 베드로 대성당의 〈피에타〉 등)과 베르니니 작품(베드로 대성당 광장과 대성당의 〈청동 제대〉, 보르게제 미술관의 〈아폴로와 다프네〉 등)들이 풍기는 찬란한 천재성과 숭고한 영혼을 느끼고 싶어서라도 가야 한다.

니체가 '하나의 문화, 그 자체'라고 격찬했던 괴테도 1816년에 출간한 〈이탈이아 기행〉에서 몇 달 동안 로마를 둘러보고 로마를 보았다고 하는 것은 진짜 여행이 아니라고 했다. 괴테는 약 22개월 동안(1786년 9월 3일~1788년 6월 18일) 돌아다닌 이탈리아 여행에서 거의 1년 이상을 로마에서 보냈다. 하물며 겨우 열흘 정도 머물고 로마를 얘기한다는 것은 어불성설이지만, 그래도 이 실크로드 여행기를 마무리 하려면 로마 얘기를 해야만 한다.

지난 4월에는 로마의 체취를 느껴보기도 전에 황당한 노상강도를 당해서 이 도시를 제대로 감상할 수 없었다. 나는 도시 전체가 역사와 문화와 예술의 박물관이라는 인상을 받았다. 전 세계의 도시에서 중국 시안과 일본 교토(나라 포함), 이집트 카이로(룩소르 포함), 그리스 아테네, 그리고 터키의 이스탄불 정도가 로마에 견줄 수 있다고 생각한다. 그렇다고 기독교 문명권에서 지나치게 강조하는 것처럼, 로마가 더 우수하다는 것은 아니고.

우리가 받았던 교육이 거의 대부분 서양 기독교인의 세계관에서 배웠기 때문에 서양 문명의 토대인 그리스 로마 문명의 한 축인 로마가 더 우수해 보일 뿐이다. 수 십 년 동안 기독교 국가인 미국식 교육을 통해 우리 자신도 모르게 축적된 선입관은 그렇게 무서운 것이다. 문명이라는 것은 우열을 가릴 수 있는 그런 것이 아니고, 단지 그 특성과 모습이 서로 다를 뿐이다. 굳이 우열을 가린다고 해도 중국 문명이나 이집트 문명, 그리고 이슬람 문명이 그리스 로마 문명에 조금도 뒤처지지 않는다. 오히려 더 우수하다.

18세기 말에 골치 아픈 사랑싸움을 피해 이탈리아로 피신한(?) 당시 유럽 사교계의 연애대장 괴테의 로마에 대한 소감은 어땠을까? 당시 십 년간 지속된 슈타인 부인과의 관계가 삐걱거릴 즈음에, 이 바람둥이는 아무도 모르는 새벽 3시에 이탈리아로 떠났다. 괴테의 여성편력에 대해서는 〈괴테 그리고 그의 영원한 여성들, 안삼환 저〉에 보면 잘 나와 있다. 이탈리아 여행에서 돌아온 괴테가 크리스티아네 불피우스와 동거를 시작하자, 슈타인 부인은 분노에 휩싸여 그동안 괴테가 자신에게 보냈던 모든 연애편지를 불살라버리기도 했다. 그 편지들을 불태우지 않았더라면 책 한 권이 더 세상에 나올 수 있었을 텐데----.

▶ 포로로마노(고대 로마 유적지)

드디어 나는 세계의 수도에 도착하였다! (이 얼마나 편벽된 세계관인가. 이 세계란 틀림없이 과거에 세계의 중심이라고 여겼던 로마제국과 기독교 세계만을 지칭했을 것이다. - 저자 주) (중략) 특히 피렌체는 거의 구경하지 못했다. 그것은 로마로 가고자 하는 나의 욕구가 너무나 강하고 순간마다 더 고조되어서 잠시도 멈출 수가 없었기 때문이다. 피렌체는 겨우 세 시간밖에 머무르지 못하였다. 이제 이곳에 도착하니 마음도 안정되고 평생 동안 안정될 듯이 생각된다. 왜냐하면 부분적으로 잘 알고 있었던 것을 실제로 눈앞에 전체로서 바라볼 때, 거기에서 새로운 삶이 시작되기 때문이다. 나의 젊은 시절의 모든 꿈이 생생하게 되살아난다. (후략) 1786년 11월 1일 로마에서(출처: 괴테, 〈이탈리아기행1〉 중에서, 민음사)

아니 얼마나 로마에 가고 싶었으면 르네상스 발생지였고, 유럽 문명개화의 시발점이었던 피렌체에 3시간만 머물렀을까? 물론 1788년 6월에 바이마르로 귀국하는 길에 3일 동안 머무르기는 했다. 이걸 보면 로마에 대한 그의 열정이 얼마나 컸었는지 짐작할 수 있다. 독일 프랑크푸르트에 있는 괴테 생가(괴테 하우스)에 가면, 아버지가 로마 여행에서 돌아와 손님들에게 과시하기 위해 거실에 걸어 두었던 그림과 동판이 지금도 걸려 있다. 어렸을 때부터 그 로마 풍경을 보면서 얼마나 그곳에 가고 싶었을까? 영화 〈까미유 끌로델〉을 보면, 로뎅이 "로마에 가보고 싶지 않은 사람이 어디 있냐"고 소리 지르는 장면이 나오는데, 당시 로마는 모든 유럽 지성과 문화 예술계 사람들에게는 로망이었던 곳이다.

로마는 시오노 나나미가 〈로마인 이야기〉로 썼듯이, 어차피 책 10권으로 써도 모자랄 판이다. 그래서 로마의 역사를 개괄하고, 로마제국이 어떻게 실크로드를 통해서 동쪽에 있는 국가들과 교류했는지 밝히는 것으로 실크로드 문명기행을 마무리하려고 한다.

로마는 로마제국의 수도였으며, 기독교가 유럽 세계로 퍼져 나가게 된 전진기지였다. 19세기에 유럽의 문화예술의 중심이 파리로 옮겨가지 전까지는 유럽 문화예술의 거점이기도 했다. 그래서 역사 문화적 뿌리가 변변치 못한 거의 모든 유럽 국가들이 자신들의 뿌리를 로마에서 찾는 것이다. 로마 문명은 그리스 문명에 그 뿌리를 두고 있으므로, 당연히 자신들이 그리스 로마 문명의 후예들이라고 여기는 것이다.

▶ 성 베드로 대성당 돔에서 내려다 본 바티칸광장

▶ 돔에서 내려다 본 바티칸박물관

▶ 성 베드로 대성당

▶ 미켈란젤로의 라이벌이었던 베르니니가 제작한 청동제대와 천개(베드로대성당)

실제로 파리의 루브르 박물관이나 런던의 대영 박물관, 베를린의 페르가몬 박물관이나 비엔나의 미술사 박물관에 가보면, 자기 나라의 유물은 거의 없고, 상당수의 전시물을 식민지에서 약탈하거나 구입한 유물로 채우고 있음을 알 수 있다. 내세울만한 자신들의 문화유산이 빈약했기 때문에 이집트나 이라크, 그리스와 터키, 그 밖의 식민지에서 가져온 유물로 박물관을 채웠던 것이다. 사실 19세기 산업혁명 이전의 유럽의 문명이란 그리스로마를 제외하면 보잘 것이 없었다. 20세기 이전의 미국 문명이 그렇듯이.

'로마는 하루아침에 이루어지지 않았다'는 말이 있듯이, 도시국가 로마는 우선 이탈리아 반도를 통일하고, 지중해 연안으로 세력을 넓혀 나갔다. 기원전 이탈리아 중앙부에 있는 테베르강 유역에 도시를 건설한 로마는 반도의 여러 도시국가들과 도시 동맹을 맺어, 스스로 맹주가 되어 세계 제국으로 나아가는 기반을 다졌다. 로마는 지중해를 건너 남쪽으로 진출하여 그리스인과 합세하여 북아프리카의 카르타고와의 전쟁(포에니 전쟁: 기원전 264~146년. 대략 기원전221~206년의 중국의 진秦나라 시기에 해당)에서 승리하여, 마침내 지중해를 무대로 다른 세계를 넘보기 시작했다.

그 후 지중해 동남쪽으로도 진출하여 기원전 146년에 마케도니아를, 기원전 64년에는 시리아를, 그리고 기원전 30년에는 이집트를 차례로 정복했다. 이로써 지중해의 제해권을 장악하고, 지중해 연안의 광대한 토지를 획득한 로마는 지중해 세계를 통일한 것이다.

로마제국은 보통 아우구스투스가 삼두정치를 폐지하고 독재정치(제정)을 시작한 기원전 27년부터, 테오도시우스1세 황제(재위 379~395)가 동서로마를 분리한 서기 395년까지를 말한다. 서로마제국(395~476)은 서기 476년에 마지막 황제 로물루스 아우구스투스가 게르만족 용병대장 오도아케르에 의해 강제로 퇴위 당함으로써, 역사에서 사라지고 말았다.

동로마제국(395~1453)은 오스만터키에 의해 1453년에 멸망했다. 로마의 전성기인 트리야누스 황제(재위 98~117) 시대의 로마제국의 지배 영역은 지중해를 중심으로 하는 서유럽과 동유럽, 북아프리카, 소아시아(지금의 시리아, 레바논, 이스라엘 지역), 터키, 코카서스 지방, 흑해 북쪽 연안까지 이르렀으며, 면적은 약 720만 평방미터에 달했다.

로마제국은 서기 96년부터 180년까지 5인의 황제가 지배한 약 100년(5현제 시대)이 전성기였다. 중국의 후한시대(後漢 서기25~220)에 해당한다. 이때 식민지의 각 도시를 폭 2미터, 길이 8만 5천 킬로미터의 견고한 도로로 연결했으며, 자연스럽게 상업도 활성화되었다.

이때부터 실크로드를 통해 아라비아, 인도, 중국과의 무역이 활기를 띠기 시작하였다. 실크로드 역사상 가장 교역이 왕성했던 중국 당나라(618~907) 때, 이스탄불(비잔티움, 서기 330년 이후에는 콘스탄티노플)을 중심으로 한 동로마인들은 자신들이 신의 은총과 로마의 위대한 유산을 물려받은 그리스도교인이라는 자부심을 갖고 있어서, 스스로를 계속해서 '로마인'이라 불렀다. 로마제국과 서로마제국이 이미 멸망해서 역사에서 사라졌음에도 불구하고, 그들은 로마인의 후계자임을 자처하면서 '로마'라는 이름을 애용한 것이다. 콘스탄티노플은 로마 황제 콘스탄티누스(재위 324~337)가 서기 330년에 이곳을 '새로운 로마'로 정하고, 이를 '콘스탄티노플'이라 명명한 후, 로마제국의 수도를 옮겨온 뒤부터 로마제국의 새로운 중심지가 되었다. 동서로마가 분리된 395년 이후에는 동로마제국의 수도로 1453년까지 약 천년 동안 번영을 누렸다.

따라서 중국을 비롯한 동양에서 부르던 로마란 주로 동로마제국을 말하며, 동부 지중해를 중심으로 보았을 때, 북쪽의 발칸반도와 터키 중서부, 소아시아(시리아, 레바논, 요르단, 이스라엘), 이집트와 리비아 등 북아프리카 동부 지역을 말한다. 실제로 터키 서부지역인 안티오카, 파묵칼레, 에페스나 시리아의 팔미라 지역에서는 방대한 로마시대 유적이 발견되었다. 대상들이나 사신들이 실크로드를 따라 이란과 바그다드를 거쳐 시리아의 팔미라에 도착하거나 터키의 아나톨리아 고원을 지나 서부지역에 도착하면 로마에 도착했다고 했던 것이다. 당연히 이들에게 로마는 지금의 로마가 아니라 동로마제국의 영역이었다.

▶ 천마도 (로마 까피톨리노 미술관)

▶ 악기를 연주하는 천사들(오르비에또 성당 프레스코화)

▶ 악기를 연주하는 천사들 (바티칸박물관)

▶ 악기를 연주하는 천사들 (바티칸박물관)

일본 나라에서 출발하여 이탈리아 로마에 도착하기로 한 나의 실크로드 여정도 사실 서로마제국의 수도였던 로마가 아니라, 동로마제국의 수도였던 이스탄불에 도착했을 때, 이미 끝난 것이다. 그러나 '모든 길은 로마로 통한다'는 말이 갖는 상징성 때문에 나는 진짜 로마까지 여정을 연장한 것이다. 나의 실크로드 기행은 이집트, 요르단 그리고 이스라엘로 연장되지만, 이 여행기는 로마에서 마치고자 한다.

마지막으로 문명교류에 있어서 실크로드의 위대한 역할에 대해서 언급하면서 이 여행기를 마치고자 한다. 나는 로마 까피똘리노 미술관에 전시된 '천마도'(사진참조)를 보면서, 신라 천마총에서 발견된 '천마도'가 연상되었다(1권 한국편 참조). 또 있다. 바티칸 박물관에 전시된 '악기를 연주하는 천사들' 시리즈(사진참조)를 보면서, 일본 우찌(宇治)에 있는 뵤도인(平等院) 박물관에 전시된 '악기를 연주하는 보살들' 시리즈와 경주박물관 화단석으로 사용되고 있는 '악기를 연주하는 보살들' 부조가 연상되었다. 기독교 천사가 불교의 보살로 바뀌었을 뿐이다(1권 일본편 참조). 그리고 로마 북쪽 120킬로미터 지점에 있는 오르비에또 성당에서 '악기를 연주하면서 하늘에서 내려오는 천사들'(사진참조)을 그린 프레스코화를 보는 순간, 뵤도인에 있는 악기를 연주하면서 하늘에서 내려오는 보살들을 그린 '상품중생도'와 '하품상생도', 그리고 찌온엔(知恩院)에 있는 '아미타25보살래영도'가 연상되어 깜짝 놀랐다(1권 일본편 참조). 어떻게 이런 우연이 가능할까? 서로 이질적인 문화와 종교이지만, 그 메시지는 아주 비슷한 그림이나 부조를 보면서, 실크로드가 동과 서를 하나로 묶어주는 문명의 교차로 역할을 했음을 생생하게 확인할 수 있었다. 그게 이번 여행 최고의 보람이었다. 실크로드 문명교류는 과거지향형이 아니고, 현재진행형이자 미래지향형이다. (2013년 12월 13-18일, 토-목요일, 대체로 맑음)

여행기를 마치면서

나는 2013년에 연구년을 이용하여 오랫동안 간직해왔던 꿈 하나를 이루었다. 오아시스 실크로드를 완주한 것이다. 부분적으로 여행한 것이 아니라 실크로드 동쪽 종착역인 일본 나라와 교토를 출발하여 서쪽 종착역인 이탈리아 로마까지 대중교통을 이용하여 횡단한 것이다. 타클라마칸사막, 파미르고원, 중앙아시아, 코카서스는 그중에서도 꼭 가보고 싶은 곳이었다. 특히, 타클라마칸사막을 8일에 걸쳐서 한 바퀴 돈 것은 이번 답사여행의 최고 하일라이트였다. 아프가니스탄과 이라크, 그리고 시리아는 현지 사정이 불안하여 여행금지국으로 지정되어 가보지 못했지만, 일단 오아시스 실크로드를 전체적으로 둘러보는 성과는 거둘 수 있었다.

내가 실크로드를 답사하면서 염두에 둔 것은 과거에 이 길을 걸어갔던 사람들이 전달한 문명의 흔적이었다. 여행은 그 기본 목적이 사람(현지인)과 사람(여행객)의 만남이라서 그 과정에서 여러 가지 다양한 문화충격(culture shock)이 일어난다. 이 충격은 긍정적일 수도 있고, 부정적일 수도 있다. 실크로드 여행자들은 긍정적인 영향을 많이 미쳤다. 대상무역을 통해서 동서양의 선진문물을 서로 교류했고, 종교를 통해서 사람들의 인생관과 세계관을 바꾸었다. 물론 부정적인 여행도 있었다. 8~13세기 동안 진행된 이슬람의 동진에 의한 강제 개종과 불교미술 파괴, '실크로드 악마들'이 신장지역 불교 석굴들에서 훔쳐간 불교 유물 등이 그것이다. 그럼에도 불구하고 실크로드는 동서양의 문명교류에 큰 기여를 했다고 평가받아 마땅하다.

이런 문명의 흔적을 부분적으로나마 내 눈으로 직접 확인할 수 있어서 한없이 행복한 답사여행이었다. 주로 양고기가 주식인 현지인의 먹을거리와 잠자리와 교통, 말이 통하지 않는 것이 좀 불편했지만 큰 문제가 되지는 않았다. 오히려 나와 이질적인 다양한 문화와 사람들을 만나는 것 자체가 큰 의미가 있었다.

여행을 마치면 언제나 그렇듯이 여행기를 쓰는 일이 고역으로 남는다. 여행 도중에 기록한 여행일지와 사진을 정리하여 한 권의 책으로 만들어 독자들에게 전달하는 일은 그리 만만한 일이 아니다. 전업 여행 작가라면 그 작업이 일상이니까 그리 큰 문제가 아니겠지만, 직장을 가진 사람이라면 그 작업시간을 내기가 쉽지 않다. 대학에서 교편을 잡고 있는 나로서는 방학을 이용하여 원고와 사진 정리를 할 수 있었기 때문에 그나마 다행인 편이다. 다행히 여행일지와 사진들이 훼손되거나 분실되지 않고 잘 보관되어 있어서, 이 자료를 저장해둔 외장하드에 감사할 따름이다. 사람이라면 한번 안아주고 싶다.

지금 내 서재에는 일본 후지산(富士山)과 아쓰가타케(八ヶ岳) 산지가 한 눈에 들어오는 야마나시현(山梨縣) 호쿠토시(北杜市)에 있는 히라야마 이쿠오(平山郁夫) 실크로드미술관에서 사 온 그림이 두 개 걸려 있다. 하나는 지금 내전으로 몸살을 앓고 있는 시리아 팔미라에 있는 고대 로마 유적 앞을 지나가는 석양의 낙타 행렬 그림이고, 다른 하나는 달빛 아래 지나가는 낙타 행렬이다(1권 67페이지 사진 참조). 정말 평화로운 대상들의 여행이다. 시리아와 이라크, 아프가니스탄의 정세가 불안하여 이번 여행에서는 답사하지 못했지만 하루 빨리 내전이 종식되어 실크로드를 마음대로 다녀보고 싶다. 두발로 걸어서. 그러다 실크로드 어디에선가 길을 걷다가 죽는 것이 내 소망이다. 오렐 스타인처럼 이국 만리 먼 땅인 아프가니스탄 카불에 묻혀도 좋고, 니콜라이 프르제발스키처럼 키르기즈스탄 이지쿨 호숫가에 묻혀도 좋을 것이다. 걸어서 실크로드를 횡단하는 날이 빨리 왔으면 좋겠다.

참고문헌

곰브리치, 백승길 · 이종승역 (2012) 서양미술사, 예경, 서울.

국립경주박물관 (2010) 신라, 서아시아를 만나다, 국립중앙박물관문화재단, 서울.

국립중앙박물관 (2007) 국립중앙박물관도록, 국립중앙박물관, 서울.

_____ (2010) 세계문명전: 실크로드와 둔황-혜초와 함께 하는 서역기행, 국립중앙박물관, 서울.

곽재균 · 우석균 (2000) 라틴아메리카를 찾아서, 민음사, 서울.

괴테 저, 박찬무 외 역 (2012) 이탈리아기행1, 민음사, 서울.

김부식 저, 이병도 역주 (1988) 삼국사기(상, 하), 을유문화사, 서울.

김정위 (2005) 중동사, 대한교과서, 서울.

나라국립박물관 (2008) 正倉院展 六十回のあゆみ, 나라국립박물관, 나라, 일본.

_____ (2012) 제64회 正倉院展 도록, 나라국립박물관, 나라, 일본.

남동신 (2010) 혜초와 왕오천축국전, 실크로드와 둔황: 혜초와 함께 하는 서역기행, 국립중앙박물관, 서울, pp. 253-262.

둔황연구원 · 둔황현박물관 편, 최혜원 · 이유진 역 (2001) 범우사, 서울.

르네 그루쎄 저, 김호동 · 유원수 · 정재훈 역 (2007) 유라시아 유목제국사, 사계절, 서울.

마쓰오카 유즈루 松岡讓 저, 박세욱 · 조경숙역 (2008) 둔황이야기, 연암서가, 서울.

모리야마 사히코 守屋正彦 (2010) 일본의 불교미술, 동경미술, 동경.

미야시타 시에코 宮下佐江子 (2012) 서아시아의 유리, 유리-삼천년의 이야기: 지중해 서아시아의 고대 유리, 국립중앙박물관, 서울, pp. 216~221.

미야자키 마사카즈 宮崎正勝 저, 오근영 역 (2004) 하룻밤에 읽는 중국사, 중앙 M & B, 서울.
_____ 저, 이명주 역 (2007) 하룻밤에 읽는 세계사, 랜덤하우스, 서울.
_____ 저, 이규원 역 (2008) 하룻밤에 읽는 중동사, 알에이치코리아, 서울.
민병훈 (2005) 초원과 오아시스 문화 중앙아시아, 국립중앙박물관, 서울.
박영규 (1996) 한권으로 읽는 조선왕조실록, 들녘, 서울.
_____ (2000) 한권으로 읽는 고려왕조실록, 들녘, 서울.
박현규 (2010) 혜초 인물 자료 검증: <왕오천축국전> 저자 혜초는 과연 신라인일까?, 한국고대사탐구, 4: 121-151.
버나드 루이스 편, 김호동 역 (2010) 이슬람 1400년, 까치글방, 서울.
법륭사 (연도 불명) 법륭사자료집, 법륭사, 나라.
법현 저, 김규현 역 (2013) 불국기, 글로벌콘텐츠, 서울.
사카에하라 토와오 榮原永遠男 저, 이병호 역 (2012) 정창원문서 입문, 태학사, 서울.
송 운 저, 김규현 역 (2013) 송운행기, 글로벌콘텐츠, 서울.
수잔 휫필즈 저, 김석희 역 (2008) 실크로드이야기, 이산, 서울.
실학박물관 (2010) 연행: 세계로 향하는 길, 씨티파트너, 서울.
의 정 저, 김규현 역 (2013) 대당서역구법고승전, 글로벌콘텐츠, 서울.
안심환 (2005) 괴테: 그리고 그의 영원한 여성들, 서울대학교 출판부, 서울.
이선민 (2013) 둔황 막고굴의 고대 한국인 그들은 누구인가, 주간 조선, 2013-07-16, 18:28.
아지트 무케르지 Ajit Mookerjee · 마쯔나가 아리요시 松長有慶 저, 김구산 역 (1990) 탄트라, 동문선, 서울.
엔닌 圓仁 저, 신용복 역주 (1991) 入唐求法巡禮行記, 정신세계사, 서울.
유병하 (2012) 신라무덤에 부장된 서역의 유리 그릇, 유리-삼천년의 이야기: 지중해서 아시아의 고대 유리, 국립중앙박물관, 서울, pp. 240~248.

유홍준 (2014) 나의 문화유산답사기: 일본편1 규슈, 창작과 비평, 파주.
_____ (2014) 나의 문화유산답사기: 일본편2 아스카 나라, 창작과 비평, 파주.
_____ (2014) 나의 문화유산답사기: 일본편3 교토의 역사, 창작과 비평, 파주.
_____ (2014) 나의 문화유산답사기: 일본편4 교토의 명소, 창작과 비평, 파주.
유홍렬 (1979) 한국기독교사: 천주교사, 한국문화사대계12, 고대민족문화연구소, 서울, pp. 449~568.
일 연 저, 김원중 역 (1986) 삼국유사, 을유문화사, 서울.
이주형 편 (2009) 동아시아 구법승과 인도의 불교 유적, 사회평론, 서울.
이지상 (2003) 실크로드 여행, 북하우스, 서울.
이형성 편 (1999) 라틴아메리카의 역사와 사상, 까치, 서울.
이희수 (2013) 이슬람과 한국문화, 청아출판사, 파주.
전용신 역주 (1989) 완역 일본서기, 일지사, 서울.
정수일 (1992) 신라·서역교류사, 단국대학교출판부, 서울.
_____ (2001) 실크로드학, 창비, 서울.
_____ (2010) 초원 실크로드를 가다, 창비, 파주.
_____ (2012) 이슬람문명, 창비, 파주.
정양모 (1997) 위대한 여행: 사도 바울로의 발자취를 따라서, 생활성서사, 서울.
진현종 (1997) 한권으로 읽는 팔만대장경, 들녘, 서울.
카와이 아츠시 河合敦, 원지연 역 (1997) 하룻밤에 읽는 일본사, 랜덤하우스, 서울.
페르낭 멘데스 핀투 저, 이명 역 (2005) 핀투여행기, 노마드북스, 서울.
최재석 (2004) 정창원 소장품과 통일신라, 일지사, 서울.
한스 큉 저, 손성현 역 (2012) 이슬람: 역사 현재 미래, 시와 진실, 서울.
현장 저, 김규현 역 (2013) 대당서역기, 글로벌콘텐츠, 서울.
황견 편, 최인욱 역 (1987) 고문진보, 을유문화사, 서울.

황선균 (2012) 천마총, 천마도장니(天馬圖障泥)의 유래에 대해, 고성미래신문, 01월 20일 인터넷 판.

모리야 마사히코 守屋正彦 (2010) 일본의 불교미술: 조각, 회화, 공예, 건축, 동경미술, 동경.

츠츠이 히로아키 筒井寛昭 · 가지타니 료지 梶谷亮治 · 반도 도시히코 坂東俊彦 (2010) 東大寺の 歷史, 동경미술, 동경.

Lambourne, L. (2005) *Japonisme: Cultural Crossings between Japan and the West,* Phadon, New York.

Whitfield, R., Whitfield, S., and Agnew, N. (2000) *Cave Temples of Magao: Art and History on the Silk Road,* The Getty Conservation Institute and the J. Paul Getty Museum, Los Angeles.

두산백과(인터넷판)

브리테니커 백과사전(인터넷판)

위키피디아 백과사전(인터넷판)

주간 古寺の 巡る, 小學館.

【저자 약력】

현재 한림대학교 경영학과 교수로 재직 중이며, 여행작가로 활동하고 있다. 여행기와 여행소설 쓰기에 관심이 많다. 1958년 전북 정읍에서 태어났다. 전주고와 국민대(경제학)를 졸업하고, 호주 캔버라대에서 준석사(관광경영학), 시드니공대(UTS)에서 석사(관광학)와 박사(관광레저학) 학위를 받았다. 저서로 〈부부가 함께 떠나는 유럽자동차여행〉 〈주말을 이용한 국토종단 도보여행〉 등이 있다. 1980년에 방영된 NHK의 〈실크로드〉를 본 이후로 실크로드를 꿈꾸며 살아왔다. 낙타를 타고 사막 한가운데로 여행을 떠나는 꿈을 자주 꾼다. 그 꿈을 실현하기 위해 2013년 6개월 동안 대중교통을 이용하여 일본 나라(奈良)에서 이태리 로마까지 실크로드를 횡단했다. 이 길을 죽기 전에 발로 걸어서 완주하는 꿈을 갖고 있다.

실크로드 문명기행 2 일본 나라에서 이탈리아 로마까지(중앙아시아-로마 편)

초판 1쇄 인쇄 | 2015년 11월 27일
초판 1쇄 발행 | 2015년 12월 1일

저 자 | 고태규
발행인 | 노건일
발행처 | 한림대학교 출판부
(200-702) 강원도 춘천시 한림대학길 1 (옥천동 1)
출판등록 제48호(1983. 3. 10)
전화번호 033) 248-2875~6 팩스 033) 248-2879
전자우편 press@hallym.ac.kr
홈페이지 press.hallym.ac.kr
인쇄처 | 프린아트

ISBN 978-89-6402-060-9 04910
ISBN 978-89-6402-058-6 04910(세트)

값 20,000원